光明社科文库
GUANGMING DAILY PRESS:
A SOCIAL SCIENCE SERIES

·法律与社会书系·

计算机软件著作权保护
制度研究

李林启　康东书　郭　玲 | 著

光明日报出版社

图书在版编目（CIP）数据

计算机软件著作权保护制度研究 / 李林启，康东书，郭玲著 . -- 北京：光明日报出版社，2021.3

ISBN 978 - 7 - 5194 - 5133 - 2

Ⅰ.①计… Ⅱ.①李… ②康… ③郭… Ⅲ.①软件—著作权—登记制度—研究—中国 Ⅳ.①D923.414

中国版本图书馆 CIP 数据核字（2021）第 052341 号

计算机软件著作权保护制度研究

JISUANJI RUANJIAN ZHUZUOQUAN BAOHU ZHIDU YANJIU

著　　者：李林启　康东书　郭　玲

责任编辑：陆希宇　　　　　　　　责任校对：刘文文

封面设计：中联华文　　　　　　　特约编辑：田　军

责任印制：曹　净

出版发行：光明日报出版社

地　　址：北京市西城区永安路 106 号，100050

电　　话：010 - 63169890（咨询）　63131930（邮购）

传　　真：010 - 63131930

网　　址：http://book. gmw. cn

E - mail：luxiyu@ gmw. cn

法律顾问：北京德恒律师事务所龚柳方律师

印　　刷：三河市华东印刷有限公司

装　　订：三河市华东印刷有限公司

本书如有破损、缺页、装订错误，请与本社联系调换，电话：010 - 63131930

开　　本：170mm×240mm

字　　数：261 千字　　　　　　　印　　张：16.5

版　　次：2021 年 3 月第 1 版　　　印　　次：2021 年 3 月第 1 次印刷

书　　号：ISBN 978 - 7 - 5194 - 5133 - 2

定　　价：95.00 元

前　言

科技改变世界，计算机软件作为科技创新的主体，是国民经济和社会信息化的重要基础。随着计算机网络技术飞速发展，计算机软件产业的发展程度对一个国家社会经济的影响越来越大。经济新常态下，计算机产业仍具有广阔的市场，再加上政府政策支持，计算机软件行业必将迎来更大的发展机遇。计算机软件产业在增进经济发展和社会进步的同时，也打破了原有法律体系所建立起来的利益平衡。面对高价值软件市场，很多人抄袭模仿他人软件，造成软件市场混乱。所以，加强软件的知识产权保护，是保障计算机软件行业良好发展的前提。

从20世纪80年代开始，西方发达国家已经开始修订版权法，将计算机软件归到新的版权法。《与贸易有关的知识产权保护协议》（TRIPS协议）亦明确规定了计算机程序以版权的方式受到保护。我国在1990年出台的《著作权法》规定了计算机软件作为著作权客体，1991年发布的《计算机软件保护条例》明确了计算机软件属于著作权客体的法律规定。2001年国务院修订了《计算机软件保护条例》，使其与TRIPS协议相一致。此后国家推行了一系列进一步鼓励软件产业和集成电路产业发展的政策，旨在推动我国软件行业向纵深方向发展。这些政策对于增强科技创新能力，提高产业发展质量具有重要意义。

计算机软件具有无形性、专有性、地域性、时间性、易复制、创造性、不可替代性等属性，这使得对计算机软件的著作权保护具有更多特殊性。本书从法理和技术角度出发，以我国《著作权法》及《计算机软件保护条例》为依据，结合我国计算机软件知识产权保护的现状和相关的国际法规，对计算机软件著作权保护制度展开深入、全面的研究，以期为计算机软件著作权保护的法律规范成为一种具有可操作性的技术规范提供理论上的支持。

目 录
CONTENTS

第一章

计算机软件概念解析

法律概念是法律思考过程以及价值判断、利益衡量之简约称谓①，是解决法律问题所必需的工具。没有限定严格的专门概念，我们就不能清楚地和理性地思考法律问题。没有概念，我们便无法将我们对法律问题的思考转变为语言，也无法以一种可以理解的方式把这些思考传达给他人。② 判断和论证的逻辑起点是概念，而对基本概念的论述和澄清则是理论研究和实践运作的基础，对计算机软件著作权保护制度的研究亦然。基于此，笔者首先对计算机软件的概念进行分析，以期对我国计算机软件著作权的保护有所裨益。

第一节　计算机软件的定义

一、计算机及其在社会生活中的重要性

计算机俗称电脑，是一种用于高速计算的电子计算机器，可以进行数值计算，又可以进行逻辑计算，还具有存储记忆功能；是一种现代化智能电子设备，能够按照程序运行，自动、高速处理海量数据。计算机可分为超级计算机、工业控制计算机、网络计算机、个人计算机、嵌入式计算机等种类，较先进的计算机有生物计算机、光子计算机、量子计算机等。计算机是 20 世

---

① 王泽鉴. 民法总则（R 增订版）［M］. 北京：中国政法大学出版社，2001：32 -
33.

② E·博登海默. 法理学：法律哲学与法律方法［M］. 邓正来，译. 北京：中国政法
大学出版社，1999：486.

纪先进的科学技术发明之一，对人类的生产活动和社会活动产生了极其重要的影响，并以强大的生命力飞速发展。计算机的应用领域从最初的军事科研应用扩展到社会的各个领域，形成了规模巨大的计算机产业，带动了全球范围的技术进步，并由此引发了深刻的社会变革。计算机已遍及一般学校、企事业单位，进入寻常百姓家，成为信息社会中必不可少的工具。计算机的应用在中国越来越普遍，改革开放以后，中国计算机用户的数量不断攀升，应用水平不断提高，特别是在互联网、通信、多媒体等领域的应用取得较好的成绩。

科学技术的发展特别是尖端科学技术的发展，需要高度精确的计算。计算机控制的导弹之所以能准确地击中预定的目标，是与计算机的精确计算分不开的。一般计算机可以有十几位甚至几十位（二进制）有效数字，计算精度可由千分之几到百万分之几，是任何计算工具都望尘莫及的。当今计算机系统的运算速度已达到每秒万亿次，微机也可达每秒几亿次以上，使大量复杂的科学计算问题得以解决。例如，卫星轨道的计算、大型水坝的计算、24小时天气预报的计算等，过去人工计算需要几年、几十年，而现在用计算机只需几天甚至几分钟就可完成。且随着计算机存储容量的不断增大，可存储记忆的信息越来越多。① 计算机不仅能进行计算，而且能把参加运算的数据、程序以及中间结果和最后结果保存起来，以供用户随时调用；还可以对各种信息（如视频、语言、文字、图形、图像、音乐等）通过编码技术进行算术运算和逻辑运算，甚至进行推理和证明。计算机内部操作是根据人们事先编好的程序自动控制进行的。用户根据需要，事先设计好运行步骤与程序，计算机严格按程序规定的步骤操作，整个过程无须人工干预，其自动执行，最终达到用户的预期结果。

随着科技的进步，各种计算机技术、网络技术的飞速发展，计算机的发展已经进入了一个快速而又崭新的时代，计算机已经从功能单一、体积较大发展到了功能复杂、体积微小、资源网络化等。计算机的未来充满了变数，性能的大幅度提高毋庸置疑，但实现性能的飞跃却有多种途径。② 不过性能

① 张德成，时风. 计算机应用基础教程［M］. 合肥：安徽大学出版社，2015：3.
② 冯景文. 电气自动化工程［M］. 北京：光明日报出版社，2016：205.

的大幅提升并不是计算机发展的唯一路线，计算机的发展还应当变得越来越人性化，同时也要注重环保等。随着微型处理器的出现，计算机中开始使用微型处理器，使计算机体积缩小，成本降低，变成了现在家家户户都有的微型计算机。计算机微型处理器以晶体管为基本元件，随着处理器的不断完善和更新换代速度的加快，计算机结构和元件也发生了很大的变化。光电技术、量子技术和生物技术的发展，对新型计算机的发展具有极大的推动作用。另外，软件行业的飞速发展提高了计算机内部操作系统的便捷度，计算机外部设备也趋于完善。计算机理论和技术上的不断完善促使微型计算机很快渗透到全社会的各个行业和部门中，并成为人们生活和学习的工具。计算机人工智能化是未来发展的必然趋势，现代计算机具有强大的功能和运行速度，但与人脑相比，其智能化和逻辑能力仍有待提高。[1] 人类在不断探索如何让计算机能够更好地反映人类思维，使计算机能够具有人类的逻辑思维判断能力，可以通过思考与人类沟通交流，抛弃以往的通过编码程序来运行联保计算机的方法，直接对计算机发出指令。

互联网将世界各地的计算机连接在一起，人类从此进入了互联网时代。计算机网络化彻底改变了人类世界，人们通过互联网进行沟通交流（OICQ、微博等）、教育资源共享（文献查阅、远程教育等）、信息查阅共享（百度、谷歌）等，特别是无线网络的出现，极大地提高了人们使用网络的便捷性。未来计算机将进一步向网络化方面发展。

二、计算机软件的概念及分类

计算机由硬件系统和软件系统所组成，没有安装任何软件的计算机称为裸机。1969 年美国 IBM 公司率先实行"价格分离"政策，将计算机软件和硬件分开出售，使软件从硬件中分离出来成为商品并得到了迅速发展，促成了软件产业的形成。[2] 在此之后，采用机器语言以及其他语言编写的计算机控制系统、应用系统等能够应用于不同的机器，也即不同机器可以使用一个相同的控制系统。在全球经济信息一体化进程中，在以互联网经济为代表的

---

① 陈芳跃．数理学科导论［M］．西安：西安电子科技大学出版社，2015：13－14．
② 何越峰．美国计算机程序专利保护的历史演进［J］．专利法研究，2004（1）．

全球经济增长中，计算机软件已经广泛应用在社会中的各个领域。

（一）计算机软件的概念

计算机软件，也称软件，是指计算机程序及其文档，程序是计算任务的处理对象和处理规则的描述，文档是为了便于了解程序所需的阐明性资料。[①]根据《计算机软件保护条例》的规定，软件并不只是包括可以在计算机上运行的电脑程序，与这些电脑程序相关的文档，一般也被认为是软件的一部分。简单地说，软件就是程序加文档的集合体。计算机软件被应用于世界的各个领域，对人们的生活和工作都产生了深远的影响。

软件是用户与硬件之间的接口界面，用户主要是通过软件与计算机进行交流。软件是计算机系统设计的重要依据，为了方便用户，使计算机系统具有较高的总体效用，在设计计算机系统时，必须通盘考虑软件与硬件的结合，以及用户的要求和软件的要求。计算机软件的核心在于算法，算法是一种智力活动的规则，是对数据施以处理步骤，对数据结构进行操作，解决问题的方法和过程。软件是算法运行于规则并体现出的技术效果，是用硬件支持的源代码作用于外设来实现功能。计算机软件多用于某种特定目的，如控制一定生产过程，使计算机完成某些工作。软件在运行时，能够提供所要求功能和性能的指令或计算机程序集合。

（二）计算机软件的分类

计算机软件是一系列按照特定顺序组织的电脑数据和指令的集合，根据不同标准可以有不同的划分。如从流通方式与法律特点看，计算机软件可以分为商业软件、开源软件和公有软件三类。按照应用区分，可分为系统软件和应用软件两大类，下面简单介绍一下系统软件和应用软件。

系统软件是各类操作系统，如 Windows、Linux、Unix 等，还包括操作系统的补丁程序及硬件驱动程序，都是系统软件类。系统软件负责管理计算机系统中各种独立的硬件，使得它们可以协调工作。系统软件使得计算机使用者和其他软件将计算机当作一个整体而不需要顾及每个硬件是如何工作的。[②]系统软件为计算机使用提供最基本的功能，但是并不针对某一特定应用领

---

① 时巍，董毅．计算机应用技术项目教程［M］．北京：冶金工业出版社，2016：28.
② 陈卓然．大学计算机基础教程［M］．北京：国防工业出版社，2013：58.

域。一般来讲，系统软件包括操作系统和一系列基本的工具，如编译器、数据库管理、存储器格式化、文件系统管理、用户身份验证、驱动管理、网络连接等。系统软件具体包括各种服务性程序（如诊断程序、排错程序、练习程序等）、语言程序（如汇编程序、编译程序、解释程序）、操作系统、数据库管理系统这四类。①

应用软件是为了某种特定的用途而被开发的软件，不同的应用软件根据用户和所服务的领域提供不同的功能。它可以是一个特定的程序，如一个图像浏览器；也可以是一组功能联系紧密，可以互相协作的程序的集合，如微软的 Office 软件；还可以是一个由众多独立程序组成的庞大的软件系统，比如数据库管理系统。② 工具软件、游戏软件、管理软件等都属于应用软件类，较常见的应用软件有文字处理软件（如 WPS、Word 等）、信息管理软件、辅助设计软件（如 AutoCAD）、实时控制软件（如极域电子教室）等。

第二节　计算机软件保护的条件

随着计算机技术的迅猛发展，软件技术也在快速发展。作为人类智慧的表现，计算机软件具有工具性和作品性。在对计算机软件的开发过程中，实现了表现形式和思想内涵的结合，由于两者的相互结合、相互渗透，以至于很难对其进行区分和界定。此外，强大的国际通用性也是计算机软件　大特点。计算机软件还具有更新换代快、更新周期短的特点，其开发成本很高，需要投入巨大的人力、物力，但其开发成果的复制却极易掌握，复制成本也很低，这些都使得对计算机软件知识产权的保护难度不断增大。经济活动中，越来越多的侵权人通过各种途径盗用软件来获取暴利，这种行为不仅侵犯了软件开发人的劳动成果，伤害了他们开发软件的积极性，而且严重扰乱了社会市场经济秩序。加强对计算机软件知识产权的保护，减少计算机软件产业的损失，不仅有利于科技进步，更能促进社会经济有序、健康发展。目

---

① 赖晓铮. 计算机组成原理［M］. 北京：科学出版社，2013：13.
② 李杰，于枫. 大学计算机基础［M］. 北京：中国水利水电出版社，2015：16.

前，大部分国家在对计算机软件知识产权进行保护时都采用《著作权法》。我国《著作权法》明确将计算机软件列为保护对象，国务院更是通过制定《计算机软件保护条例》加大对计算机软件知识产权的保护力度。然而，不是任何计算机软件都可以成为《计算机软件保护条例》的保护对象，享有著作权保护。计算机软件要成为本条例的保护对象，享有著作权保护，需要具备一定的条件。根据《计算机软件保护条例》的规定，计算机软件保护的条件可分为积极条件和消极条件。

一、计算机软件保护的积极条件

计算机软件保护的积极条件主要体现在《计算机软件保护条例》的第四条，该条规定，受本条例保护的软件必须由开发者独立开发，并已固定在某种有形物体上。

（一）软件必须是由开发者独立开发

计算机软件要成为《计算机软件保护条例》的保护对象，享有著作权保护，必须是由开发者独立开发，这一规定源于著作权保护对作品的原创性的要求。

一般认为，享有著作权保护的作品必须具备原创性。原创性是版权法的一个核心概念，要求作品具备原创性才能获得版权保护是保证版权法目的实现的重要前提。[①] 世界各个国家和地区的立法例一般将原创性作为作品可版权性的核心要件。例如，美国现行版权法（1976年）第一百零二条规定，作品要获得版权保护，需要具备原创性，并且必须固定在有形表达载体上；《德国著作权法与邻接权法》第二条第二款规定作品应当是"个人的智力创作成果"，作品要获得版权保护需要具备独创性；《日本著作权法》第二条第一款第 i 项规定，作品是对思想或者情感通过创造性方式表达的产品，并且该产品属于文学、科学、艺术或者音乐的领域。在我国台湾地区，所谓"著作权法"第十三条亦规定了作品要获得保护必须具有原创性。虽然原创性成为整个著作权制度构造中处于核心地位的基本要素，然而，对于什么是原创性，理论上仍有不同的认识。一种意见认为，原创性包含两层意思：一是作

---

① 卢海君．论作品的原创性［J］．法制与社会发展，2010（2）．

品是由作者独立创作完成的；二是作品要有一定的创作高度。另一种意见认为，原创性仅指作品是作者独立创作完成的，只要作品是作者自己独立创作完成，而不是抄袭他人的，不管作品是否与其他作品相同或者相似，也不管作品本身的质量和水平如何，都满足著作权法的要求，可以享有著作权保护。①

创造性是个极度难以捉摸和主观性的概念，如果将创造性包含在可版权性之中，可能会不适当地提高作品获得版权保护的门槛，可能造成原告获得版权保护的程序障碍，且版权法的立法历史表明立法者并没有意图将创造性作为可版权性的必要要素。基于此，《计算机软件保护条例》第四条规定体现了后一种观点，实际生活中，除个别特殊情况外，计算机软件只要是由开发者独立开发完成而不是抄袭或者剽窃他人开发的软件的，就必然具有一些最起码的创造性，或者说是个性，而且也不会与其他软件作品相同或者相似。

（二）软件必须已经固定在某种有形物体上

计算机软件要成为《计算机软件保护条例》的保护对象，享有著作权保护，除了必须由开发者独立开发外，还要求软件必须已经固定在某种有形物体上。

作品是著作权法保护的对象，具有无体性，即作品的存在不具有一定的物质形态，不占有一定的空间，作品是"抽象物"，这是作品区别于有体物的根本特性。另一方面，如果我们要赋予作者对其作品的财产权利，就要求作品不能仅仅内在于人的主观精神世界，它必须为人们所感知，即必须借助物质载体才可以给作品以外部的"定在"，作为著作权法保护对象之作品必须"栖身"于物质载体，载体为作品存在所必不可少。根据作品载体的物理特性，可以将作品载体分为固定载体和瞬间载体。固定载体是指作品附着之载体为有形的物质，固定载体所承载的作品，具有时空变换的特点，也就是说，在作品创作完成后的任何时候，人们可以通过这些固定载体去认知作品。瞬间载体是指作品所附着之载体为无形的物质，瞬间载体转瞬即逝，其承载的作品不具有时空变换的特点。一般而言，如果没有身临作者创作的现

---

① 卢海君. 原创性 vs. 创造性［J］. 电子知识产权，2009（2）.

场，他人将无法感知瞬间载体所承载的作品，除非通过固定载体将瞬间载体所承载的作品固定下来。①

固定载体与瞬间载体的区分在著作权法中具有重要意义。固定载体所承载的作品，为各国著作权法所保护。但是，对于瞬间载体所承载的作品，如果没有通过其他固定载体复制下来，一些国家将不予保护。《伯尔尼公约》第二条第二款规定："本联盟各成员国法律有权规定仅保护表现于一定物质形式的文学艺术作品或其中之一种或数种。"《伯尔尼公约》实际上是将以瞬间载体为原始载体的口述作品是否应以被固定载体固定下来作为保护的条件授权各国自行规定。对于受著作权法保护的作品是否需要固定下来的要求，一般而言，大陆法系国家并不要求作品必须固定，不论作品的原始载体为固定载体还是瞬间载体，均受著作权法保护。但是，普通法系国家对作品均有固定标准要求，也就是说，除非以某种物质形式固定下来，否则作品将不受保护。英国 1988 年《著作权法》第三条第二项规定，在以书写或其他方式记录下来之前，任何文学、戏剧或音乐作品都不享有版权；美国版权法第一百零二条 a 款规定，任何作品，必须固定在有形的、可以复制或者可以以其他方式传播的介质上，才能享有版权。大陆法系的多数国家的版权法并无要求作品固定下来才能享有版权的规定。

《中华人民共和国著作权法》（以下简称《著作权法》）并没有要求作品必须固定下来才能享有著作权保护的规定，《计算机软件保护条例》第四条规定是在《著作权法》规定基础上对软件提出的进一步要求，软件只有固定在某种有形物体上才能获得著作权保护，这里的有形物体是指一定的储存介质。存在于软件开发者头脑中的软件设计思想或者软件内容本身都不能获得著作权保护，只有软件的内容通过客观手段表达出来，能够为人所感知时，才能获得著作权保护。纵观人类历史，随着生产力的发展，作品载体的范围也在不断扩大，这是不争的事实。可以这样说，作品载体范围扩大的历史，就是一部人类科技进步的历史。根据技术的发展过程，软件固定在有形物体上大致有三种做法。一是文档记录，以文字或者符号在纸上记录、表现计算机程序。二是机械记录，以机械方式记录、表现计算机程序，如早期的打孔

---

① 杨述兴. 论作品与载体的关系［J］. 知识产权，2012（6）.

纸带、打孔卡等形式，目前这种方式已经基本上被淘汰。三是磁、光、电记录，以磁、光、电技术在磁带、磁盘、磁鼓、光盘等物质载体上记录软件，是计算机软件最主要的固定形式，其中磁盘、光盘发展最快，使用最多。磁盘主要分为硬盘和软盘两种。光盘是一种比较先进的存储载体，在容量、可靠性、存取方便性和寿命性能方面都优于磁盘和其他载体。用于记录计算机软件的光盘主要是光盘只读存储器。①

此外，计算机软件要成为《计算机软件保护条例》的保护对象，享有著作权保护，还要求其必须逻辑合理。这是因为，逻辑判断功能是计算机系统的基本功能，计算机运行过程实际上是按照预先安排，不断对信息随机进行的逻辑判断的智能化过程。因此，受著作权法保护的计算机软件作品必须具备合理的逻辑思想，并以正确的逻辑步骤表现出来，才能达到软件的设计功能。毫无逻辑性的计算机软件，不能计算出正确结果，也就毫无价值。②

二、计算机软件保护的消极条件

计算机软件保护的消极条件，即计算机软件著作权保护的排除内容。《计算机软件保护条例》第六条规定，本条例对软件著作权的保护不延及开发软件所用的思想、处理过程、操作方法或者数学概念等。也就是说，软件开发的思想、处理过程、操作方法或者数学概念等与计算机软件分别属于主客观两个范畴。具体来说，计算机软件著作权保护的排除内容包括两种情况：一是内容本身就不能成为知识产权保护的对象，如思想、数学概念；二是内容本身不能成为著作权保护对象，但是可以通过其他方式得到知识产权保护，如处理过程和操作方法如果构成专利法中的技术方案，可以得到专利保护。

（一）思想、数学概念等不能成为知识产权保护的对象

思想与表达二分法是著作权法上的一项基本制度和基本原则，被称为"著作权法最基本的格言"③，该原则将作品分为思想与表达两方面，著作权

① 徐玉麟. 计算机软件保护条例释义［M］. 北京：中国法制出版社，2002：12 - 13.
② 郑国辉. 著作权法学［M］. 北京：中国法制出版社，2012：205.
③ Feist Publications, Inc. v. Rural Telephone Serv. Co. , 499 U. S. 353（1991）.

法只保护对于思想观念的独创性表达，而不保护思想观念本身。思想与表达二分法作为限制著作权客体的一种制度设计，19 世纪在美国正式出现。美国 1976 年《版权法》第一百零二条第 b 项规定：在任何情形之下，不论作者在作品中是以何种方式加以描述、表达、展示或显现的，对原创作品的版权保护都不扩及作品中的一切属于想法、程序、过程、系统、操作方法、概念、原理及发现的部分。随着国际贸易的持续深入和版权保护合作的不断增强，思想与表达二分法逐渐成为国际公认的版权规则，被各国的司法实践与著作权法律普遍认可。计算机软件开发中，思想是开发软件涉及的方案、构思技巧和功能，我国的《计算机软件保护条例》第六条明确规定，对计算机软件的保护不延伸到软件开发的思想等，这是我国立法中比较直接地体现了思想和表达二分法的理论。

概念是反映事物本质属性的思维形式，所谓本质属性是指它构成某种事物的基本特征，这种属性只为这类事物所具有，它是一种事物区别于另一种事物的根本依据。数学概念是在人类历史发展过程中，逐步形成和发展的，它是人脑对现实对象的数量关系和空间形式的本质特征的一种反映形式，即一种数学的思维形式。计算机软件开发中，数学概念等属计算机软件基本理论的范围，是设计开发软件不可或缺的理论依据，属于社会公有领域，不能为个人专有。《计算机软件保护条例》第六条明确规定，著作权法不保护计算机软件开发所用的数学概念等，也就是说利用他人已有的数学概念等开发自己的软件，并不构成侵权。

（二）处理过程、操作方法等不能成为著作权保护对象

设计程序所实现的处理过程、操作方法等，表现的是完成某项功能的程序，这些内容本身不能成为著作权保护对象，但是可以通过其他方式得到知识产权保护，如处理过程和操作方法如果构成专利法中的技术方案，可以得到专利保护。

专利法规定，当技术方案同时满足新颖性、创造性和实用性时，方能考虑就该技术方案授予专利权。其中，首先要检验的是实用性。实用性和技术效果是息息相关的，技术效果是实用性的前提。技术效果是解决方案要达到的目标，也就是说，技术效果决定了技术方案是否行之有效，是否解决了技术问题，问题的解决是否达到了既定的效果，该效果是否具有实用价值，没

有效果就谈不上实用，有了效果，再看该效果是否有实用价值，换言之，在确定了技术效果有实用价值之时，实用性也就确定了。接着才检验该方案是否满足新颖性和创造性的要求，也只有在满足实用性的前提下，解决方案的技术性才能被确定，也才能将该方案进一步地与公知技术和现有技术作一比较，从而判断该技术方案是否满足新颖性。在确定新颖性后，技术效果又成为创造性的审查标准之一，由此决定创造性的高度，从而决定专利权的高度，即属于发明专利或实用新型专利。所以说，技术效果是处理过程和操作方法可专利性的起点，同时也是终点。

第三节　计算机程序与文档

《计算机软件保护条例》第二条规定，计算机软件是指计算机程序及其有关文档。该条明确了条例保护对象的内容和范围，即《计算机软件保护条例》所保护的计算机软件，不仅包括计算机程序，还包括和计算机程序有关的文档。

一、计算机程序

《计算机软件保护条例》第三条对条例中常用词语的含义进行了明确，其第一项对计算机程序的定义作了规定。计算机程序，是指为了得到某种结果而可以由计算机等具有信息处理能力的装置执行的代码化指令序列，或者可以被自动转换成代码化指令序列的符号化指令序列或者符号化语句序列。同一计算机程序的源程序和目标程序为同一作品。

（一）计算机程序具有可执行性

计算机程序能够实现一定的功能，但是它本身并不能直接实现这些功能，而必须通过一定的执行装置才能实现程序的功能，这些装置包括计算机和其他具有信息处理能力的装置。因而，计算机程序必须可以由计算机等具有信息处理能力的装置执行。计算机程序的可执行性在世界诸多国家的版权法中都有所体现，如美国版权法要求，计算机程序能够"直接或间接用于计算机"；日本著作权法提出，计算机程序是"为使电子计算机发挥功能，并可运算"；澳大利亚版权法的提法是，计算机程序是"使具有信息处理能力的机器执行特定的任务"。我国《计算机软件保护条例》规定，计算机程序必须"可以由计算机等具有信息处理能力的装置执行"。

关于程序赖以运行的机器或装置的提法值得注意，有的称计算机或电子计算机，有的称具有信息处理能力的机器，还有的提到了电子数据处理设备。通常认为，计算机由运算器、控制器、存储器、输入装置、输出装置等五大部分构成。从对程序进行法律保护的角度看，输入装置和输出装置并不重要。程序实际是在由运算器和控制器组成的中央处理器（CPU）中运行。因此，程序运行的物质基础即机器或装置中只要具备 CPU 的功能，就符合了运行程序的要求。所以，虽然习惯上将程序称为计算机程序，但程序并不仅仅限于在计算机上运行，只要是具有信息处理能力的装置即可。因而，《计算机软件保护条例》中的"计算机"为广义的计算机，即以计算机为主的一切具有信息处理能力的装置。这样的理解既体现了程序主要应用于计算机上这一客观事实，又不排除程序应用在计算机以外的具有信息处理能力的装置上的现实情况和发展前景。①

（二）计算机程序具有序列性

通常，计算机程序要经过编译和链接而成为一种人们不易理解而计算机理解的格式，然后运行。一个计算机程序就是一系列指令的集合。计算机程序通过指令的顺序，使计算机能按所要求的功能进行精确运行。我国《计算机软件保护条例》规定了程序的三种形态：代码化指令序列、符号化指令序列和符号化语句序列。即计算机程序是一系列代码化指令序列，或者可以被自动转换成代码化指令序列的符号化指令序列或者符号化语句序列。

1. 代码化指令序列

代码化指令序列是能被计算机直接识别并执行的二进制代码（由两个基本字符"0""1"组成的代码），它规定了计算机能完成的某一操作。二进制代码是计算机语言中唯一能被计算机直接识别和执行的语言，因而执行速度最快，但它的缺点是编写程序不便，直观性差，阅读困难，修改、记忆和

---

① 寿步. 计算机软件著作权保护：理论阐述·案例分析·法规文件 ［M］. 北京：清华大学出版社，1997：66.

调试费力，而且不具有可移植性。

2. 符号化指令序列

汇编语言就是符号化指令序列，汇编语言是一种符号化的机器语言。为了便于理解和记忆，采用帮助人们记忆的英文缩写符号（也称"指令助记符"）来代替机器语言指令代码中的操作码，用地址符号来代替地址码，这种用指令助记符和地址符号来编写的指令称为"汇编语言"。它与机器语言指令之间基本上是一一对应的。汇编语言也是从属于特定的机型，也是面向机器的语言，与机器语言相差无几，但不能被机器直接识别与执行。由于汇编语言采用了助记符，因此，它比机器语言直观，便于记忆和理解，也比机器语言程序易于阅读和修改。随着现代软件系统越来越庞大复杂，大量高级语言如 C 语言、C＋＋等也应运而生。但由于汇编语言更接近机器语言，能够直接对硬件进行操作，生成的程序与其他的语言相比具有更高的运行速度，占用更小的内存，因此在一些对于时效性要求很高的程序、许多大型程序的核心模块以及工业控制方面，汇编语言仍大量应用。

3. 符号化语句序列

由于机器语言或汇编语言对机器的依赖性大，它们都不能离开具体的计算机指令系统，并且编写程序复杂、效率低、通用性差，因此出现了一种面向过程的程序设计语言，这种语言称为高级语言，高级语言就是指符号化语句序列。1954 年，第一个完全脱离机器硬件的高级语言——Fortran 问世。1954 年到现在，共有几百种高级语言出现，其中有重要意义的有几十种，影响较大、使用较普遍的有 Fortran 语言、BASIC 语言、C 语言、Foxpro 等。由于高级语言的书写方式更接近人们的思维习惯和表达习惯，这样的程序更便于阅读和理解，出错时也容易检查和修改，给程序的调试带来很大的方便。高级语言容易为人们所接受，这样使得非计算机专业人员能够使用计算机，极大地促进了计算机的广泛应用。

（三）计算机程序具有目的性

计算机程序的目的性，即执行计算机程序能够得到某种结果。人们编制计算机程序的目的就是实现一定的功能，得到某种结果。如果运行一个"程序"得不到任何有实质意义的结果，从技术角度和法律保护角度来说，该"程序"是未完成的或者尚未形成作品的，就不能成为《计算机软件保护条例》保护的对象。

为了一个程序运行，计算机需要加载程序代码，可能还要加载数据，从而初始化成一个开始状态，然后调用某种启动机制。计算某一个复杂问题的运算程序是一个程序，如果它是由若干模块或若干子程序所组成，则各模块或子程序都可单独视为一个程序，因为它们各自运行后都可得到某种结果。因此，从理论上说，这些独立的模块或子程序都可以作为一个程序进行版权登记。当然，这里所说的得到某种结果，应是经过一定的数据处理过程之后的最终结果，而不是指在计算机内部的动作，即数据处理过程中的个别的结果。

需要注意的是，现代的计算机程序一般具有源程序（源代码）文本和目标程序。源程序，是指未经编译的按照一定的程序设计语言规范书写的人类可读的文本文件。《计算机软件保护条例》中"可以被自动转换成代码化指令的符号化指令序列或符号化语句序列"是指"源程序"，它是开发者编写的。目标程序为源程序经编译可直接被计算机运行的机器码集合。《计算机软件保护条例》中规定的"代码化指令序列"是指目标程序，它是供机器直接运行的。由于目标程序为源程序通过编译系统或汇编系统自动生成的，该过程不存在新的"创作""开发"，二者是一体的。因此，《计算机软件保护条例》第三条第一项后半段规定"同一计算机程序的源程序和目标程序为同一作品"，应受到同等保护。通常，源程序不能提供给用户，提供给用户的只是目标程序。[1]

二、文档

《计算机软件保护条例》第三条第二项规定，文档，是指用来描述程序的内容、组成、设计、功能规格、开发情况、测试结果及使用方法的文字资料和图表等，如程序设计说明书、流程图、用户手册等。

（一）计算机软件中文档的形式

计算机软件中，文档是软件开发使用和维护中的必备资料，具体是指与软件系统及其软件工程过程有关联的文本实体。文档常见的类型包括软件需

---

[1] 邹忭，孙彦. 案说计算机软件保护条例［M］. 北京：知识产权出版社，2012：11.

求文档、设计文档、测试文档、用户手册等，其中，需求文档、设计文档和测试文档一般是在软件开发过程中由开发者写就的，而用户手册等非过程类文档是由专门的非技术类人员写就的。一份常见的计算机软件文档应当包括封面、目录、正文、注释和附录等，正文包括软件开发计划、软件需求规格说明、接口需求规格说明、接口设计文档、软件设计文档、软件产品规格说明、版本说明文档、软件测试计划、软件测试报告、计算机系统操作员手册、软件用户手册、软件程序员手册、计算机资源综合保障文档等。文档作为对软件系统的精确描述，能提高软件开发的效率，保证软件的质量，而且在软件的使用过程中有指导、帮助、解惑的作用，尤其在维护工作中，文档是不可或缺的资料。

文档常见的形式主要有可行性研究报告、用户需求报告、总体设计说明、详细设计说明、程序流程图、测试分析报告、用户使用手册等。早期的软件文档主要指的是用户手册，是用来对软件系统界面元素的设计、规划和实现过程的记录，以此来增强系统的可用性。随着软件行业的发展，软件文档也常在软件工程师之间作为沟通交流的一种方式，沟通的信息主要是有关所开发的软件系统。

文档的呈现方式有很多种，原《计算机软件保护条例》对文档的编写语言作了规定，即文档是用自然语言或者形式化语言所编写的文字资料和图表①，面向用户的软件文档通常采用自然语言编写，而软件开发单位内部提供的文档中，有些采用自然语言编写，有些设计义档则采用形式化语言编写。所谓形式化语言是指用数学公式的形式严格地按照一定规则表达的自然语言。采用形式化语言编写软件设计文档时对于软件设计构思的说明比较准确和精练，不容易引起歧义或者误解，有利于程序的编写。现行《计算机软件保护条例》删去了"用自然语言或者形式化语言所编写"，主要是因为，随着技术的不断发展，文档的编制方式越来越多，已经不限于使用自然语言或者形式化语言编写，目前编制文档的方式包括使用幻灯片、动画等。②

---

① 原《计算机软件保护条例》第三条第二项规定：（二）文档：指用自然语言或者形式化语言所编写的文字资料和图表，用来描述程序的内容、组成、设计、功能规格、开发情况、测试结果及使用方法，如程序设计说明书、流程图、用户手册等。

② 徐玉麟. 计算机软件保护条例释义［M］. 北京：中国法制出版社，2002：10.

（二）计算机软件中的文档享有双重保护

很多用著作权法保护计算机软件的国家认为，软件中的程序说明书和辅助材料等用文字、图表表达的部分，可以通过著作权法中传统的文字、绘图作品得到保护，因此一般只在著作权法或者其他相关法规中规定计算机程序的保护，而没有对文档进行特别规定。有关的国际公约，如世界贸易组织 TRIPS 协议、世界知识产权组织《版权条约》等，也都使用计算机程序的概念，而不使用计算机软件的概念。在我国《计算机软件保护条例》的制定及修改中，也有意见认为，计算机软件中的文档表现为文字资料和图表等，可以直接作为著作权法中的文字作品获得著作权保护，没有必要对其进行特别的规定。只有计算机程序与著作权法中规定的其他作品相比，具有自身的特点，才需要通过条例对其著作权保护进行规定。因此，建议条例只规定对计算机程序的保护，相应地把条例的名称也改为《计算机程序保护条例》。根据我国《计算机软件保护条例》的规定，其保护对象确定为包括计算机程序及其文档的计算机软件，这样，从我国目前的立法规定来看，文档实际上享有双重保护：一是与相应的程序一起构成计算机软件，受到本条例的保护；二是可以根据著作权法的规定，作为文字作品得到保护。

我国在《计算机软件保护条例》中对计算机软件中的文档进行保护，主要是基于两点考虑。首先，计算机程序与其文档的关系非常密切，有时候甚至密不可分。文档与一定的程序相联系，是编制程序的依据，是对程序的补充说明，离开了相应的程序，文档虽然也能单独存在，但作为一个作品却不完整，缺乏独立存在的意义。而程序是形式化语言，离开了文档则很难阅读，甚至无法操作，其设计的依据和精髓都体现在文档中，通过阅读文档，可以较快地把握程序的功能和特点，如果文档被他人掌握，则很容易编制出功能类似甚至功能更强的程序。由于文档与相应程序的紧密关系，如果条例仅保护程序本身，而不对文档提供同等的保护，则很可能达不到保护程序的目的。其次，将计算机软件分为计算机程序与相关文档具有价值方面的理由。价值是以人为测量向度的，是一个主观范畴，反映了人与外在对象的满足与被满足关系。计算机软件作为一门科学，需要按照科学知识的演进途径，从粗放向精细，从缺陷到严密，在前人奠定的知识高度上不断、持续发展，满足人们向未知世界进行积极探索的需求。计算机文档与源程序等使用自然语言表达的作品是以人获取知识为价值目标的。人们通过对上述内容的主动接近与吸收，能够了解特定计算机软件的功能、操作方法等知识。在此基础上，人们可以进行改进与更新，推进知识无限增长。计算机程序与文档在满足人的需求上的不同指向告诉人们两者具有不同价值。

第二章

计算机软件著作权保护的立法演进

美国著名法学家奥利弗·霍姆斯指出："为了探究法律制度的真谛，我们必须了解它的过去、现在以及未来。"① 探寻计算机软件著作权的法律保护，首先需要了解计算机软件著作权保护的立法演进。我国计算机软件著作权保护在不同历史时期有着不同的立法规定，从 1990 年的《著作权法》到 1991 年的《计算机软件保护条例》，从 2001 年的《计算机软件保护条例》到 2011 年的《计算机软件保护条例》，再到 2013 年的《计算机软件保护条例》，我国计算机软件著作权保护制度在不同的立法规定中逐步转变，不断完善。

第一节　计算机软件著作权保护的立法模式

立法模式是一个意义十分宽泛和使用频率非常高的术语，关于它的定义也是见仁见智。一般认为，立法模式是指采用何种立法形式，即是采用统一法典形式，还是采用单行法律、法规的形式，抑或兼采两者。立法模式是一个国家创制法律的有机整体，对整个立法活动具有现实的拘束作用。② 各个国家基于各自的不同情况，对计算机软件著作权保护的立法模式选择也有所不同。

---

① HOLMES O W. The Common Law［M］. New York：Brown and Company，1881：137.

② 江国华. 立法：理想与变革［M］. 济南：山东人民出版社，2007：255.

一、计算机软件采取著作权保护模式的理由

21 世纪是网络信息时代，计算机软件技术成为信息产业的核心，其具有科技含量高、经济价值大的特点，软件产业日新月异，迅猛发展，与之相伴随的软件知识产权保护问题日益突出。由于软件是属于"累积性技术创新"成果的"功能性作品"，其独有的特性使得传统知识产权的各种法律都难以对其提供最准确全面的保护。目前世界范围内对软件采取著作权保护的通行模式，专利、商业秘密法等也从某些侧面对其辅助保护。计算机软件受著作权保护已然成为事实，之所以选择采取著作权保护模式，其原因是多方面的。

（一）保护的方便性和可行性

计算机软件是一种创造，它是研制人员通过设计、编码、调试等一系列步骤而完成的程序系统，同时也是借助文字符号表达特定内容的特殊作品。这种作品尽管在形式上与传统的文学艺术作品有所不同，即应用这些程序必须通过计算机，但它们之间也有相似之处：软件中的文档部分基本上属于原来就可以享有版权的作品，这是无可非议的，而以符号表示的软件源代码和目标程序实质上也是用特殊方式表达人的思想的作品。因此，只要计算机软件本身不是抄袭或复制的，并且有独创性，就可以把它看作智力创作成果，它就应当受到版权法的保护。

除了软件本身的可版权性以外，还考虑到著作权的方便性、可行性等特点可以简单方便地使大多数软件作品处于著作权法的保护之下。此外，著作权法保护作品的历史较长，已经形成了比较完备的保护体系和国际著作权保护网，如果对计算机软件采用著作权法保护，很多国家只需对原版权法略做修改，增加一个受保护客体就可以使软件权利人在世界范围内获得保护，而建立全新的国际制度来保护软件需要花费大量的时间。①

（二）保护的及时性和广泛性

世界上多数国家在版权产生的问题上采取"无手续主义"，即版权根据创作出作品的事实而产生。虽然有些国家和地区规定有版权注册登记手续，

---

① 德利娅·利普希克. 著作权与邻接权［M］. 联合国，译. 北京：中国对外翻译出版公司，2000：24.

但登记并非获得版权的必要条件。也就是说，一旦计算机软件开发完成，其版权就自然产生，这使得软件所有权人可以尽早享有其权利。而且，一旦他人侵犯版权，版权所有权人就可以直接请求法院或有关机关对侵权行为予以制裁。由此可见，软件的版权保护方法花费少，手续简便，生效快，与计算机软件产业的发展速度是相适应的。

此外，虽然当今世界各国倾向于用著作权法保护软件，但有不少国家是迫于美国等软件产业发达国家的压力，为了尽快与国际接轨，才选择著作权法作为保护软件的法律制度。正如波普尔所说："我们绝不可以因为一个一般解释符合于所有的记载，就认为它已经被证实了。"① 各国在学术研究和司法实践中已经明确意识到，把软件纳入著作权法进行调整并不具有天然的合理性，更多的是少数国家出于自身利益考虑而强行推销制度的结果。

但不可否认，由于传统著作权保护本身的要求和特点，其在软件的保护问题上存在各种缺陷②，传统著作权制度的不足使得各国纷纷对软件保护模式进行多方面的探索。目前，很多国家已经形成了以著作权法保护为主，辅之以专利法、商业秘密法、合同法、反不正当竞争法的多重知识产权保护模式，学者们对于软件知识产权的保护模式也提出了建立软件保护的工业版权

---

① 苏力. 制度是如何形成的 [M]. 广州：中山大学出版社，1999：131.

② 学界通常认为存在以下几点弊端：第一，著作权法所提供的保护范围对软件来说是不充分的，体现软件工具性的程序构思、程序技巧等无法得到保护，而这些却往往是比程序代码更重要的技术成果，通常体现了软件开发中的主要创造性贡献；第二，对传统的著作权制度来说，如何合理界定软件作品表达形式的具体范围是一个不易处理的问题，因为软件往往具有"思想和表达混合性"，难以区分软件的思想与表达；第三，传统著作权法对精神权利的保护不利于软件的发展，一方面软件（主要是源代码）不必公开就可享受著作权保护，而源代码对于软件技术的进步和交流具有重要的意义，另一方面软件作品的作者有权保持作品完整性，而软件合法用户虽然享有一定的修改权，但也仅限于为自己使用的需要而修改，并且不能把修改后的软件提供给他人使用；第四，著作权保护只考虑阻止复制，不像专利保护那样同时保护软件的使用，但软件的核心价值在于使用权，软件开发者的利益也是通过软件的使用来实现的；第五，对软件作品来说，传统著作权法提供的保护期限过长，这是没有必要的，反而会阻碍技术进步；第六，著作权法提供的侵权制裁措施太轻，主要是民事赔偿，很少涉及刑罚，而软件的工具性使其经济价值极高，如果惩罚太轻将起不到相应的作用；第七，在软件操作界面保护、程序模块保护、软件的合理使用等方面，著作权法保护模式也存在明显的缺陷。参见徐家力. 计算机软件知识产权保护所面临的挑战及对策 [J]. 信息网络安全，2006（2）.

制度①，并行建立分别针对传统作品版权和工业版权两项保护制度②等多种不同看法。

二、国外计算机软件著作权保护的立法模式

计算机软件的法律保护问题，最初在 20 世纪 60 年代由德国学者提出，引起了各国的广泛关注。此后，包括英国、美国、德国等国家在内的许多学者提出了多种保护方案。为了探讨合理保护计算机软件的法律途径，协调各国软件知识产权保护法律制度间的差异，实施软件知识产权国际保护，世界知识产权组织（WIPO）也成立了专门工作小组，做了大量工作，于 1978 年发表了《保护计算机软件示范条款》③，1983 年提出了《计算机软件保护条约（草案）》④，以期

---

① 有学者提出"橙区"理论，主张对软件保护专门立法，建立软件保护的工业版权制度，把对软件的版权保护方法和专利保护方法结合起来，取二者之长，去二者之短，形成一种新的软件保护制度。参见郑成思. 知识产权与国际贸易 [M]. 北京：人民出版社，1995：427.

② 有学者认为，并行地建立分别针对传统作品版权和工业版权两项保护制度，对于软件保护所遇到的困难和矛盾，可能是一种根本性的解决方案。参见应明，孙彦. 计算机软件的知识产权保护 [M]. 北京：知识产权出版社，2009：31.

③ 20 世纪 70 年代早期，根据联合国大会的要求，世界知识产权组织召集专家组成了一个工作小组研究软件知识产权的国际保护。经过研究，工作小组建议以缔结新国际公约的方式来保护软件知识产权，这项公约的主要内容包括两方面：一是建立国际注册制度，二是对公约成员国国内软件保护法的制定提出最低要求。显然，该公约能否缔结取决于多数国家是否具有相应的软件保护法。为了促进这一前提条件的成立，世界知识产权组织于 1978 年发表了《保护计算机软件示范条款》，以供各国制定软件保护法规时参考使用。这组示范条款兼有专利法、著作权法、反不正当竞争法以及商业秘密法的特点，实际上是针对软件的单独立法，不过各国对这组示范条款并无多大响应。

④ 为了适应建立软件知识产权国际保护的要求，世界知识产权组织于 1983 年提出《计算机软件保护条约（草案）》，供各国专家讨论。该草案仍然是在现有专利保护制度和著作权保护制度之外的针对软件的单独立法，响应的国家仍然不多。大多数西欧以及匈牙利学者认为，最好还是从现有的国际条约中寻找适合保护软件知识产权的条约，而现有的两项版权公约也许就能完成这个任务，美国尤其倾向于该意见。学者们认为，任何一项新的国际条约都要有比较广泛的成员国参加才有实际意义。目前大多数发展中国家的软件产业尚不发达，甚至尚未成型，这些国家自然就对软件知识产权的国际保护没有兴趣，不会积极参加这种国际条约。而在原有国际条约中增加保护软件权利的条款，或对原有条款作出可用以保护软件权利的解释，则可能使参加国际保护的国家更为广泛。

建立软件的国际保护制度①。经过 20 世纪 60 年代到 80 年代的探索，特别是随着美国通过 1976 年和 1980 年两次修订版权法明确用版权法保护计算机程序，已经形成了采用著作权法保护软件知识产权的国际潮流，世界上大多数国家和地区都逐步建立起软件的著作权保护制度。② 欧共体 1991 年《计算机程序法律保护指令》的发布，则可视为这一国际潮流正式形成的标志。③ 1994 年的《与贸易有关的知识产权协议》④ 和 1996 年的《世界知识产权组织著作权条约》都明确将软件纳入文字作品范畴，对其提供保护。采用著作权保护计算机软件的各个国家所采取的立法模式主要可分为三种类型。

（一）修订著作权法，明确规定计算机软件是著作权保护对象

该种立法模式是根据计算机软件的特点，对本国的著作权法律进行适当的修订和补充，明确用著作权法保护计算机软件。菲律宾是世界上首个在《著作权法》中明文规定保护计算机程序的国家，其在 1972 年《知识产权保护法》中，明确将软件作为"文学艺术作品"的一类，列入著作权保护的对象。在版权法中明确规定保护计算机软件的国家还有美国（1980 年）、匈牙利（1983 年）、澳大利亚（1984 年）、多米尼加（1984 年）、印度（1984 年）、日本（1985 年）、法国（1985 年）、马来西亚（1987 年）、新加坡

① 寿步．计算机软件著作权保护：理论阐述·案例分析·法规文件［M］．北京：清华大学出版社，1997：36.

② 黄勤南，尉晓珂．计算机软件的知识产权保护［M］．北京：专利文献出版社，1999：25.

③ 由于在采用著作权法保护软件知识产权的实践中，欧共体各成员国立法存在不少差异，将影响统一内部市场的建立，欧共体部长理事会于 1991 年 5 月通过《关于计算机程序法律保护的指令》，表明了欧共体对软件知识产权保护的客体范围、保护对象、权利所有人、反向工程等一系列敏感问题的立场。该指令不仅对其成员国而且对全世界的软件知识产权保护的立法工作和司法实践具有重大影响，实际上成了采用著作权法保护软件知识产权这一国际潮流正式形成的标志，欧洲主要发达国家的计算机软件保护也统一进入版权保护的体系之中。参见沈仁干．著作权实用大全［M］．南宁：广西人民出版社，1996：930.

④ 1994 年 4 月，世界贸易组织签署了《与贸易有关的知识产权协议》。该协议中第十条第一款明确规定了计算机程序属于文字作品，受到《伯尔尼公约》的保护，该协议成了第一个给予计算机软件版权保护的国际条约，标志着计算机软件的版权保护成了国际化的主流模式，并为全球范围内的其他国家的软件知识产权保护提供了示范。参见沈仁干．著作权实用大全［M］．南宁：广西人民出版社，1996：785 – 796.

（1987 年）、印度尼西亚（1987 年）、西班牙（1987 年）、加拿大（1988 年）等多数国家和地区。下面以美国、日本为例予以说明。

1. 美国著作权法对计算机软件的保护

美国是最早提出利用著作权保护计算机软件的国家，美国版权局在 1964 年表示，虽然尚不能确定软件是否具有版权，但可以根据《版权法》接受软件的版权登记，而让法院去对具体案件中版权的有效性作出判断。[1] 1976 年 10 月，美国国会通过了版权法修正案，对"文字作品"作了非常宽泛的界定，虽然未明确将软件作为保护客体，但事实上涵盖了软件作品，从而为软件的著作权保护提供了立法的依据。[2] 众议院关于 1976 年版权法的报告明确表示，版权法定义中的文字作品包括计算机数据库和计算机软件，只要它们体现了编程者对于思想观念的原创性表达。[3] 1980 年美国国会对著作权法进行了详细的修改，修改后的该法第 101 条给出了计算机软件的法律定义，从而在立法上明确了软件著作权保护的权利客体地位。作为判例法国家，美国法院在司法实践中，根据版权法的规则和原理，将其灵活地、创造性地运用于具体的判例之中来不断完善软件的版权法保护。在 1992 年美国联邦法院判决的 Altai 一案中，法官创造性地提出了一种"抽象—过滤—比较"三步认定软件是否侵权的方法。此判例为区分软件思想和表达的界限，指导软件著作权侵权的认定提供了依据。该案确定的三步判定法为美国的法律界所普遍接受和运用。通过大量计算机软件的司法判例，美国建立起了软件版权法保护的法律制度。作为世界头号的软件生产大国，美国极力推崇版权法保护模式，在其带动和影响下，发达国家纷纷修改版权法。[4]

2. 日本著作权法对计算机软件的保护

从 20 世纪 70 年代到 80 年代，日本曾经有过保护计算机软件的两种方案

---

[1] U. S. Copyright Office：Circular 61—Copyright Registration for Computer Programs（1964）［J］. reprinted in Copyright Society，1964（11）.

[2] 根据美国 1976 年版权法第 101 条的规定，文字作品是指以文字、数字，或其他词语性或数字性符号或标记表达的作品，而不论该作品是以书籍、期刊、手稿、录音制品、影片、磁带、磁盘、磁卡等方式体现出来。该定义中的以"数字""数字符号或标记"表达的作品，实际上已经涵盖了软件作品。

[3] US 94th Congress：House Report No. 94 – 1476，54（1976）.

[4] 李明德. 美国《版权法》对于计算机的保护［J］. 科技与法律，2005（1）.

的激烈争论。一种是日本通产省提出的根据软件的特点采用专门立法的形式加以保护的方案，另一种是日本文部省提出的采用版权法加以保护的方案。日本通产省认为，采用版权法保护计算机软件有以下不足：一是版权客体，尤其是文学艺术作品与软件性质不同，版权法的宗旨是促进文化发展，而对软件的保护则主要在于促进工业或其他产业的发展；二是软件的价值主要表现在它的使用上，应保护的主要是使用权，版权客体在日本版权法中无"使用权"概念，只有"复制权"概念，传统版权法对软件即使可给予某种保护也是不完备的；三是版权法中"改编权"的适用范围很广，一旦扩大适用到保护计算机软件肯定会妨碍软件的开发，从而妨碍工业发展；四是日本版权法中对作者精神权利保护的原则，很难适用于软件作者；五是在软件保护过程中必要的保护用户制度、仲裁制度等，又不适用于其他文字作品及文学艺术作品。① 因此，1983 年，日本的通产省提出了《程序权法》的立法草案，试图绕开版权法的框架单独对计算机软件进行立法，但遭到了美国的强烈反对。在美国施加了强大压力的情况下，日本国会最终放弃了专门立法的方案，于 1985 年通过立法，决定采用版权法保护软件。1985 年 6 月，日本颁布《计算机程序保护法》，这部法律实质上是一部修订日本现有著作权法的法案，其中只有过渡条款作为其著作权法的附录，其余则都分别插入著作权法的各部分，以使著作权法从过去对一般文学艺术的保护扩展到对程序的保护。②

（二）专门制定与版权法配套的补充性法规保护计算机软件

专门制定与版权法配套的补充性法规保护计算机软件是采用著作权保护计算机软件的国家所采取的另一种立法模式，采用这种做法的有韩国（1987年）、巴西（1987 年）等。

韩国是进口美国计算机软件较大的市场之一，多年来，美国一直要求韩国为软件或程序提供法律保护，尤其要求它以版权法来提供这种保护。1987年 1 月，韩国颁布了单行的《计算机程序保护法》，该法于 1987 年 7 月生效。由于《计算机程序保护法》不是韩国版权法的组成部分，即使将来韩国参加

---

① 应明，孙彦. 计算机软件的知识产权保护［M］. 北京：知识产权出版社，2009：9.

② 郑成思. 计算机、软件与数据的法律保护［M］. 北京：法律出版社，1987：119.

了《伯尔尼公约》或《世界版权公约》，也不会自动保护其他国家的程序作品。美国的软件要在韩国得到保护，还必须另与其缔结专门的软件保护双边协定。因此，美国许多开发软件的大公司（如 IBM）均对韩国的这一立法表示了明显的不满。韩国《计算机程序保护法》规定，只有在 1987 年 1 月 15 日之后在韩国"出版"的计算机程序，才受到保护。该法给"出版"下的定义是："由程序权的合法所有人（或经该人同意）复制并发行的，足够数量的，能满足公众一般需要的程序拷贝。"这就表明，凡是未公开发行的（或虽公开发行但未在韩国公开发行的）计算机程序，统统不受保护。这对发达国家经营软件产销的大公司当然是不利的。

该法规定程序权所有人可享有的权利包括在计算机上使用其程序的权利、复制权、演绎权、发行权及出版权。从上述第一项权利看，可以说这部法律是一部"工业版权法"或边缘保护法。韩国实际上是世界上第一个以单行工业版权法保护程序的国家。这部法律还特别规定了任何形式的"程序语言"或"程序规则"均不受保护。① 随着韩国对知识产权的重视程度日益提升，知识产权事业发展迅速，为进一步促进知识产权保护相关法律的先进化，韩国"知识产权保护政策协议会"提出对《计算机程序保护法》进行修订。2009 年，韩国将《计算机程序保护法》并入了《著作权法》。

（三）以判例、命令等方式确认计算机程序为著作权保护对象

以判例、命令等方式确认计算机程序为著作权保护对象是采用著作权保护计算机软件的国家所采取的又一种立法模式，采取这种模式的国家主要有阿根廷、奥地利、智利、厄瓜多尔、爱尔兰、以色列、意大利、墨西哥、荷兰、新西兰、瑞典、瑞士、泰国、土耳其和委内瑞拉等 20 多个国家。② 这些国家的法律没有明确提及计算机程序受版权保护，但法院倾向于用版权保护计算机程序，并通过判例予以明确；政府也明确赞成对软件进行保护，将版权法作为计算机软件保护的基本形式。

知识产权制度的演进和变迁需要考虑到历史和现实的政治、经济等因素

---

① 郑成思. 计算机、软件与数据的法律保护［M］. 北京：法律出版社，1987：130 – 131.

② 邹忭. 世界各国计算机软件版权保护概况［J］. 电子知识产权，1992（10）.

对其所产生的制约和影响，计算机软件的著作权保护亦然。从政治上看，法律制度的变迁来源于寻求保护其利益与思想的不同利益集团之间的互动与冲突的协调。由于利益集团的博弈，国家很有可能在路径依赖的影响下形成次优的法律体系。计算机软件的著作权保护兴起于美国，起初，软件主要是通过商业秘密的方法来保护的，版权和专利都还没有介入这一领域，当时美国国会通过建立一个全新的法律制度来专门保护软件无疑处在最佳的立法时机，保护的途径也存在很大的选择范围。但由于政策制定者们难以预测和掌握新兴制度在未来可能出现的种种问题，美国遂将软件纳入已经成熟的版权法的保护体系中。美国的著作权法在国内业已比较成熟和完备，软件本身具有的作品属性和版权法的自动保护原则都极其适合当时快速发展急需保护的软件业；另一方面，从国际化角度看，大多数建立软件产业的国家业已颁布著作权法，且均是《伯尔尼公约》和《世界版权公约》的成员国，采用著作权保护，无须缔结新的多边公约。于是美国为了保持其在全球的软件业龙头位置，投入大量的精力，经过强硬的国际谈判迫使许多国家遵循了它的道路。现在全球大部分国家已经修订版权法来保护软件，国际上的 TRIPS 协议也明确了软件的版权保护成为国际惯例。自从菲律宾于 1972 年成为世界上第一个以成文的著作权法保护软件的国家以来，很多国家加强了对软件著作权保护的研究工作和立法司法活动，并逐步走上相同的法律轨道。在目前世界各国的软件知识产权保护体系中，以著作权法保护为主，以专利法、商标法及其他法律的保护为辅，为软件提供综合保护。①

三、我国计算机软件著作权保护的立法模式

随着中国特色社会主义法律体系的形成，我国已经建立了比较完备的著作权制度。与绝大多数国家的选择一样，在计算机软件的保护上，我国也用著作权制度作为计算机软件保护的基本手段。构成我国软件著作权保护的法律基础是我国的著作权法和我国已经参加的国际版权公约等。② 我国在建立

---

① 应明，孙彦. 计算机软件的知识产权保护［M］. 北京：知识产权出版社，2009：2 - 17.
② 寿步. 中国计算机软件著作权保护的回顾和展望［J］. 暨南学报（哲学社会科学版），2010（1）.

计算机软件著作权保护制度时，采取了比较特别的立法形式，即在著作权法中作出原则规定，把计算机软件作为一类作品纳入著作权保护体系；同时，《著作权法》规定由国务院制定计算机软件保护办法，具体规定计算机软件著作权保护制度。

（一）我国计算机软件著作权保护立法的缘起和发展

我国的知识产权制度由来已久，但软件的知识产权保护却出现较晚。作为传统的东方大国，我国在清朝末年资本主义萌芽时期曾产生过著作权法、专利法规等最早的知识产权制度，并在民国时期得到了修改完善，但因为受制于当时中国社会的性质条件，这些法律并没起到多大社会作用。中华人民共和国成立初期，受到长期的"左"倾思想影响，知识产权制度也未能形成。我国系统的知识产权制度建立较晚但发展很快，改革开放后，我国于1983 年、1985 年、1991 年、1993 年先后实施了《商标法》《专利法》《著作权法》《反不正当竞争法》，1985 年我国加入《巴黎公约》，1992 年加入《伯尔尼公约》和《世界版权公约》，在短短十年时间里初步建立起了基本的知识产权法律体系。这在很大程度上依赖和效仿了西方业已形成的立法成果，软件的知识产权保护也是如此。

20 世纪末，人类迈入信息科技时代，软件产业在美国等西方发达国家迅速发展壮大，经济全球化和国际一体化潮流使得我国的信息产业迅速地起步并融入世界范围的竞争和合作中。与美国等发达国家相比，我国的软件产业发展落后，知识产权保护很大程度上也受到美国和国际条约的影响和限制。特别是在 20 世纪 90 年代，在中美频繁的知识产权问题磋商和谈判中，我国最终确立了以著作权法来保护软件的模式。在 1990 年制定的《著作权法》中，我国首次明确将软件纳入著作权的保护客体范围之中。① 1991 年国家版权局颁布了《中华人民共和国著作权法实施条例》，对软件的著作权作了更

---

① 《中华人民共和国著作权法》第三条规定："本法所称的作品，包括以下列形式创作的文学、艺术和自然科学、社会科学、工程技术等作品：（一）文字作品；（二）口述作品；（三）音乐、戏剧、曲艺、舞蹈、杂技艺术作品；（四）美术、建筑作品；（五）摄影作品；（六）电影作品和以类似摄制电影的方法创作的作品；（七）工程设计图、产品设计图、地图、示意图等图形作品和模型作品；（八）计算机软件；（九）法律、行政法规规定的其他作品。"

详细的规定。1991 年，国务院颁布《计算机软件保护条例》，对软件的概念，权利主体、客体，权利内容、取得、限制，侵权及法律责任等作了较系统的规定，这成为我国第一部计算机软件知识产权保护的专门行政法规。1992 年机电工业部发布了《计算机软件著作权登记办法》，规定了软件著作权登记制度的具体内容。

加入世界贸易组织后，我国全面加强了对计算机软件知识产权保护法律体系的建设，分别从基本法律、司法解释和行政规章等方面对软件保护的法律制度进行了完善。2001 年，国务院发布了新修改的《计算机软件保护条例》，2002 年 1 月正式施行。2002 年 8 月国务院颁布了《中华人民共和国著作权法实施条例》。2002 年 2 月，国家版权局制定了行政规章《计算机软件著作权登记办法》并于同年开始实行。2011 年、2013 年，我国对《计算机软件保护条例》又进行了两次修订。至此，我国初步建立起计算机软件著作权保护的法律体系。

（二）我国计算机软件著作权保护立法模式的选择

我国在建立计算机软件著作权保护制度时，采取了比较特别的立法形式，即在著作权法中作出原则规定，把计算机软件作为一类作品纳入著作权保护体系；同时，规定由国务院制定计算机软件保护办法，具体规定计算机软件著作权保护制度。[①] 首先，我国对软件著作权的保护，来源于《著作权法》的规定。在 1990 年 9 月颁布的《著作权法》中，计算机软件被明确列为受《著作权法》保护的作品，《著作权法》第三条规定了著作权法保护的作品类型，第八项即为"计算机软件"[②]。同时，1990 年《著作权法》第五十三条规定，计算机软件的保护办法由国务院另行规定。其次，1991 年 6 月

① 郑成思. 试论我国版权法修订的必要性［J］. 著作权，1994（3）.
② 信息产业界一般认为，计算机软件等于计算机程序加上相关文档。自计算机程序 20 世纪中叶问世，软件产业 20 世纪 60 年代兴起后，给著作权保护带来问题的并不是与计算机程序相关的文档，而是计算机程序本身。因为文档本来就属于《著作权法》第三条第一项所列"文字作品"的范畴，所以在我国《著作权法》第三条第八项中原本只需列明"计算机程序"。但是，由于 20 世纪 80 年代末、90 年代初中国软件法律保护的立法工作是由当时的信息产业主管部门机械电子工业部主导的，因此，在中国著作权法立法时作为作品类型名称列入的是信息产业界惯用的术语"计算机软件"。

4 日，由机械电子工业部起草、国务院颁布的《计算机软件保护条例》就是根据《著作权法》的授权制定的行政法规。采取这种立法形式，主要是基于以下几个方面的原因。

首先，便于更好地对计算机软件进行保护。对软件的著作权保护采取在著作权法中作原则性规定，进而单独制定行政法规的模式，有利于更好地反映计算机软件固有的特点。计算机软件与著作权法中的其他作品相比，有其本身的特点，通过制定一个专门法规，便于反映计算机软件固有的特点，对著作权法关于作品保护的规定根据需要进行一些调整，采取适当的保护措施。这种立法模式也便于对计算机软件保护的增补，由于当时国际上对软件知识产权实施法律保护的经验尚不成熟，对不少具体问题还存在争论，而我国的经验则更少，作为一个专门条例，一旦需要增补时牵涉面比较小，且修订的手续相对简单。与全国人民代表大会通过的法律比较，国务院制定的行政法规进行修订的手续相对稍微简单一些，便于今后积累经验，逐步完善。当条件成熟以后，它也可以成为稳定性更高的法律。此外，单独制定行政法规还可以根据实践需要规定著作权保护以外的其他保护措施，有效地保护计算机软件。

其次，受国际环境的影响。考虑到软件不同于著作权法所保护的传统作品的若干特点，同时参照韩国 1986 年《计算机程序保护法》和巴西 1987 年《软件法》为软件法律保护单独立法的模式①，我国的软件立法一开始并未打算采取著作权保护的方式，而是准备采取单独立法的模式，并且也按照这种思路进行立法的起草工作②。不过我国软件著作权保护的立法进程，有着美国施加影响的明显痕迹。在 1989 年的中美知识产权谈判中，两国于 5 月 19 日达成谅解备忘录，中国政府承诺：鉴于国际社会已经形成了采用著作权法保护软件的国际性潮流，中国将制定符合国际惯例的著作权法，其中计算机程序将作为特殊种类的作品予以保护③。因而，我国对软件的著作权保护最终采取了在著作权法中作原则性规定，进而在著作权法之外单独制定行政

---

① 应明. 计算机软件的版权保护问题［J］. 电子知识产权，1991（10）.
② 黄勤南. 新编知识产权法教程［M］. 北京：法律出版社，2003：141.
③ 《中华人民共和国政府与美利坚合众国政府关于保护知识产权的谅解备忘录》（1992 年 1 月 17 日）第三条第六款。

法规的模式。

再次，与当时立法工作主导部门有关。中国对软件的法律保护没有采取美国和日本等发达国家直接在著作权法中添加若干条款的立法模式，而是采取比较特殊的立法模式，与当时由机械电子工业部主导相关立法的历史背景有重要关系。当年中国软件法律保护的立法工作不是由著作权法的起草机构——作为国家著作权行政管理部门的国家版权局主导，而是由机械电子工业部主导，使得中国对软件的著作权保护最终采取了虽然纳入著作权法保护体系但不是在《著作权法》中直接添加若干条款，而是在《著作权法》之外单独制定行政法规的模式，这种立法模式延续至今。①

第二节　我国计算机软件保护法的历史发展

计算机软件的开发生产在 20 世纪 60 年代开始渐成气候，并以惊人的速度发展成熟。这期间，如何寻求一个完善有效的法律体系对计算机软件的知识产权进行保护，一直是一个国际性话题。世界各国都在适合本国国情的前提下，提出了各种有特点的法律保护措施，我国对此也进行了一系列探索和实践。但是，由于计算机软件自身的特殊性，加之当年我国计算机软件法律保护的立法工作由机械电子工业部主导，立法进程中有着外来压力施加影响的明显痕迹，这使得我国计算机软件著作权保护的立法模式较为特殊，除了在《著作权法》中作出原则性规定之外，还根据《著作权法》的授权单独制定了《计算机软件保护条例》。随着我国法制的完善及《著作权法》的修订，我国《计算机软件保护条例》也经历了一个不断发展完善的过程。伟大哲学家亚里士多德说得好："我们如果对任何事物，对政治或其他问题，追溯其原始而明白其发生的端绪，我们就可获得最明朗的认识。"② 了解计算机软件著作权保护的形成与发展过程，理清其发展的脉络，对于我们研究计算机

---

① 寿步. 中国计算机软件著作权保护的回顾和展望 [J]. 暨南学报（哲学社会科学版），2010（6）.

② 亚里士多德. 政治学 [M]. 北京：商务出版社，1997：123.

软件著作权保护制度具有重要的意义。

一、1991 年《计算机软件保护条例》

为保护计算机软件著作权人的权益，调整计算机软件在开发、传播和使用中发生的利益关系，鼓励计算机软件的开发与流通，促进计算机应用事业的发展，依照《著作权法》的规定，国务院制定了《计算机软件保护条例》。该条例于 1991 年 6 月 4 日通过国务院令 84 号发布，1991 年 10 月 1 日起施行。1991 年《计算机软件保护条例》分为总则、计算机软件著作权、计算机软件的登记管理、法律责任及附则 5 章，共 40 条。根据 1991 年《计算机软件保护条例》有关软件登记的规定①，电子工业部于 1992 年 4 月 6 日颁布实施了《计算机软件著作权登记办法》，该办法分别对软件登记的主体、客体范围，登记的基本类型、申请手续、审批程序、异议及复审程序，登记机构的性质与职责，登记的费用和有关的时间限制等都作了详尽的规定，是条例的具体实施办法之一。

（一）1991 年《计算机软件保护条例》的创新

在 1991 年《计算机软件保护条例》中，尽管有不少条款明显来源于美国版权法，但仍具有创新性，主要表现为：一是规定"在本条例发布以后发表的软件，可向软件登记管理机构办理登记申请"②，"向软件登记管理机构办理软件著作权的登记，是根据本条例提出软件权利纠纷行政处理或者诉讼的前提"③。这意味着，在 1991 年 6 月 4 日《计算机软件保护条例》发布之前发表的美国软件不能在中国申请著作权登记，一旦发生与这些软件相关的著作权纠纷，美国软件的著作权人在中国既不能申请行政处理，也不能到法

---

① 1991 年《计算机软件保护条例》第八条规定："国务院授权的软件登记管理机构主管全国软件的登记工作。"

② 1991 年《计算机软件保护条例》第二十三条规定："在本条例发布以后发表的软件，可向软件登记管理机构办理登记申请，登记获准之后，由软件登记管理机构发放登记证明文件，并向社会公告。"

③ 1991 年《计算机软件保护条例》第二十四条规定："向软件登记管理机构办理软件著作权的登记，是根据本条例提出软件权纠纷行政处理或者诉讼的前提。软件登记管理机构发放的登记证明文件，是软件著作权有效或者登记申请文件中所述事实确实的初步证明。"

院起诉。只有1991年6月4日之后发表的美国软件才能在中国获得实质性的保护，而且这种保护还必须以办理软件著作权登记作为前提。二是规定软件著作权的保护期（为二十五年），截止于软件首次发表后第二十五年的十二月三十一日。保护期满前，软件著作权人可以向软件登记管理机构申请续展二十五年，但保护期最长不超过五十年。对于软件开发者的开发者身份权，其保护期不受限制。①

针对上述两个问题，美国在1991年开始的中美知识产权谈判中向中国施加了巨大压力。在1992年1月16日签署的中美两国政府关于保护知识产权的谅解备忘录中，美国在上述两方面的要求得到了满足。中国承诺：（1）中国将加入保护文学、艺术作品的《伯尔尼公约》，加入保护唱片制作者防止其唱片被擅自复制的《日内瓦公约》，且以上公约适用"国际条约优先原则"，但中国在公约允许的情况下声明保留的条款除外；（2）按照《伯尔尼公约》《日内瓦公约》，对中国《著作权法》及其《实施条例》作相应修改，并颁布新的条例，使之与公约和中美谅解备忘录一致，增强对软件的保护，并且按照公约的规定，保护不要求履行手续，保护期为五十年。据此，中国国务院在1992年9月25日发布的《实施国际著作权条约的规定》中规定："外国计算机程序作为文学作品保护，可以不履行登记手续，保护期为自该程序首次发表之年年底起五十年"，外国软件著作权人因此享有了"超国民待遇"。在中美谅解备忘录于1992年3月17日生效后，上述两个问题对外国软件著作权人已没有问题，但对中国软件著作权人却依然存在。针对这种内外保护水平的差异，中国软件著作权人又感到了"不公平"。第一个问题后来通过1993年12月24日《最高人民法院关于深入贯彻执行〈中华人民共和国著作权法〉几个问题的通知》得到解决，该通知规定，凡当事人以计算机软件著作权纠纷提起诉讼的，经审查符合《中华人民共和国民事诉讼法》第一百一十九条规定，无论其软件是否经过有关部门登记，人民法院均应予以

---

① 1991年《计算机软件保护条例》第十五条。

受理。① 第二个问题后来在 2001 年修改《著作权法》和《计算机软件保护条例》时得到了解决。②

（二）1991 年《计算机软件保护条例》的意义

20 世纪 90 年代，中国软件著作权保护的立法进程基本上是向国外学习同时又不断受到外来压力的过程。1991 年国务院颁布的《计算机软件保护条例》，是根据我国《著作权法》所制定的第一部计算机软件知识产权保护的专门行政法规。《计算机软件保护条例》充分结合了软件的技术特点和我国软件产业的发展情况，对软件的概念，权利主体、客体，权利内容、取得、限制，侵权及法律责任等作了较系统的规定，对我国软件的保护提供了基本的法律依据，作出了具体的规定。

1991 年《计算机软件保护条例》的颁布和实施，标志着长期以来我国计算机软件知识产权保护无法可依的状况已经结束，发展软件产业的法律环境已逐步地建立起来。除了著作权这一主要的法律保护形式外，我国在涉及软件知识产权的其他几个方面保护的立法也取得很大进展。随着 1992 年我国《专利法》的修改，"专利审查指南"中对含有计算机程序的发明专利申请的审查原则也作了较大修正，对过去较模糊的一些概念给出了较清晰的解释，已与国外主要专利局基本一致。1993 年 2 月修改的《商标法》使软件产品及技术服务的注册商标获得更有效的保护。特别是 1993 年 9 月，我国颁布了《反不正当竞争法》，该法第十条关于保护商业秘密的规定，为计算机软件内

---

① 《最高人民法院关于深入贯彻执行〈中华人民共和国著作权法〉几个问题的通知》（法发〔1993〕44 号）第三条规定："计算机软件著作权案件，按分工由各级人民法院民事审判庭受理（设立知识产权审判庭的，由该庭受理）。凡当事人以计算机软件著作权纠纷提起诉讼的，经审查符合《中华人民共和国民事诉讼法》第一百零八条（现行《民事诉讼法》第一百一十九条）规定，无论其软件是否经过有关部门登记，人民法院均应予以受理。由于计算机软件著作权保护的技术性和专业性强，人民法院审理此类案件时，应注意征询有关部门和专家的意见，对需要鉴定的，应请由有关专家组成的软件技术鉴定组织就技术方面的问题作出鉴定。"

② 2001 年《计算机软件保护条例》第十四条规定："软件著作权自软件开发完成之日起产生。自然人的软件著作权，保护期为自然人终生及其死亡后 50 年，截止于自然人死亡后第 50 年的 12 月 31 日；软件是合作开发的，截止于最后死亡的自然人死亡后第 50 年的 12 月 31 日；法人或者其他组织的软件著作权，保护期为 50 年，截止于软件首次发表后第 50 年的 12 月 31 日，但软件自开发完成之日起 50 年内未发表的，本条例不再保护。"

含的保密技术等信息的保护提供了法律依据。可以说，我国软件知识产权保护的立法经过几年的努力，已经达到较全面和较高的水平。

没有软件知识产权保护所提供的良好法律环境，就不可能发展软件产业，这个在世界各国实践中已证明了的规律，同样也被我国的实践所证实。1991年《计算机软件保护条例》的颁布和实施，为保护计算机软件著作权人的权益，调整计算机软件在开发、传播和使用中发生的各种利益关系，鼓励软件的开发、流通和应用，起到了积极的推动作用。由于软件法律保护的实施，软件开发人员的智力劳动成果开始得到社会尊重，大量新生力量加入软件开发和应用创意队伍中来。由于软件的价值得到保护，软件企业在产品开发等方面的投资能够得到回报，大量专门从事软件开发、销售等业务的软件企业纷纷成立，甚至许多硬件厂商也看好软件业务，转向或投入大量人力物力于软件业务。条例实施后的几年间，我国软件产业改变了过去发展迟缓的状况，取得了长足的进展，并形成了一定的规模。过去软件卖不出价的局面有所扭转，许多国产优秀软件产品脱颖而出，逐步呈现出科研成果向产品化、商品化转化的良好态势，有些软件更是漂洋过海，进入国际市场。

二、2001年《计算机软件保护条例》

2001年《计算机软件保护条例》于2001年12月20日通过国务院令339号发布，2002年1月1日起施行。条例分为总则、计算机软件著作权、软件著作权的许可使用和转让、法律责任及附则5章，共33条。与1991年《计算机软件保护条例》相比，第三章内容由1991年条例的"计算机软件的登记管理"改为"软件著作权的许可使用和转让"。

（一）2001年《计算机软件保护条例》的修改背景

1999年，在中国加快就加入世界贸易组织与美国进行双边谈判的背景下，全国首例软件终端用户因用盗版成被告案——微软诉亚都案引起了中国传媒和全社会的广泛关注，该案涉及最终用户使用未经授权软件是否承担法律责任的问题，在中国知识产权界引发了一场论战①。1999 年 12 月，法院从诉讼程序的角度作出裁定，驳回了微软公司对北京亚都科技集团的起诉，并没有就软件最终用户使用未经授权软件是否构成侵权和如何承担侵权责任问题作出实体判决。以微软诉亚都案引发的论战和对知识产权的重新思考为契机，中国国内各界开始反思知识产权，开始注重以维护本国利益，寻求权利人利益与公众利益的平衡作为建构知识产权法律制度的基点。此后，中国领导人提出了"尊重并合理保护知识产权"的重要论断，并在国际知识产权保护方面倡导："应根据新的形势，对知识产权保护等方面的国际规则作出适当的调整。在切实保护知识产权的同时，按照市场规律，使知识产权的保护范围、保护期限和保护方式，有利于科技知识的扩散和传播，有利于各国共享科技进步带来的利益。"② 在 2002 年 3 月全国人民代表大会和中国人民政治协商会议全国委员会开会期间，一些全国人大代表和全国政协委员认为：对中国软件保护水平问题，应当重视各界呼声，顺应民意。他们为此分别提出了议案和提案。这些舆论引起了最高人民法院的重视。③ 2002 年 10

---

① 以寿步教授为代表的论战一方坚持"合理保护论"，主要观点包括五点：（1）在遵守相关"世界水平"的前提下，中国的知识产权保护水平应当与中国的经济科技社会文化发展水平相适应。（2）根据著作权法原理，著作权本来并不延伸到最终用户对侵权作品的使用，所以最终用户使用未经授权软件本来也不构成侵权。（3）在最终用户使用未经授权软件问题上，法律保护水平的"第一台阶"是不将软件侵权的最终界限延伸到任何最终用户，TRIPS 协议就属于"第一台阶"；一些发达国家和地区将软件侵权的最终界限延伸到部分最终用户，这是"第二台阶"；将软件侵权的最终界限延伸到所有最终用户，只要使用未经授权软件就构成侵权，这是"第三台阶"。（4）坚决反对在中国实行"第三台阶"即超世界水平的保护。（5）根据1991 年《软件条例》追究最终用户责任的法律依据不足。论战另一方的主要观点包括三点：（1）软件的特殊性决定了对其的保护应不同于传统作品，不仅要禁止违法复制和销售，而且要延伸到最终用户，禁止软件最终用户的非法复制和非法使用。（2）软件最终用户使用软件时的复制行为可能侵犯著作权人的复制权，既然软件是著作权法的保护对象，著作权法有必要作出调整以规范软件最终用户的行为。（3）1991 年《软件条例》已经对软件最终用户问题作出了规定，已经达到了"第三台阶"的保护水平。参见寿步. 合理保护知识产权是中国的必然选择［J］. 上海交通大学学报（哲学社会科学版），2006（2）.

② 2000 年 8 月 5 日时任中华人民共和国主席江泽民在北戴河会见诺贝尔奖获得者的讲话；2000 年 11 月 16 日江泽民在文莱首都斯里巴加湾举行的亚太经合组织领导人非正式会议上的讲话。

③ 蒋志培. 知识产权法律适用与司法解释［M］. 北京：中国法制出版社，2002：91.

月 15 日起施行的《最高人民法院关于审理著作权民事纠纷案件适用法律若干问题的解释》第二十一条规定："计算机软件用户未经许可或者超过许可范围商业使用计算机软件的，依据著作权法第四十七条第一项、《计算机软件保护条例》第二十四条第一项的规定承担民事责任。"从该条款看，最终用户是否承担侵权的民事责任须区分其为"商业使用"还是"非商业使用"，因此，软件侵权的最终界限只延伸到部分最终用户。可见，20 世纪末，国内各界对知识产权开始进行反思，从国家政策定位的高度审慎思考软件的著作权保护，不再对外来压力盲目妥协，而是重点关注国家利益和公众利益的维护。

我国知识产权第一轮立法处于计划经济时代，很多条文均带着深深的计划经济"烙印"。随着市场经济体制的建立与发展，一些具有计划经济色彩的条文与社会公民权利平等、市场公平竞争原则相矛盾。我国相继加入了一系列知识产权条约，如 1992 年 10 月 15 日，正式成为《伯尔尼公约》的成员国，1992 年 10 月 30 日，正式成为《世界版权公约》的成员国，我国成为国际知识产权大家庭的一员，而国内知识产权法很多条文又与国际条约相冲突。再者，高新技术的发展对传统的知识产权法提出了新要求，也对传统的知识产权制度提出了挑战。2001 年 12 月，我国正式加入 WTO，为了履行承诺，国内知识产权法必须与 TRIPS 协议基本一致。在上述背景之下，对《计算机软件保护条例》进行了修改。

（二）2001 年《计算机软件保护条例》的修改内容

相较于 1991 年《计算机软件保护条例》，2001 年的《计算机软件保护条例》有了较大的修改。

1. 基本上消除了对软件保护的双重标准

首先，统一了软件的保护期限。2001 年《计算机软件保护条例》第十四条规定，软件著作权自软件开发完成之日起产生。自然人的软件著作权，保护期为自然人终生及其死亡后 50 年，截止于自然人死亡后第 50 年的 12 月 31 日；软件是合作开发的，截止于最后死亡的自然人死亡后第 50 年的 12 月 31 日；法人或者其他组织的软件著作权，保护期为 50 年，截止于软件首次发表后第 50 年的 12 月 31 日，但软件自开发完成之日起 50 年内未发表的，本条例不再保护。其次，对国内软件保护增加了出租权。2001 年《计算机软件保护条例》第八条第六项规定，软件著作权人享有出租权，即有偿许可他人临时使用软件的权利，但是软件不是出租的主要标的的除外，这样就符合了TRIPS 的要求。再次，改变了软件"登记"的性质，淡化了软件"登记"。2001 年《计算机软件保护条例》第七条规定，软件著作权人可以向国务院著作权行政管理部门认定的软件登记机构办理登记。软件登记机构发放的登记证明文件是登记事项的初步证明。办理软件登记应当缴纳费用。软件登记的收费标准由国务院著作权行政管理部门会同国务院价格主管部门规定。相应地 2001 年《计算机软件保护条例》删除或修改了 1991 年《计算机软件保护条例》中限定软件登记法律意义的第二十四条第一款，第二十七条，第二十八条等几个条款①，这样软件登记不再作为行政处理的前提条件。此外，还删除了 1991 年《计算机软件保护条例》中有关登记程序的第二十三条、第二十五条、第二十六条、第二十九条等几个条款，淡化了软件的登记②。

2. 增加、明确了软件著作权人的权利

首先，增加了软件著作权人的信息网络传播权。新《计算机软件保护条例》第八条第七项规定，软件著作权人享有信息网络传播权，即以有线或者无线方式向公众提供软件，使公众可以在其个人选定的时间和地点获得软件的权利，这一权利是根据世界知识产权组织 1996 年 12 月通过的《世界知识

---

① 1991 年《计算机软件保护条例》第二十四条第一款规定："向软件登记管理机构办理软件著作权的登记，是根据本条例提出软件权纠纷行政处理或者诉讼的前提。"第二十七条规定："凡已办理登记的软件，在软件权利发生转让活动时，受让方应当在转让合同正式签订后三个月之内向软件登记管理机构备案，否则不能对抗第三者的侵权活动。"第二十八条规定："中国籍的软件著作权人将其在中国境内开发的软件的权利向外国人许可或者转让时，应当报请国务院有关主管部门批准并向软件登记管理机构备案。"

② 1991 年《计算机软件保护条例》第二十三条规定："在本条例发布以后发表的软件，可向软件登记管理机构办理登记申请，登记获准之后，由软件登记管理机构发放登记证明文件，并向社会公告。"第二十五条规定："软件著作权人申请登记时应当提交：（一）按规定填写的软件著作权登记表；（二）符合规定的软件鉴别材料。软件著作权人还应当按规定交纳登记费。软件登记的具体管理办法和收费标准由软件登记管理机构公布。"第二十六条规定："软件著作权的登记具有下列情况之一的，可以被撤销：（一）根据最终的司法判决；（二）已经确认申请登记中提供的主要信息是不真实的。"第二十九条规定："从事软件登记的工作人员，以及曾在此职位上工作过的人员，在软件著作权的保护期内，除为了执行这项登记管理职务的目的之外，不得利用或者向他人透露申请者登记时提交的存档材料及有关情况。"

产权组织版权条约》（WCT）的第八条有关规定增加的，已超出了 TRIPS 的要求。其次，明确了软件著作权人的相关权利。被明确的软件著作权人的权利主要有修改权、复制权、发行权及翻译权，这些权利在 1991 年《计算机软件保护条例》中已有规定，只是不够具体，此次修改，参照《著作权法》加以明确、细化。修改权，即对软件进行增补、删节，或者改变指令、语句顺序的权利；复制权，即将软件制作一份或者多份的权利；发行权，即以出售或者赠与方式向公众提供软件的原件或者复制件的权利；翻译权，即将原软件从一种自然语言文字转换成另一种自然语言文字的权利。

3. 强化了对软件著作权的保护

首先，进一步严格了合理使用的条件。1991 年《计算机软件保护条例》第二十一条规定，合法持有软件复制品的单位、公民，在不经该软件著作权人同意的情况下，可以享有一些合理使用的权利。2001 年《计算机软件保护条例》第十六条将此主体改为"软件的合法复制品的所有人"，进一步缩小了合理使用的主体适用范围。1991 年《计算机软件保护条例》第二十二条所规定的合理使用为，因课堂教学、科学研究、国家机关执行公务等非商业性目的需要对软件进行少量的复制，可以不经著作权人或者其合法受让者的同意，不向其支付报酬，但使用时应当说明软件的名称、开发者，并且不得侵犯著作权人或者其合法受让者依本条例所享有的其他各项权利，该复制品使用完毕后应当妥善保管、收回或者销毁，不得用于其他目的或者向他人提供。2001 年《计算机软件保护条例》第十七条改为，为了学习和研究软件内含的设计思想和原理，通过安装、显示、传输或者存储软件等方式使用软件的，可以不经软件著作权人的许可，不向其支付报酬，这样就大大缩小了合理使用的范围。其次，增加了对软件保护技术措施和权利管理信息的保护。2001 年《计算机软件保护条例》在第二十四条第三项、第四项中明确将"故意避开或者破坏著作权人为保护其软件著作权而采取的技术措施的"和"故意删除或者改变软件权利管理电子信息的"，作为侵权行为处理。再次，增加了保护软件著作权的诉前临时措施。2001 年《计算机软件保护条例》第二十六条规定，软件著作权人有证据证明他人正在实施或者即将实施侵犯其权利的行为，如不及时制止，将会使其合法权益受到难以弥补的损害的，可以依照《中华人民共和国著作权法》第四十九条的规定，在提起诉讼前向人民法院申请采取责令停止有关行为和财产保全的措施。第二十七条规定，为了制止侵权行为，在证据可能灭失或者以后难以取得的情况下，软件著作权人可以依照《中华人民共和国著作权法》第五十条的规定，在提起诉讼前向人民法院申请保全证据。最后，完善了侵权的法律责任。明确了侵权赔偿数额确定原则，增加了法定赔偿，2001 年《计算机软件保护条例》第二十五条规定，侵犯软件著作权的赔偿数额，依照《中华人民共和国著作权法》第四十八条①的规定确定，明确了侵权赔偿数额确定原则和法定赔偿。增加了侵权人的举证责任，2001 年《计算机软件保护条例》第二十八条规定，软件复制品的出版者、制作者不能证明其出版、制作有合法授权的，或者软件复制品的发行者、出租者不能证明其发行、出租的复制品有合法来源的，应当承担法律责任。严格了"善意侵权人"的法律责任，1991 年《计算机软件保护条例》第三十二条规定，软件持有者不知道或者没有合理的依据知道该软件是侵权物品，其侵权责任由该侵权软件的提供者承担。但若所持有的侵权软件不销毁不足以保护软件著作权人的权益时，持有者有义务销毁所持有的侵权软件，为此遭受的损失可以向侵权软件的提供者追偿。前款所称侵权软件的提供者包括明知是侵权软件又向他人提供该侵权软件者。2001 年《计算机软件保护条例》第三十条规定，软件的复制品持有人不知道也没有合理理由应当知道该软件是侵权复制品的，不承担赔偿责任；但是，应当停止使用、销毁该侵权复制品。如果停止使用并销毁该侵权复制品将给复制品使用人造成重大损失的，复制品使用人可以在向软件著作权人支付合理费用后继续使用。

4. 严格了"相似软件"不构成侵权的条件

1991 年《计算机软件保护条例》第三十一条规定，因下列情况而引起的所开发的软件与已经存在的软件相似，不构成对已经存在的软件的著作权的侵犯：（一）由于必须执行国家有关政策、法律、法规和规章；（二）由于必

---

① 2001 年《著作权法》第四十八条规定："侵犯著作权或者与著作权有关的权利的，侵权人应当按照权利人的实际损失给予赔偿；实际损失难以计算的，可以按照侵权人的违法所得给予赔偿。赔偿数额还应当包括权利人为制止侵权行为所支付的合理开支。权利人的实际损失或者侵权人的违法所得不能确定的，由人民法院根据侵权行为的情节，判决给予五十万元以下的赔偿。"

须执行国家技术标准；（三）由于可供选用的表现形式种类有限。2001年《计算机软件保护条例》第二十九条改为，软件开发者开发的软件，由于可供选用的表达方式有限而与已经存在的软件相似的，不构成对已经存在的软件的著作权的侵犯。1991年《计算机软件保护条例》规定，"相似软件"不构成侵权包括三种情况，相当于规定了三种不构成侵权的例外。而2001年《计算机软件保护条例》所规定的不构成侵权的"相似软件"只有一种情况，显然更为严格。

5. 取消了计算机软件作品的"强制许可"

1991年《计算机软件保护条例》第十三条第二款规定，国务院有关主管部门和省、自治区、直辖市人民政府，对本系统内或者所管辖的全民所有制单位开发的对于国家利益和公共利益具有重大意义的软件，有权决定允许指定的单位使用，由使用单位按照国家有关规定支付使用费。这实际上是对计算机软件作品规定的一种"强制许可"，2001年《计算机软件保护条例》删除了这一条款，取消了对计算机软件作品的"强制许可"。

6. 增加了对软件著作权的许可使用和转让的规定

2001年《计算机软件保护条例》将第三章改为"软件著作权的许可使用和转让"，该章共五个条文，规定了对软件著作权的许可使用和转让。第十八条规定，许可他人行使软件著作权的，应当订立许可使用合同。许可使用合同中软件著作权人未明确许可的权利，被许可人不得行使。第十九条规定，许可他人专有行使软件著作权的，当事人应当订立书面合同。没有订立书面合同或者合同中未明确约定为专有许可的，被许可行使的权利应当视为非专有权利。第二十条规定，转让软件著作权的，当事人应当订立书面合同。第二十一条规定，订立许可他人专有行使软件著作权的许可合同，或者订立转让软件著作权合同，可以向国务院著作权行政管理部门认定的软件登记机构登记。第二十二条规定，中国公民、法人或者其他组织向外国人许可或者转让软件著作权的，应当遵守《中华人民共和国技术进出口管理条例》的有关规定。

三、2011年《计算机软件保护条例》

为进一步深入贯彻依法治国基本方略，维护社会主义法制统一，全面推进依法行政，根据经济社会发展和改革深化的新情况、新要求，国务院在对行政法规进行四次全面清理的基础上，再次对截至 2009 年年底现行的行政法规共 691 件进行了全面清理。经过清理，2011 年 1 月 8 日国务院公布了《关于废止和修改部分行政法规的决定》①，决定对 7 件行政法规予以废止，对 107 件行政法规的部分条款予以修改。

《国务院关于废止和修改部分行政法规的规定》第一百一十四条规定，对《计算机软件保护条例》中引用的法律、行政法规条文序号作出修改②，将第二十五条中的"依照《中华人民共和国著作权法》第四十八条的规定确定"修改为"依照《中华人民共和国著作权法》第四十九条的规定确定"。第二十六条中的"可以依照《中华人民共和国著作权法》第四十九条的规定"修改为"可以依照《中华人民共和国著作权法》第五十条的规定"。第二十七条中的"软件著作权人可以依照《中华人民共和国著作权法》第五十条的规定"修改为"软件著作权人可以依照《中华人民共和国著作权法》第五十一条的规定"。

由此可见，2011 年《计算机软件保护条例》较 2001 年《计算机软件保护条例》无实质性的变化，只是因相关法律法规的修改而作了相应的修改。

四、2013 年《计算机软件保护条例》

2013 年 1 月 16 日，国务院第 231 次常务会议通过《国务院关于修改〈计算机软件保护条例〉的决定》，2013 年 1 月 30 日公布，自 2013 年 3 月 1

---

① 《国务院关于废止和修改部分行政法规的决定》，2010 年 12 月 29 日国务院第 138 次常务会议通过，2011 年 1 月 8 日中华人民共和国国务院令第 588 号公布，自公布之日起施行。

② 《国务院关于废止和修改部分行政法规的决定》之所以对《计算机软件保护条例》中引用的法律、行政法规条文序号作出修改，是因为 2010 年 2 月 26 日，第十一届全国人民代表大会常务委员会第十三次会议通过《全国人民代表大会常务委员会关于修改〈中华人民共和国著作权法〉的决定》，决定对《中华人民共和国著作权法》作修改。一、将第四条修改为："著作权人行使著作权，不得违反宪法和法律，不得损害公共利益。国家对作品的出版、传播依法进行监督管理。"二、增加一条，作为第二十六条："以著作权出质的，由出质人和质权人向国务院著作权行政管理部门办理出质登记。"决定自 2010 年 4 月 1 日起施行，《中华人民共和国著作权法》根据决定作修改并对条款顺序作调整后，重新进行了公布。

日起施行。《国务院关于修改〈计算机软件保护条例〉的决定》对 2011 年《计算机软件保护条例》作如下修改：将第二十四条第二款修改为"有前款第一项或者第二项行为的，可以并处每件 100 元或者货值金额 1 倍以上 5 倍以下的罚款；有前款第三项、第四项或者第五项行为的，可以并处 20 万元以下的罚款。"

《计算机软件保护条例》第二十四条第二款是对侵犯软件著作权行政责任中罚款的规定，根据第二十四条第一款的规定："除《中华人民共和国著作权法》、本条例或者其他法律、行政法规另有规定外，未经软件著作权人许可，有下列侵权行为的，应当根据情况，承担停止侵害、消除影响、赔礼道歉、赔偿损失等民事责任；同时损害社会公共利益的，由著作权行政管理部门责令停止侵权行为，没收违法所得，没收、销毁侵权复制品，可以并处罚款，情节严重的，著作权行政管理部门并可以没收主要用于制作侵权复制品的材料、工具、设备等；触犯刑律的，依照刑法关于侵犯著作权罪、销售侵权复制品罪的规定，依法追究刑事责任。（一）复制或者部分复制著作权人的软件的；（二）向公众发行、出租、通过信息网络传播著作权人的软件的；（三）故意避开或者破坏著作权人为保护其软件著作权而采取的技术措施的；（四）故意删除或者改变软件权利管理电子信息的；（五）转让或者许可他人行使著作权人的软件著作权的。"也就是说，未经软件著作权人许可，侵犯软件著作权，同时损害社会公共利益的，著作权行管理部门可以责令停止侵权行为，没收违法所得，没收、销毁侵权复制品，可以并处罚款。

依据 2011 年《计算机软件保护条例》第二十四条第二款的规定，复制或者部分复制著作权人的软件的，或者向公众发行、出租、通过信息网络传播著作权人的软件的，可以并处每件 100 元或者货值金额 5 倍以下的罚款；故意避开或者破坏著作权人为保护其软件著作权而采取的技术措施的，故意删除或者改变软件权利管理电子信息的，转让或者许可他人行使著作权人的软件著作权的，可以并处 5 万元以下的罚款。2013 年《计算机软件保护条例》主要是对罚款的数额作了修改：一是对于复制或者部分复制著作权人的软件的，或者向公众发行、出租、通过信息网络传播著作权人的软件的，由"可以并处每件 100 元或者货值金额 5 倍以下的罚款"修改为"可以并处每件 100 元或者货值金额 1 倍以上 5 倍以下的罚款",增加了罚款金额的下限,即"货值金额 1 倍以上";二是对于故意避开或者破坏著作权人为保护其软件著作权而采取的技术措施的,故意删除或者改变软件权利管理电子信息的,转让或者许可他人行使著作权人的软件著作权的,由"可以并处 5 万元以下的罚款"修改为"可以并处 20 万元以下的罚款",提高了罚款的金额。不论是增加罚款金额的下限,还是提高罚款的金额,均体现了《计算机软件保护条例》对我国社会经济发展、计算机软件特点以及我国软件产业发展的实际水平的考虑,更有利于打击计算机软件著作权侵权行为。

第三章

计算机软件著作权的内容

著作权内容是指由著作权法所确认和保护的，由作者或其他著作权人所享有的权利。我国《著作权法》第十条规定，著作权包括人身权和财产权，著作权人可以许可他人行使全部或者部分转让其享受的著作财产权，并依照约定或者《著作权法》的有关规定获得报酬。① 计算机软件虽然属于《著作

① 《著作权法》第十条规定："著作权包括下列人身权和财产权：（一）发表权，即决定作品是否公之于众的权利；（二）署名权，即表明作者身份，在作品上署名的权利；（三）修改权，即修改或者授权他人修改作品的权利；（四）保护作品完整权，即保护作品不受歪曲、篡改的权利；（五）复制权，即以印刷、复印、拓印、录音、录像、翻录、翻拍等方式将作品制作一份或者多份的权利；（六）发行权，即以出售或者赠与方式向公众提供作品的原件或者复制件的权利；（七）出租权，即有偿许可他人临时使用电影作品和以类似摄制电影的方法创作的作品、计算机软件的权利，计算机软件不是出租的主要标的的除外；（八）展览权，即公开陈列美术作品、摄影作品的原件或者复制件的权利；（九）表演权，即公开表演作品，以及用各种手段公开播送作品的表演的权利；（十）放映权，即通过放映机、幻灯机等技术设备公开再现美术、摄影、电影和以类似摄制电影的方法创作的作品等的权利；（十一）广播权，即以无线方式公开广播或者传播作品，以有线传播或者转播的方式向公众传播广播的作品，以及通过扩音器或者其他传送符号、声音、图像的类似工具向公众传播广播的作品的权利；（十二）信息网络传播权，即以有线或者无线方式向公众提供作品，使公众可以在其个人选定的时间和地点获得作品的权利；（十三）摄制权，即以摄制电影或者以类似摄制电影的方法将作品固定在载体上的权利；（十四）改编权，即改变作品，创作出具有独创性的新作品的权利；（十五）翻译权，即将作品从一种语言文字转换成另一种语言文字的权利；（十六）汇编权，即将作品或者作品的片段通过选择或者编排，汇集成新作品的权利；（十七）应当由著作权人享有的其他权利。著作权人可以许可他人行使前款第五项至第十七项规定的权利，并依照约定或者本法有关规定获得报酬。著作权人可以全部或者部分转让本条第一款第五项至第十七项规定的权利，并依照约定或者本法有关规定获得报酬。"

权法》所保护的一类作品，但由于软件的特殊性，《计算机软件保护条例》关于软件著作权内容的规定有诸多不同之处①。本章主要对计算机软件著作权的内容进行探讨，以体现软件的技术性及实用性。

第一节　计算机软件著作权人享有的权利

与文字作品相比，计算机软件具有明显的实用性和技术性特征，是一种实用工具。因此，在规定计算机软件著作权内容时，既应当按照著作权法的一般规定，对软件著作权人进行保护，防止他人的不法侵害，同时，也应当考虑到软件的特殊性，在设计具体内容时区别对待。与《著作权法》第十条规定的著作权包括发表权、署名权、修改权等 17 项人身权和财产权不同，《计算机软件保护条例》第八条规定了软件著作权人享有发表权、复制权、出租权等 9 项权利。

一、计算机软件著作权内容的特殊性

计算机软件与一般文字作品虽然同属《著作权法》保护的作品，但其与文字作品存在诸多区别，主要表现在创作目的、使用语言、法律保护手续等方面。创作目的上，编制计算机软件的主要目的是使用软件功能，完成一定任务，取得一定结果，如控制计算机，控制工业生产过程，控制生产设备，完成某些特定工作等；文字作品则是为了人们阅读欣赏，满足人们精神文化

---

① 《计算机软件保护条例》第八条规定："软件著作权人享有下列各项权利：（一）发表权，即决定软件是否公之于众的权利；（二）署名权，即表明开发者身份，在软件上署名的权利；（三）修改权，即对软件进行增补、删节，或者改变指令、语句顺序的权利；（四）复制权，即将软件制作一份或者多份的权利；（五）发行权，即以出售或者赠与方式向公众提供软件的原件或者复制件的权利；（六）出租权，即有偿许可他人临时使用软件的权利，但是软件不是出租的主要标的的除外；（七）信息网络传播权，即以有线或者无线方式向公众提供软件，使公众可以在其个人选定的时间和地点获得软件的权利；（八）翻译权，即将原软件从一种自然语言文字转换成另一种自然语言文字的权利；（九）应当由软件著作权人享有的其他权利。软件著作权人可以许可他人行使其软件著作权，并有权获得报酬。软件著作权人可以全部或者部分转让其软件著作权，并有权获得报酬。"

生活需要，或者传播知识，帮助人们提高认识世界的能力。使用语言上，计算机软件使用的语言是符号化、代码化语言，其表现力、表现形式十分有限；而文字作品使用人类自然语言，表现力十分丰富，表现形式没有什么局限。保护手续上，著作权法保护文字作品，是采取"自动保护原则"，即受法律保护不需要履行任何法律手续，根据著作权法，对计算机软件虽也采用自动保护原则，但要求软件著作权人"履行登记手续"。我国《计算机软件保护条例》第七条规定，软件著作权人可以向国务院行政管理部门认定的软件登记机构办理登记，软件登记机构发放的登记证明文件是登记事项的初步证明，虽然登记不是取得软件著作权的前提，但登记是软件著作权人依法提出软件侵权行政处理或者法律诉讼，对抗侵权者的有力证据。另外，登记含有"审查"的意思，即判断软件产品是否具有"原创性"，不具原创性的软件，知识产权主管部门将不予登记。因此，计算机软件登记对软件的法律保护具有重要意义。由于计算机软件自身的特性，其与《著作权法》中的一般作品相比，在内容上具有一定的特殊性。

（一）计算机软件著作权人享有的各项权利未明确区分为人身权和财产权

从世界各国的立法来看，在著作权的内容上，有两种立法例。一是大陆法系国家，一般规定著作权包括人身权与财产权；二是英美法系国家，著作权仅为财产权，著作权中的人身权按一般人格权由普通法保护，在著作权法上并不规定人身权。

著作人身权，又称精神权利，是与著作财产权相对的一个概念。作品不但具有经济价值，还体现了作者独特的人格、思想、意识、情感等精神状态，作者对作品中体现的人格和精神享有的权利就是著作人身权。① 日常生活中，对同一个主题，不同的人会选择不同的表达思想和情感，对于表现方式的选择都是高度个性化的。这种高度个性化，又反映了每个作者独特的气质、思维方式、生活经验和感情世界。这些特点，要么是与生俱来的，要么是由个人独特的后天教育和经验所造就的，总之是与众不同的，因为没有两个人的内心世界会完全相同。按照大陆法系的著作权法理论，著作权法首先

---

① 王迁．著作权法［M］．北京：中国人民大学出版社，2015：144.

要保护的就是这种蕴含在作品中的作者独特的人格利益。大陆法系国家的思想家将作品首先视为作者人格的延伸和精神的体现，而绝不仅仅是一般的财产。而作者创作作品的过程，就是表现作者独特的思想、感情、意志和人格的过程。从某种意义上说，作品是作者精神和人格的产物。也正因如此，传统大陆法系著作权理论认为著作权是一种天赋人权，它并不是国家法律所创造的权利，而是作者因创作行为自然而然产生的权利，法律只是承认和保护这种人权而已。① 正是基于这种理论，大陆法系著作权法保护的首先是作者的著作人身权，其次才是作者的著作财产权。《法国知识产权法典》在"著作权的性质"中明确宣示：作者的权利包括具有智力精神性质的内容以及具有财产性质的内容，显然是将著作人身权放在了第一位。《伯尔尼公约》也明确规定了两项著作人身权：署名权和保护作品完整权。② 著作人身权是指与作者的身份密切相关，专属作者本人，其具有著作权上一般人身权的特征，一般情况下不可转让和继承。我国《著作权法》对此虽然没有明确规定，但仍然可以从《民法通则》对人身权的一般规定中推出这一结果。我国台湾地区所谓"著作权法"第二十一条明确规定，著作人格权专属于著作人本身，不得让与或继承。而在高度重视著作人身权的德国，甚至不允许著作财产权的转让，只能许可。即使是在英美法系国家，精神权利也不能转让，只能放弃。③

我国《著作权法》采用大陆法系的做法，著作权包括人身权与财产权两部分。《著作权法》第十条规定了发表权、署名权、修改权和保护作品完整权四项权利，一般认为，均属人身权。从外国的著作权法看，人身权并不限

① 如《法国知识产权法典》规定，对于外国人的作品，无论该外国人的所在国是否对法国的作品提供互惠保护，均保护作品中的完整权和署名权。这即是将著作权视为天赋人权的表现。

② 《伯尔尼公约》第六条第二款规定：不受作者经济权利的影响，甚至在上述经济权利转让之后，作者仍保有要求表明其作品作者身份的权利，并有权反对其作品的任何有损其声誉的歪曲、割裂和其他更改，或其他损害行为，该权利在作者去世后应至少保留到作者经济权利期满为止。

③ 如《英国版权法》第八十七条规定："精神权利可以通过权利人签署的书面文件加以放弃"。第九十四条规定："精神权利是不得转让的。"《美国版权法》有类似规定，该法的第160A条第e款规定：该法规定的精神权利不可转让，但作者可通过签署书面文件而明确同意放弃。该放弃权利的文件应当指明其针对的作品和用途。

于这四项。有些国家还规定了表明作者身份权、作品的收回权。表明作者身份权是指要求被承认为作品作者的权利。作品收回权是指作品发表后，由于思想或情感上的改变，作者不希望作品继续在社会上流传，作者有权在作了适当损失赔偿的前提下收回已经发表的作品。收回权被认为是赋予作者的一个极端的权利，只有在保护精神权利比较典型的国家才能见到，如法国、德国、意大利规定了收回权。① 在世界各国著作权法中，全部规定上述六项人身权的并不多见。法国规定了全部的六项权利，大多数国家只是规定其中的四项或者五项。

由于计算机软件著作权的特殊性，《计算机软件保护条例》在规定软件著作权人的权利时，没有像著作权法那样把软件著作权人所享有的各项权利明确地分为人身权和财产权，而是概括地规定"软件著作权人享有下列各项权利"，且除了对自然人创作的软件进行继承时不允许继承其署名权外，在对软件著作权进行许可、转让，对其保护期进行限制或者在对法人或者其他组织所享有的软件著作权进行承继时②，不再对软件著作权的各项权利区别对待，而是一视同仁。这是因为，一般来说，创作作品往往是为了表达一种思想，给人们提供一种精神享受，这种思想在作品中的表达是连贯的、完整的。而开发软件主要是为了使用，而不是为了欣赏，其功能是第一位的。因此，软件开发完成后一般都要发表，都要投入实际的运行，否则，就失去了开发软件的意义。至于是由软件著作权人自己发表，还是授权他人发表，对软件著作权人并没有实质性影响。既然开发软件是为了使用，其使用价值就大于欣赏价值，在实践中，软件实质上是按产品进行使用和交易的，作为产

---

① 通常情况下，要行使收回权必须符合一定的条件，例如作者有正当理由，作者应事先通知作品著作财产权受让人或被许可人、作者应公平合理地赔偿对方的经济损失等。收回作品权实际上是收回曾经转让或许可出去的权利，而不是作品或其有形载体本身，只是收回权利的实际效果是使作品不再以有形或无形方式进一步在市场上流通。如果收回该作品影响社会公共利益，则不允许收回。参见宁立志. 知识产权法［M］. 武汉：武汉大学出版社，2006：101.

② 《计算机软件保护条例》对自然人创作的软件进行继承时不允许继承其署名权，其第十五条第一款规定："软件著作权属于自然人的，该自然人死亡后，在软件著作权的保护期内，软件著作权的继承人可以依照《中华人民共和国继承法》的有关规定，继承本条例第八条规定的除署名权以外的其他权利。"

品来说，产品的署名权是可以许可或者转让的，这与作品的署名权不同。软件作为一种产品，在软件的使用中，为了完善软件功能，提高软件性能，往往需要经常对软件进行修改，不仅软件著作权人要对其进行修改，而且，购买软件的消费者，为了适应其应用环境也可能需要对该软件进行必要的修改；通过转让获得软件的受让人，为了把该软件作进一步的利用，也需要对其进行修改。由此可见，对软件的修改不一定都由软件著作权人实施，这与著作权法关于修改权的规定是不同的。①

（二）计算机软件不存在作品完整性

《著作权法》第十条规定，保护作品完整权，即保护作品不受歪曲、篡改的权利。歪曲是指故意改变事物的真相或内容，篡改则是用作伪的手段对作品进行改动或曲解。需要注意的是，多数国家将"可能对作者的声誉造成损害"作为侵犯作品完整权的要件，这是为了防止作者在其作品仅被轻微改动，尚不足以影响其声誉时过多地提起诉讼。我国虽然没有规定这一要件，但完全可以用此来解释"歪曲"和"篡改"，即如果对作品的修改实质性地改变了作者在作品中原本要表达的思想、感情，导致作者声誉受到损害，即是对保护作品完整权的侵犯。例如，对于拆迁中的"钉子户"事件，某评论家撰文同时对住户和开发商进行批评，而报社在刊登时完全删除了批评开发商的段落。报社的行为改变了评论家作品表达的原意，会使读者误认为评论家完全站在开发商的立场上，由此会对评论家的声誉造成损害，即为典型的侵犯保护作品完整权的行为。在极端重视著作人身权的法国，就作品完整权的保护已经达到了无以复加的程度。作者在作品完整权受到侵害而起诉时，甚至不需要证明他人对作品的使用行为已经或者可能损害其声誉，因为《法国知识产权法典》对于侵犯保护作品完整权采取主观标准，由作者自行判断这项权利确实受到了侵犯。换言之，对于某种使用作品的行为，是否侵犯保护作品完整权的问题，不允许用使用者、公众甚至法院的判断代替作者自己的判断。当然，基于合理作品的需要，保护作品也要受到必要的限制。例如，建筑设计者创作完成建筑作品之后，建筑者可以根据实际需要进行必要

---

① 徐玉麟. 计算机软件保护条例释义［M］. 北京：中国法制出版社，2002：27.

的改动，并不构成对保护作品完整权的侵犯。①

对计算机软件而言，由于开发软件更注重其功能性，不像作品那样要求其表达的思想要连贯、完整，软件也就不存在作品完整性的问题。因此，《计算机软件保护条例》第八条规定的软件著作权人享有的各项权利中，没有保护作品完整权。

（三）没有规定软件著作权人的展览权或表演权

《著作权法》第十条规定，展览权，即公开陈列美术作品、摄影作品的原件或者复制件的权利；表演权，即公开表演作品，以及用各种手段公开播送作品的表演的权利。现行《计算机软件保护条例》第八条在软件著作权人享有的各项权利中，没有规定软件著作权人的展览权或表演权。

展览权是指公开展出美术作品、摄影作品的原件和复制件的权利，主要是指对美术作品、摄影作品的公开陈列和展览。展览必须是针对不特定的多数人，如果仅是供家庭或本单位内部少数人欣赏，则不能算作展览。在版权法中列出此项权利的国家，对它的适用范围及其他解释，甚至表达"展览权"时所使用的词汇，也不尽相同。② 表演权的特点在于必须以公开的方式进行，面向不特定的多数人。根据《著作权法》第十条第九项规定："表演权，即公开表演作品，以及用各种手段公开播送作品的表演的权利。"表演既可以由著作权人自己行使，也可以许可他人行使，或将表演权转让给他

---

① 如《意大利著作权法》第二十条规定：对于建筑作品而言，作者不能反对未完成建筑而对其进行必要的改动，也不能阻止对已建造完成的建筑作品的必要改动。如果国家相关机构认为该建筑作品具有重要的艺术价值，这种改动应当委托建筑作品的作者进行研究和实施改动。

② 如日本版权法中使用"览示权"，著作人享有公开展示其美术作品或尚未发行的摄影作品等原作的专有权，排除了文学作品、戏剧作品、音乐作品等享有展览权的可能性；新加坡版权法规定，作者或其他版权人只有权控制为商业目的而将其作品公开展出的行为。美国版权法规定的展览权则适用于绝大多数版权保护客体——文学作品、音乐作品、戏剧作品、哑剧作品、图片、摄影作品、一切美术作品、电影或录像中的单个静止镜头等。不论对这些作品的展出是商业性的还是非商业性的，版权人都有控制权。联合国教科文组织和世界知识产权组织认为，美术作品的"展览权"应包括作者或其他版权人享有作品在展览会上，在其他公共场所，在电影或电视中展出的控制权；但如果电影或电视中出现的美术作品，是经版权人同意而放置在公共场所，而后又被拍摄的，则该版权人不再享有控制权。参见邹瑜. 法学大辞典［M］. 北京：中国政法大学出版社，1991：12.

人。表演，既包括现场表演①，也包括机械表演②。近年来随着传播技术的发展，还出现了远距离传送表演以及通过计算机网络由使用人自由选取和互动式传输的方式再现表演。表演是一项创造性的活动，表演者借助声音、表情、动作来表现作品，使观众以声情并茂、生动形象的方式更加充分地感知和理解作品。不同的表演者的水平和风格迥异，从而带来极具个性的享受。表演权对于音乐、戏剧、曲艺、舞蹈等形式作品的著作权人有重要的意义，他们主要是通过行使表演权来实现其财产权的。③

1991 年《计算机软件保护条例》中，在规定软件著作权人的使用权时包括了以展示等方式使用软件的权利。④ 所谓对软件进行展示，是指公开陈列软件原件或者复制件（复制品），并显示其功能和性能的行为，包括公开展览和公开演示。由于《著作权法》规定有"表演权"，因此，有人认为，软件著作权人也应当享有表演权（或者展示权）。因为一个软件开发完成后，为了吸引用户购买，软件开发人员往往要在公开场合展示自己的软件，通过公开展示或者演示，让社会公众了解该软件都有哪些功能，怎样操作，性能价格比如何，从而起到广而告之的作用，这在许多高技术博览会上非常普遍。通过这种公开展示、表演，往往能把软件的功能和性能表现出来，也能把软件的技术特征和部分技术秘密公之于众。因此，这种权利只能归软件著作权人享有。现行《计算机软件保护条例》没有规定软件著作权人的展览权或表演权，主要是因为：软件与美术作品不同，其主要的功能是使用而不是

① 所谓现场表演，是指演出者运用演技，向现场观众表现作品的行为，包括诗歌、戏剧、音乐、舞蹈、曲艺的表演。
② 所谓机械表演是指以物质载体的形式，如唱片、影片、激光唱片、激光视盘等向公众传播被记录下来的表演的方式。机械表演可以打破时间、地域的限制，再现表演。
③ 郑国辉. 著作权法学［M］. 北京：中国法制出版社，2012：77.
④ 1991 年《计算机软件保护条例》第九条规定："软件著作权人享有下列各项权利：（一）发表权：即决定软件是否公之于众的权利；（二）开发者身份权：即表明开发者身份的权利以及在其软件上署名的权利；（三）使用权：即在不损害社会公共利益的前提下，以复制、展示、发行、修改、翻译、注释等方式使用其软件的权利；（四）使用许可权和获得报酬权，即许可他人以本条第（三）项中规定的部分或者全部方式使用其软件的权利和由此而获得报酬的权利；（五）转让权，即向他人转让由本条第（三）项和第（四）项规定的使用权和使用许可权的权利。"

欣赏，从某种意义上来说，"公开展示"或者"公开表演"是软件著作权人
发表其软件的一种方式，因此，没有必要就软件的展示单独给软件著作权人
设计一项权利。①

二、计算机软件著作权的具体权项

根据《计算机软件保护条例》第八条的规定，软件著作权人享有发表
权、署名权、修改权、复制权、发行权、出租权、信息网络传播权、翻译权
以及应当由软件著作权人享有的其他权利等各项权利。

（一）发表权

《计算机软件保护条例》第八条第一款第一项规定，发表权，即决定软
件是否公之于众的权利，包括是否公开发表，何时发表，在何处发表，以何
种方式发表等。② 在软件成为公众周知的材料之前，软件作为智力劳动的成
果属个人秘密，只有开发者才能决定是否发表。这里所说的发表，既包括正
式发表又包括非正式发表。发表的构成要素有：一是软件必须被一定范围的
公众感知。构成发表的首要条件是向软件著作权人以外的公众公布其软件，
使软件被公众感知，如果仅仅是研制者或审定人、鉴定人、登记人等感知不
能称为发表，软件著作权人把自己的软件提供给其亲属、朋友，也不能称为
发表。公之于众的途径比较多，可以采用在公开的学术会议上宣讲、出售、
出版、展览、报刊上发表、网上传播、公开使用等方式，把软件的原件或者
复制件予以展示，让公众知晓。至于公众是否实际知悉或关注被发表的软
件，无关紧要。二是必须是软件著作权人自己的愿望的结果，是否公之于众
并不取决于听众或者观众的数量多少，很多情况下是取决于软件著作权人的
主观意向与提供软件的方式。《最高人民法院关于审理著作权民事纠纷案件
适用法律若干问题的解释》第九条规定，公之于众是指著作权人自行或者经
著作权人许可，将作品向不特定的人公开，这一解释将著作权人决定发表的
意志作为"公之于众"的构成要件。根据这一解释，任何"未经著作权人许
可"而首次向公众披露作品的行为都不是软件的发表。三是必须有一定的复

① 徐玉麟. 计算机软件保护条例释义［M］. 北京：中国法制出版社，2002：27-28.
② 王迁. 著作权法［M］. 北京：中国人民大学出版社，2015：146.

本。软件通过报刊或连同硬件可大量复制，只有复制品达到一定数量时才构成复制。[①]

发表权是软件著作权人的首要权利，对于一般作品而言，其是作者的思想、观念、情感、理想、主张、价值观的反映，是否发表应当由作者自己决定。有时作者完成作品的创作之后，基于某些原因暂时不想发表，希望在某一特定时刻在特定场合通过某种特定方式发表。作者的这种意愿必须获得充分尊重，任何人不得违背作者意愿擅自发表作品。然而，对于法人或者其他组织来说，如果其开发完成一个软件后，不行使其发表权，则对其软件著作权的保护就无从谈起。这是因为，法人或者其他组织所享有的软件著作权的保护期限是从软件首次发表后开始计算的，已开发完成的软件如果不发表，则软件著作权是不受保护的，其各项权利只能是潜在的、期待的权利。

（二）署名权

《计算机软件保护条例》第八条第一款第二项规定，署名权，即表明开发者身份，在软件上署名的权利，署名权是软件著作权人的核心权利[②]。软件著作权人的署名表明了该软件的开发者及其著作权的归属。通常，只有软件著作权人才有权在其开发完成的软件上署名，如无相反证明，在软件上署名的自然人、法人或者其他组织是软件著作权人。署名权最早被确定在《伯尔尼公约》第六条第二款第一项中，各国著作权法在规定著作权的内容时，均有署名权。

通常认为，软件著作权人署名权的内容包括二项。一是在必要的场合表明开发者身份的权利，并且有权禁止其他不是开发者的人宣称其是开发者。这里所说的必要场合包括软件技术鉴定会，展示软件的展销会、博览会、技术交易会，推销软件的商业广告，有关软件的新闻报道，软件登记的申请文件和登记公告，软件转让或者许可合同，软件成果的获奖证书等。二是作者有权决定在软件上署名的方式，软件著作权人有权在自己的软件上署真名、假名或者不署名。[③] 作者不署名，或署根本无法表露身份的假名，其目的在

---

① 刘稚. 著作权法实务与案例评析［M］. 北京：中国工商出版社，2003：220.

② 王迁. 著作权法［M］. 北京：中国人民大学出版社，2015：149.

③ 如《西班牙知识产权法》第十四条规定，作者有决定是否以其真名、假名、匿名或以其他方式发表作品的权利。

于不表明作者身份。因此，不表明作者身份权利，也是署名权的应有之义，其并不意味着作者放弃了署名权，相反作者可以日后在软件上署名①。在作者为多人的情况下，署名的方式应包含对署名的顺序的安排。在实践中因署名顺序发生的纠纷，有约定的按约定确定署名顺序，没有约定的，可以按照创作软件付出的劳动、作品排列、作者姓氏笔画等确定署名顺序。在署名时，软件著作权人可以在软件中编写一段程序，使得软件运行时在屏幕上或者打印出的资料中显示出自己的姓名或者名称，也可以在软件产品的外包装上署名。三是作者有权禁止他人在自己的软件上署名，有权禁止自己的名字被署到他人的软件上，这是最常见的抄袭或者冒名行为。如果未参与创作者在他人的软件上署名，则构成对作者署名权的侵犯。因此，抄袭他人软件不单侵犯著作财产中的复制权，也侵犯了著作人身权中的署名权，因为抄袭实际上是在他人作品之上署上自己的名字。四是署名权的内容还要求他人在使用作者的作品时，应当署上作者的姓名。我国《著作权法》规定，在一般情况下，使用他人的作品，应当指明作者姓名、作品名称；但是，当事人另有约定或者由于作品使用方式的特性无法指明的除外。一般情况下，公众靠软件上的署名来推断作者的身份，但如果出现了有利的证据，能够证明没有署名的人是真正的作者，这时，就应当按照创作的实际情况而不是按照署名决定作者的身份。②

（三）修改权

《计算机软件保护条例》第八条第一款第三项规定，修改权，即对软件进行增补、删节，或者改变指令、语句顺序的权利。《著作权法》规定，修改权是指修改或者授权他人修改作品的权利。根据有关解释，修改是对作品内容作局部的变更以及文字用语的修正。③ 修改权与著作财产中的改编权不同，改编权中的改编行为，是指根据原作品的基本表达，创作出新的作品。因此，对作品进行修改的，结果一旦产生了新作品，就不再是修改行为，而

---

① 如《意大利著作权法》第二十一条规定，匿名和署上笔名作品的作者随时有权披露身份。

② 李雨峰. 中国著作权法：原理与材料［M］. 武汉：华中科技大学出版社，2014：77.

③ 胡康生. 中华人民共和国著作权释义［M］. 北京：法律出版社，2002：43.

是改编行为了。

软件著作权人对其软件享有修改的权利，修改权行使的主体可以是软件著作权人，也可以由软件著作权人委托或者授权他人行使，只是经软件著作权人同意或者授权修改软件时，应当注明软件著作权人的名称。对软件的修改主要是对软件进行增补、删节或者改变指令、语句顺序，其目的是提高、完善原软件作品，增强软件功能，改善软件性能，适应某种应用环境的需要。需要注意的是，软件的更新换代非常快，因此对软件的修改往往也非常频繁，甚至几天内就要修改一次，这与一般作品有很大不同。修改软件，包括修改未发表的软件和修改已发表的软件。在开发阶段，软件著作权人可以任意修改其软件，而对他人不会产生任何影响；对已经发表的软件进行修改，往往是为了弥补其存在的缺陷，或者是为了升级其软件版本。

（四）复制权

《计算机软件保护条例》第八条第一款第四项规定，复制权，即将软件制作一份或者多份的权利。在构成版权的权利集合中，版权作品的排他性复制权是最为基本的成分①，是版权所有人决定实施或不实施复制行为或者禁止他人复制其受保护作品的权利。在著作权实践中，复制是使用作品的最主要方式，行使复制权而获得的收入是作者经济上收益的主要来源。传统作品的复制可以采用手抄、复写、印刷、复印、照相、翻拍、录音、录像等形式。计算机软件中的文档，本身就是一种文字资料，因而可以用传统的复制手段复制。程序的载体可以是磁盘、光盘、只读存储器（ROM）、随机存取存储器（RAM）等，因而，程序的复制除了传统的手段之外，还可以是把程序存储到磁盘、光盘或者固化在存储器中。把软件从所在的一种载体转载到任何一种现存的有形载体上的行为，即在不改变软件表现形态的前提下再现该软件，都是对软件的复制。

复制权是软件著作权人最基本又是最重要的权能，这是因为，随着计算机技术的发展，软件的载体越来越多，软件的复制手段越来越多样化，而复制过程却越来越简单易行，因此，非法复制他人软件的行为也就十分普遍。

---

① 谢尔登·W. 哈尔彭. 美国知识产权法原理（第3版）［M］. 宋慧献，译. 北京：商务印书馆，2013：80.

为了保护软件著作权人的合法权益，必须严格控制对软件的复制，除了法律、行政法规另有规定外，只要未经软件著作权人的许可，无论是改变程序载体的复制，还是改变程序存储方式的复制，都应当属于侵权行为。

（五）发行权

《计算机软件保护条例》第八条第一款第五项规定，发行权，即以出售或者赠与方式向公众提供软件的原件或者复制件的权利。要构成著作权法意义上的发行行为，应当符合几个条件。首先，该行为应当面向"公众"提供作品的原件和复印件。著作权法意义上的发行又被称为"公开发行"，它仅指向不特定的公众提供作品的原件或复制件的行为。相反，非公开性地提供作品原件或复制件不构成发行行为。其次，该行为应当以转移作品有形物质载体所有权的方式提供作品的原件或复制件。在传统著作权法理论中，只有导致公众获得作品原件或复制件的行为才能构成发行行为。《著作权法》将发行权定义为"向公众提供作品的原件或者复制件的权利"已暗示了这一意思。这是因为"原件"就是作品首次被固定在有形物质载体之上形成的，而"复制件"指通过复制行为，作品被固定在其他物质载体之上。换言之，无论是"原件"还是"复制件"，均指"作品"加"有形物质载体"。因此，"提供作品原件或者复制件"就是指提供固定着作品的有形物质载体，也即转移有形物质载体的行为。这也是"发行"行为区别于"表演""广播"和"展览"等行为的关键所在。公开朗诵诗歌，演唱歌曲，展览油画，或通过无线、有线系统向公众传送作品虽然也能使公众欣赏到作品的内容，但不能使公众获得作品的原件或有形复制件，因此，这些行为并非发行行为。与此相对应，发行权的意义也就在于，公众如欲长期、反复欣赏、阅读任何形式的作品，必须首先获得作品的复制件或在个别情况下获得原件。因此，著作权人可以通过行使发行权自行或许可他人向公众提供作品复制件，并从公众支付的价款中获得经济回报。在网络出现之前，能够使公众得以获得作品原件或复制件的行为只能是在市场中出售、出租或出借作品的有形载体，即作品的有形复制件或原件。因此，典型的广义发行行为是书店销售书籍，音像店销售、出租唱片和录像带等，而出售、出租或出借，均会导致作品有形载体所有权或占有权的转移。在此基础上，包括我国在内的许多国家也将出租行为从广义发行行为中区分出来，即将转移作品有形载体所有权的行为界定为狭义上的发行，将有偿临时转移作品有形载体占有的行为定为"出租"。

软件著作权人享有的发行权，是指软件著作权人为了满足公众的合理需要，通过印刷、出售、进出口、赠与等方式向公众提供原件或者一定数量的软件复制品的权利。向公众提供软件原件的情况是极为罕见的，因为毕竟原件只有一份，所以发行权主要是用于控制向社会公众提供软件复制件的行为。软件著作权人的发行权包括是否发行，何时发行，在何地发行，以什么方式发行，向谁发行等内容。由于软件的易复制性，软件著作权人可以自行制作软件复制品，然后再向软件批发商或者零售商发行，或者将软件复制品赠与他人。这一点与一般作品的著作权人所享有的发行权不同，通常，一般作品的作者虽然有发行权，但是作者自己并不能直接印刷、发行其作品，往往要委托有出版资质的单位代为发行。

（六）出租权

《计算机软件保护条例》第八条第一款第六项规定，出租权，即有偿许可他人临时使用软件的权利，但是软件不是出租的主要标的的除外。《著作权法》允许著作权人享有出租权，即有偿许可他人临时使用电影作品和以类似摄制电影的方法创作的作品、计算机软件的权利，但是，计算机软件不是出租的主要标的的除外。① 出租权只适用于电影作品和计算机程序，这样规定一方面源于 TRIPS 协议，另一方面是出于实际需要：电影作品和计算机程序同其他类作品相比极易被复制，如果不在出租环节加强著作权人的控制能力，其受到的损害将大大超过其他类作品。②

《计算机软件保护条例》作为《著作权法》的配套法规，也赋予了软件著作权人软件出租权，只是在规定软件著作权人享有出租权的同时，还规定了一种例外情况，即软件不是出租的主要标的的，软件著作权人不享有出租权。所谓"计算机软件不是出租的主要标的"，指出租物中除计算机软件外，还有其他物品，例如计算机硬件或者其他设备，且其他物品是出租的主要标的。计算机软件不是出租的主要标的的，不适用出租权的规定，指这时出租

---

① 《著作权法》第十条第一款第七项规定："出租权，即有偿许可他人临时使用电影作品和以类似摄制电影的方法创作的作品、计算机软件的权利，计算机软件不是出租的主要标的的除外。"

② 郑国辉．著作权法学［M］．北京：中国法制出版社，2012：76.

的软件无须经过其著作权人的许可。软件不是出租的主要标的，通常指在出租计算机硬件时，预装在计算机硬件上的软件。没有安装软件的计算机是无法使用的，这是常识。基于这种常识，法律规定了出租中的这种例外情况。这样规定就把一般物品的出租与软件的出租区别开来。

（七）信息网络传播权

《计算机软件保护条例》第八条第一款第七项规定，信息网络传播权，即以有线或者无线方式向公众提供软件，使公众可以在其个人选定的时间和地点获得软件的权利，这是修改后的条例给软件著作权人新增加的一项权利。信息网络最初仅指以计算机电子设备为终端的计算机互联网，随着网络技术和通信技术的发展，电信网、广播电视网、互联网三大网通过技术改造，呈现互联互通、资源共享的姿态，即所谓的三网融合，信息网络的范围因此得以扩展。2013 年施行的《最高人民法院关于审理侵害信息网络传播权民事纠纷案件适用法律若干问题的规定》第二条明确指出："本规定所称信息网络，包括以计算机、电视机、固定电话机、移动电话机等电子设备为终端的计算机互联网、广播电视网、固定通信网、移动通信网等信息网络，以及向公众开放的局域网络。"版权的保护方式就是赋予版权人控制作品传播方式的专有权，在网络环境下，当作品通过网络向公众传播时，法律应当赋予著作权人一种直接的控制作品在网络上传播的权利，这种权利就是信息网络传播权。

软件作为一种数字化作品，在互联网上的传播更是十分普遍，因此，修改后的条例也为软件著作权人相应地增加了信息网络传播权。软件著作权人信息网络传播权的权利内容包括两个方面：一是许可权，即任何组织和个人通过信息网络向公众提供软件，应当取得软件著作权人的许可；二是获酬权，即通过信息网络向公众提供他人的软件的，应当向权利人支付报酬。

（八）翻译权

《计算机软件保护条例》第八条第一款第八项规定，翻译权，即将原软件从一种自然语言文字转换成另一种自然语言文字的权利。翻译权是著作权财产权利中一项非常重要的权利，包括我国在内的许多国家都在著作权法里对其进行了规定，国际公约中也有对翻译权的规定①。现代社会，随着经济的发展、科技的进步，国家间经济、文化、科学技术研究等领域的交流与合作越来越普遍。翻译，作为交流的中介，将发挥越来越大的作用。翻译权作为著作权人的一项财产权利，尤其在国际版权贸易中，会给权利人带来丰厚的经济利益。

翻译权是软件著作权人享有的一项财产权利，它既可以由软件著作权人自己行使，也可以由软件著作权人授权他人行使，未经软件著作权人的许可，擅自翻译软件的行为，就可能构成对翻译权的侵犯。对软件的翻译可以分成两种情形，一种是对软件的程序中所涉及自然语言的翻译，对程序中自然语言的翻译，主要是对程序中所涉及的提示信息等人机对话方面的自然语言进行翻译，使软件在不改变其功能的前提下，就可以让使用另一种自然语言的人们理解并使用该软件。在我们国家，最常见的对计算机软件的翻译就是汉化补丁。汉化补丁，就是指能将某种国外软件的操作界面翻译成中文的程序，并使该软件能够处理汉字信息，即对其进行"汉化"，就可以使使用汉语的人们能够理解并操作该软件。另一种是对软件的文档进行翻译，是指把编制文档所使用的一种自然语言翻译成另一种自然语言。这与一般文字作品的翻译是完全相同的。由此可见，对软件进行翻译，一般情况下，只是将软件所涉及的自然语言进行翻译，并不使该软件增加新的功能。

需要注意的是，把软件中的程序从一种编程语言转换成另一种编程语言，并不是《计算机软件保护条例》中翻译权的内涵，也就是说，把用一种编程语言编写的程序，重新用另一种编程语言编写，并不是一种翻译，而是软件产业中所指的"软件移植"。软件移植是软件产业特有的一种情况。在计算机软件领域，常用的计算机语言有十几种，软件移植实质是程序移植，就是把用一种计算机程序语言编写的程序，用另一种计算机程序语言重新编写，从而生成一个新的程序，以便在不同的计算机和不同的操作系统下运行。这个程序在功能和性能上可以做到与原来的程序完全相同。软件移植时

---

① 《伯尔尼公约》第八条规定："受本条约保护的文学艺术作品的作者，在对原作享有权利的整个保护期内，享有翻译和授权翻译其作品的专有权利。"《世界版权公约》第五条第一款规定："公约保护的财产权还包括作者翻译或授权他人翻译受本公约保护的作品，以及出版和授权他人出版上述作品译本的权利。"

一般是参照原软件的源程序代码直接编写程序，省去了系统分析、总体设计、详细设计等重要开发步骤，比重新设计、开发一个新软件要容易得多，因而也特别容易引起软件著作权纠纷。①

（九）其他权利

《计算机软件保护条例》第八条第一款第九项规定，软件著作权人享有的权利还包括应当由软件著作权人享有的其他权利。

前述列举了软件著作权人享有的八项权利，但用列举的方法是不能穷尽软件著作权人的权利的。同时，软件的新的使用方式层出不穷，无论如何都是列举不全的。著作权立法有一个一般原则，凡是没有进行明文限制的，其权利归作者。因此，各国著作权法对作者权利的规定都是开放式的，不限于明文列举的项目。软件技术发展很快，软件著作权可能还会出现新的权利，因此，增加这样一个兜底条款，一方面可以把上述没有包括的内容涵盖进去，弥补前几项没有罗列全面的缺憾，另一方面也可以为今后形势的发展留有余地，同时还可以为司法部门进行司法解释提供解释空间。

第二节　计算机软件著作权的转让

《著作权法》调整的法律关系因作品创作而产生，表现为作者与传播者，作者与使用者，传播者与使用者，作者与社会公众之间的相互关系。著作权是一种内容不断发展的权利，除了期限以外，著作权权项的设置反映了著作权的强弱。在整个著作权制度的演变过程中，权项的增加是著作权扩张的一种表现。② 著作权最初仅为复制权，而今著作权所包含的内容已远大于此，计算机软件著作权的内容亦然。我国《计算机软件保护条例》所包含的软件著作权具体权项除了前述发表权、署名权、修改权、复制权、发行权、出租权、信息网络传播权、翻译权及应当由软件著作权人享有的其他权利外，还包括许可使用权及转让权。《计算机软件保护条例》第八条第二款规定，软

---

① 徐玉麟. 计算机软件保护条例释义 ［M］. 北京：中国法制出版社，2002：40 - 41.

② 冯晓青. 著作权扩张及其缘由透视 ［J］. 政法论坛，2006（6）.

件著作权人可以许可他人行使其软件著作权，并有权获得报酬。第三款规定，软件著作权人可以全部或者部分转让其软件著作权，并有权获得报酬。根据这两款规定，计算机软件著作权人对其软件享有许可使用权、转让权及获得报酬权。关于计算机软件著作权的许可使用，下文将作详细论述，此处对计算机软件著作权人的转让权进行探讨。

一、计算机软件著作权转让的内容

计算机软件著作权的转让也就是转让软件著作权，所谓转让软件著作权，指软件著作权人和受让人通过订立转让合同，将其所享有的软件著作权的全部或者其中一部分权利转移给他人所有的法律行为。软件著作权的转让可以促进人类智力成果这种无形财产的动态利用，使著作权这种资源得到更加合理的优化配置和使用，从而促进软件行业的发展，促进人类科学、文化繁荣和社会进步。

（一）计算机软件著作权可转让全部内容

谈及计算机软件著作权转让内容，不可避免地涉及作者的著作人身权问题，根据著作人身权的性质，其通常是不可转让的。我国《著作权法》第十条第三款规定，著作权人可以全部或者部分转让的著作权只能是本法第十条第一款第五项至第十七项规定的权利，即复制权、发行权、出租权、展览权、表演权、放映权、广播权、信息网络传播权、摄制权、改编权、翻译权、汇编权。1991 年《计算机软件保护条例》中，亦是允许软件著作权人转让其使用权和使用许可权，不允许转让软件著作权人的发表权和开发者身份权（即署名权）。①

考虑到软件不同于一般的文字作品，软件著作权的转让内容就应当由转

---

① 1991 年《计算机软件保护条例》第九条规定："软件著作权人享有下列各项权利：（一）发表权：即决定软件是否公之于众的权利；（二）开发者身份权：即表明开发者身份的权利以及在其软件上署名的权利；（三）使用权：即在不损害社会公共利益的前提下，以复制、展示、发行、修改、翻译、注释等方式使用其软件的权利；（四）使用许可权和获得报酬权，即许可他人以本条第（三）项中规定的部分或者全部方式使用其软件的权利和由此而获得报酬的权利；（五）转让权，即向他人转让由本条第（三）项和第（四）项规定的使用权和使用许可权的权利。"

让方和受让方通过签订合同约定，没必要进行法定限制。在实践中，一软件公司通过转让得到另一公司的某软件后，往往要对该软件进行改造，然后以本公司的名义重新拿到市场上进行销售。如果通过转让得到的软件不能署本公司的名称而只能署原公司的名称，那么，在销售该软件时就会在消费者中造成混淆，以为该公司是在为另一公司代售软件，这对受让方是不合理的。因此，现行《计算机软件保护条例》规定，软件著作权人在向他人转让其软件著作权时，不再受发表权和署名权的限制，其转让的具体内容仍由双方协商一致确定。①

（二）部分转让和全部转让

随着社会主义市场经济的深入发展，著作权人转让著作权中的某些权利的情况越来越多，为适应这一变化，满足著作权人的多种需求，《著作权法》明确规定著作权人可以转让法律许可转让的著作权。这一规定不仅符合我国《著作权法》的实践需要，也符合国际公约及国外多数国家的规定②。由于软件著作权包含多项权利内容，可以分开行使，从转让的内容来看，软件著作权人可以向受让人转让一项或者多项软件著作权，也可以将全部软件著作权转让给受让方，具体内容由双方签订合同约定。

具体来说，软件著作权的转让可分为部分转让和全部转让两种。软件著作权的全部转让是指软件著作权人在著作权保护期内，将其拥有的著作权中的法定许可转让的权利有偿地全部转移给他人所有。软件著作权的部分转让是指软件著作权人在著作权保护期内，只将其拥有的著作权的一种或几种权利转让给他人所有，自己仍然是未转让部分的权利所有人。

二、计算机软件著作权转让的形式

著作权的转让是一种重要的民事行为，要涉及双方当事人多方面的权利

---

① 2013 年《计算机软件保护条例》第八条第三款规定："软件著作权人可以全部或者部分转让其软件著作权，并有权获得报酬。"

② 例如，《伯尔尼保护文学和艺术作品公约》第六条第二款第一项规定，不受作者经济权利的影响，甚至在上述经济权利转让之后，作者仍保有要求其作品作者身份的权利，并有权反对对其作品的任何有损其声誉的歪曲、割裂或其他更改，或其他损害行为。

和义务问题。在有些国家，著作权转让必须通过书面合同或其他法律形式，并由著作权人或他的代理人签字，才算有效。在有些国家，著作权转让必须履行登记手续，才能对抗第三人。为保障转让的公平与真实合法，根据我国《著作权法》的规定，软件著作权人转让《计算机软件保护条例》第八条规定的各项权利，应当订立书面合同。当事人应当订立书面合同，即应当采用书面形式订立合同。订立软件著作权转让合同必须兼顾作者、传播者和社会公众三者利益，这是因为，软件著作权是作者辛勤劳动的智力成果并受法律保护的一种专有权利，作者行使这种权利所获得的经济报酬，不是仅靠作者所付出的劳务所决定，而是由作品的质量和社会效益所决定。

（一）计算机软件著作权转让订立书面合同的含义

所谓书面形式，根据我国《合同法》第十一条的解释，是指合同书、信件和数据电文（包括电报、电传、传真、电子数据交换和电子邮件）等可以有形地表现所载内容的形式。订立软件著作权转让书面合同，包含两层含义：一是他人获得某一软件的某些著作权必须取得著作权人的许可，并要明确授权；二是要将软件著作权人转让给他人的著作权用文字确定下来，即要签订权利转让书面合同。软件著作权的权利转让应当订立书面合同，是由于著作权权利转让合同较著作权许可使用合同的内容复杂，涉及转让的权利种类与范围，转让的对象，受让人使用的方式与范围，权利的归属，转让费的支付以及转让的有效期等内容，因此，当事人应当采用书面形式订立著作权转让合同。书面合同明确肯定，有据可查，对于履行合同、防止争议和解决纠纷，有积极的意义。

根据《最高人民法院关于审理著作权民事纠纷案件适用法律若干问题的解释》第二十二条的规定，著作权转让合同未采取书面形式的，人民法院依据《合同法》第三十六条、第三十七条的规定审查合同是否成立。即法律、行政法规规定或者当事人约定采用书面形式订立合同，当事人未采用书面形式但一方已经履行主要义务，对方接受的，该合同成立①；采用书面形式订立合同，在签字或者盖章之前，当事人一方已经履行主要义务，对方接受

---

① 《合同法》第三十六条。

的，该合同成立①。

（二）计算机软件著作权转让书面合同的内容

根据《著作权法》第二十五条第二款的规定②，计算机软件著作权转让合同包括下列主要内容。

一是软件的名称，软件的名称是指软件的具体称谓。软件著作权人可以转让的软件著作权，一般是依托于某一具体软件的。软件著作权人只有在拥有或者即将拥有软件的前提下，才享有依据该软件产生出的著作权，并在享有著作权的前提下，才可以转让其中的全部或者部分权利。规定软件的名称，有助于明确软件著作权转让合同的具体标的。因此，软件的名称是软件著作权转让合同应当具备的基本条款。

二是转让的权利种类、地域范围。根据《计算机软件保护条例》第八条第一款的规定，软件著作权人享有发表权、署名权、修改权、复制权、发行权、出租权、信息网络传播权等不同种类的权利。实践中，根据受让人的不同需要以及软件著作权人的不同意愿，转让的软件著作权的具体权利种类是不一样的。一般来说，转让的软件著作权的权利种类是订立软件著作权转让合同时首先需要明确的。这是因为，它揭示了著作权转让合同的基本特征，是订立其他条款的基础或者前提，是合同成立的必要条件和必备条款。如果转让的软件著作权权利种类不明确，其他条款订立得再完美，该合同仍然如同废纸，难以履行。因此，在订立软件著作权转让合同时，当事人应当对转让的软件著作权的具体权利种类作出清楚、明白的约定。转让软件著作权的地域范围，一般是指软件著作权人转让某一软件的某一种权利适用的地区。在转让合同中对地域范围作出明确的约定，有利于受让人行使其所受让的权利。

三是转让价金。所谓转让价金，是指软件著作权人转让软件著作权的全部或者部分权利应当获得的转让费用，亦即受让人获得、使用软件著作权人转让的软件著作权所应当支付的代价，价金是软件著作权作为无形财产的货

---

① 《合同法》第三十七条。

② 《著作权法》第二十五条第二款规定："权利转让合同包括下列主要内容：（一）作品的名称；（二）转让的权利种类、地域范围；（三）转让价金；（四）交付转让价金的日期和方式；（五）违约责任；（六）双方认为需要约定的其他内容。"

币表现形式。由于软件著作权人在开发软件时所耗费的劳动、使用的资金等方面的不同，以及软件在应用过程中所产生的效益的不同，软件著作权的转让价金是不确定的。因此，当事人应当根据软件著作权转让的具体情形，在合同中对转让的价金作出明确约定。

四是交付转让价金的日期和方式。交付转让价金的日期，是指软件著作权转让合同中约定的受让人向软件著作权人支付转让价金的时间。交付转让价金的日期直接关系到软件著作权的顺利转让，涉及当事人的利益，也是确定合同是否按时履行或者延迟履行的客观依据。因此，当事人应当在合同中对交付转让价金的日期作出约定。交付转让价金的方式，是指受让人支付转让价金的具体做法。例如，是使用现金支付，还是使用支票、汇票支付等等。当事人在合同中对交付转让价金的方法作出约定，有利于合同的顺利履行。

五是违约责任。所谓违约责任，又称违反合同的法律责任，是指合同一方或者双方没有履行或者不适当履行合同约定的义务时所应当承担的法律后果。规定违约责任，能够促使当事人履行合同义务，避免或者减少对方的损失。因而，违约责任是保证合同履行的重要条款。

六是双方认为需要约定的其他内容。双方认为需要约定的其他内容，是指除上述条款以外，当事人双方认为有必要约定的内容。上述五项主要条款，是普遍适用于各种软件著作权转让合同的。但是，为了适应各种不同的软件著作权转让合同的特点或者需要，当事人还可以在合同中约定其他内容，如发生合同纠纷时的解决方法等。

三、计算机软件著作权转让的方式

从转让的方式上看，软件著作权人可以通过出卖、赠与、继承等方式转让其软件著作权。出卖是对软件著作权的有偿转移，转让方通过转让活动从受让方那里获得报酬，这是软件著作权主要的转让方式。赠与是对软件著作权的无偿转移，受赠人不需要支付报酬给赠与人，但有义务按照赠与人指定的方式、用途行使受赠的软件著作权。除了出卖、赠与两种转让方式外，继承也是著作权转让的一种方式。之所以强调继承是著作权转让的方式之一，是因为在我国知识产权界，继承是否为著作权转让的一种方式存在不同的观点。① 笔者认为，继承是软件著作权转让的方式之一，理由如下。

首先，有相关法律依据。我国《著作权法》第十九条明确规定，著作权属于公民的，公民死亡后，其《著作权法》第十条第一款第五项至第十七项规定的权利在《著作权法》规定的保护期内，依照继承法的规定转移。著作权属于法人或者其他组织的，法人或者其他组织变更、终止后，其《著作权法》第十条第一款第五项至第十七项规定的权利在《著作权法》规定的保护期内，由承受其权利义务的法人或者其他组织享有；没有承受其权利义务的法人或者其他组织的，由国家享有。按照《著作权法》第十九条的规定，继承人、法人及非法人单位甚至国家均可以通过继承成为新的著作权人。继承，实质上是一种转让，其作为著作权转让的一种方式，只是不同于贸易活动中的转让。②《计算机软件保护条例》第十五条对此亦有相关规定，软件著作权属于自然人的，该自然人死亡后，在软件著作权的保护期内，软件著作权的继承人可以依照《中华人民共和国继承法》的有关规定，继承本条例第八条规定的除署名权以外的其他权利。软件著作权属于法人或者其他组织的，法人或者其他组织变更、终止后，其著作权在本条例规定的保护期内由承受其权利义务的法人或者其他组织享有；没有承受其权利义务的法人或者其他组织的，由国家享有。

其次，国外有相关立法例。美国《版权法》第二百零一条第四款规定，版权所有人可以将其版权全部或部分通过任何转让方式或法律的实施来转移，可以根据遗嘱遗赠，或者依据可适用的无遗嘱继承法律作为动产转移。英国《版权法》第九十条规定，版权可以作为动产通过让与、遗嘱处置或者法律的实施而移转。澳大利亚《著作权法》第一百九十六条规定，著作权为私有财产，可以通过转让、移交、遗嘱或者执行法律规定而移转给他人。此种转让可以是全部转让也可以是部分转让，但是非经转让人或其代理人于书面文件上签字，转让无效。以上世界各主要市场经济国家的著作权法均明确

---

① 孙新强. 有关著作权转让的若干问题［J］. 山东大学学报（哲学社会科学版），2000（2）.

② 郑成思. 版权法［M］. 北京：中国人民大学出版社，1990：200.

将"继承"列为著作权转让的一种方式。

第三节 计算机软件著作权人的获得报酬权

根据《计算机软件保护条例》第八条第二款、第三款的规定，不论是软件著作权人许可他人行使其软件著作权或者将软件著作权全部或者部分转让给他人，均享有获得报酬的权利。获得报酬权属于软件著作权人的收益权，是从使用许可权或者转让权中派生出来的财产权，是使用许可权或者转让权必然包含的内容，对软件著作权人来说具有重要的意义。

一、计算机软件著作权人获得报酬权的特征

获得报酬权，即软件著作权人因允许他人使用其软件而享有的获得报酬的权利。软件是作者智力劳动的成果，具有价值和使用价值。软件价值的大小，取决于软件的社会效益及由此产生的经济效益的大小。软件著作权人的使用权被他人使用，就有权要求获得报酬，法律规定可以不向软件著作权人支付报酬的情况除外。根据《著作权法》《计算机软件保护条例》等法律法规的规定，计算机软件著作权人获得报酬权具有显著的法定性和强化性。

（一）软件著作权人获得报酬权的法定性

我国1990年《著作权法》对著作权人获得报酬权从授权性和禁止性两方面作了规定，经过2001年《著作权法》、2010年《著作权法》的两次修订，在增加著作权转让、质押的贸易方式后，从授权性和禁止性两方面对著作权人获得报酬权进行了维持和强化，更加凸显了著作权人获得报酬权的显著法定性。1990年《著作权法》第十条规定，著作权包括下列人身权和财产权：……（五）使用权和获得报酬权，即以复制，表演，播放，展览，发行，摄制电影、电视、录像或者改编，翻译，注释，编辑等方式使用作品的权利；以及许可他人以上述方式使用作品，并由此获得报酬的权利。该条款是通过授予著作权人获得报酬权的授权性规定明确了著作权人的获得报酬权。第二十八条规定，出版者、表演者、录音录像制作者、广播电台、电视台等依照本法取得他人的著作权使用权的，不得侵犯作者的署名权、修改权、保护作品完整权和获得报酬权。该条款则是通过对出版者等侵犯获得报酬权的禁止性规定进一步明确了著作权人的获得报酬权。《著作权法》通过授权性和禁止性两方面的规定，使得著作权人的获得报酬权具有了显著的法定性。2001年《著作权法》第十条规定："著作权包括下列人身权和财产权：……著作权人可以许可他人行使前款第五项至第十七项规定的权利，并依照约定或者本法有关规定获得报酬。著作权人可以全部或者部分转让本条第一款第五项至第十七项规定的权利，并依照约定或者本法有关规定获得报酬。"该条款开启了著作合同报酬权之端，现行著作权人的获得报酬权是合同报酬权与法定报酬权的统一，仍然具有"显著法定性"。2010年《著作权法》第十条沿用了2001年《著作权法》第十条的规定。2001年《著作权法》第二十八条、2010年《著作权法》第二十九条与1990年《著作权法》第二十八条的规定相同，通过对侵犯获得报酬权的禁止性规定明确著作权人的获得报酬权。[①]

《计算机软件保护条例》作为著作权法的配套法规，同样对软件著作权人获得报酬权作了明确规定。1991年《计算机软件保护条例》第九条规定，软件著作权人享有下列各项权利：……（四）使用许可权和获得报酬权，即许可他人以复制、展示、发行、修改、翻译、注释等部分或者全部方式使用其软件的权利和由此而获得报酬的权利。该条款是通过授予软件著作权人获得报酬权的授权性规定明确了软件著作权人的获得报酬权。2001年《计算机软件保护条例》第八条规定，软件著作权人享有下列各项权利：……软件著作权人可以许可他人行使其软件著作权，并有权获得报酬。软件著作权人可以全部或者部分转让其软件著作权，并有权获得报酬。根据该条款规定，软件著作权人的获得报酬权是法定报酬权。2011年《计算机软件保护条例》第八条、2013年《计算机软件保护条例》第八条关于软件著作权人获得报酬权的规定与2001年《计算机软件保护条例》第八条相同。

（二）软件著作权人获得报酬权的强化性

为保障作品报酬权的实现，《著作权法》（1990）第四十五条第六项，

---

① 詹启智. 著作报酬权的演进方向与实现——《著作权法修订草案送审稿》第52条的修改建议［J］. 出版发行研究，2014（8）.

《著作权法》（2001）第四十六条第七项、《著作权法》（2010）第四十七条第七项均将"使用他人作品，未按照规定支付报酬的"或"使用他人作品，应当支付报酬而未支付的"作为法定侵权行为明确规定，从法定侵权性上再次强化了作品报酬权和使用者的付酬义务。《计算机软件保护条例》虽未对此作出规定，但计算机软件作为《著作权法》保护的一类作品，在《计算机软件保护条例》未作规定的情况下，仍适用《著作权法》的有关规定。

二、计算机软件著作权人获得报酬权的标准

制定著作权法，对于保护作者的合法权益，调动作者的积极性，鼓励有益于社会精神文明、物质文明建设的作品的创作和传播以及我国保护知识产权法律制度的完善具有重要意义。同理，建立软件许可使用、未经许可使用软件及转让的付酬标准体系也意义重大。没有完备的软件著作权许可使用或者转让的付酬标准体制，就没有先进的著作权制度，就不可能有现代的文化产业。

（一）计算机软件著作权人获得报酬权标准的规定

关于计算机软件著作权人获得报酬权的标准，《计算机软件保护条例》未作规定，应以《著作权法》的相关规定为准。《著作权法》第二十八条规定，使用作品的付酬标准可以由当事人约定，也可以按照国务院著作权行政管理部门会同有关部门制定的付酬标准支付报酬。当事人约定不明确的，按照国务院著作权行政管理部门会同有关部门制定的付酬标准支付报酬。《著作权法》规定，除本法另有规定的外，使用他人的作品应当支付报酬。依照本条的规定，付酬标准由当事人选择，要么由合同的当事人在合同中自行约定确定，要么按照国务院著作权行政管理部门会同有关部门制定的付酬标准支付报酬。

当事人在合同中约定使用作品的付酬标准有两种情况：一是由于国家著作权行政管理部门会同有关部门制定的付酬标准，往往有一个幅度，那么，当事人就在国家有关部门制定付酬标准的幅度内约定具体的付酬标准。目前，著作权行政管理部门会同有关部门已经制定一系列使用他人作品的付酬标准的规定。当事人在约定使用作品的付酬标准时，可以参照这些规定。二是当事人还可以根据作品的质量、反映效果、使用的次数，作品公之于众的时间长短，作品在使用过程中产生的经济效益和社会效益等因素自行约定付酬标准，这一付酬标准既可以高于国家著作权行政管理部门会同有关部门制定的付酬标准，也可以低于这个标准。

如果当事人在合同中没有约定使用他人作品的付酬标准，或者当事人虽有约定，但约定得不明确，实际无法履行，怎么办？对此《著作权法》第二十八条规定，按照国务院著作权行政管理部门会同国家有关部门制定的付酬标准支付报酬。由于使用作品的方式繁多，付酬标准各不相同。著作权法不必要也难以分门别类地规定具体的付酬标准。因此，授权国务院著作权行政管理部门会同有关部门制定付酬标准。国务院著作权行政管理部门会同有关部门制定的付酬标准，可以作为当事人签订合同时约定付酬的标准。当事人如果没有签订合同或者虽然签有合同，但在合同中未明确付酬标准，一般来说，应当依国务院著作权行政管理部门会同有关部门制定的付酬标准为据。此外，属于《著作权法》规定的在法定许可的范围内使用他人作品应当按照规定支付报酬的，应当以国务院著作权行政管理部门会同有关部门制定的付酬标准支付报酬。

（二）计算机软件著作权人获得报酬权标准的完善

虽然报酬事宜完全取决于当事方的约定，然而，在当事方无法约定之时，法律法规可以给软件著作权人或被许可使用人一个参考标准，这就是法律的价值所在。而且，未经许可而使用软件的现象在社会生活中经常可见，而我国《著作权法》及《计算机软件保护条例》对此类行为却没有完备的规定，致使软件著作权人的财产权的实现处于法律规范的"半真空"状态。鉴于规制法定许可使用软件、未经许可使用软件的付酬标准及办法的立法有基础，我国《著作权法》《计算机软件保护条例》及配套规章制度应该构建完备的软件著作权许可使用报酬标准和可操作程序，以规范和引导软件著作权许可使用及转让行为的良性发展。

首先，在立法体例的选择上，我国应在《著作权法》中以原则性条款明确规定著作权许可使用及转让的报酬权实现制度，著作权许可使用或者转让的收费标准以及行使方式等具体规定可以在著作权法实施条例中规定，针对计算机软件可以出台专门的规章政策。

其次，确立擅自使用软件不支付报酬的惩罚性付酬办法。未经权利人许可直接使用触犯了著作权保护的法律红线，非法使用人应当依法承担侵权责任。法律应采纳过错推定原则作为侵犯软件著作权人权利的责任依据。采纳过错推定原则作为归责依据，从损害事实中推定侵权行为人有过错，免除了软件著作权人举证责任从而使其处于有利的地位，更有利于保护和实现软件著作权人的合法权益。对于侵权赔偿的数额，应确立擅自使用软件不支付报酬的惩罚性付酬办法，为更好保护作者的正当权益提供法律上的保障。

再次，制定软件著作权许可使用或者转让的行业付酬标准。虽然法律规范也可以规制软件著作权许可使用或者转让的报酬事宜，但由于法律规范的滞后性，加之市场变化的不确定性，仍需要行业标准或者惯例才能实时涵盖软件使用的报酬全部事项。软件著作权许可使用或者转让的行业报酬标准可采用格式合同途径。著作权集体管理组织可以拟定格式合同，主要内容为软件的使用方式及付酬标准，供使用者选择，必要时使用者单独与集体管理组织协商。①

---

① 袁世华，刘远山．我国著作权许可使用报酬法律问题探析［J］．重庆科技学院学报（社会科学版），2013（11）．

第四章

计算机软件著作权的归属

著作权归属制度是确认作品权利人的重要制度。在现代著作权制度的诞生与发展过程中，著作权归属制度的发展演变是一个决定性的变量，著作权归属于作者意味着现代著作权法产生，著作权归属制度的变化则往往影响着一个国家著作权制度的发展方向，并形成丰富多样的著作权归属安排。计算机软件著作权作为一种民事权利，应当归属于一定的民事主体。著作权归属指的是著作权的诸项权利该归谁享有，也就是对著作权的权利主体的确认。计算机软件著作权的归属是指谁有权获得计算机软件著作权，或者该计算机软件应该归谁所有。确定计算机软件著作权的归属，不但是一个极其重要的问题，也是一个十分复杂的问题，首先必须明确三个基本问题：一是必须明确计算机软件开发者和计算机软件著作权人两者在概念上的统一和分离。计算机软件开发者是指实际组织、进行开发工作，提供工作条件以完成软件开发，并对软件承担责任的法人或者非法人单位，或者依靠自己具有的条件完成软件开发，并对软件承担责任的自然人。具体地讲，软件开发者包含个人和单位两种情况，软件著作权人则是指依法对软件享有权利的单位和个人。《计算机软件保护条例》第九条第一款规定，软件著作权属于软件开发者，本条例有专门规定者从其规定，就是说，软件著作权人和软件开发者在一般情况下是统一的，但是在某些特殊情况下有可能又是分离的。因此在确认其归属问题时，不能简单地把软件开发者视为软件著作权人。① 二是必须明确契约在先的原则，也就是依法约定高于法定的一般原则。对于合作开发、委

---

① 陈廉芳. 计算机软件著作权的归属及侵权行为分析［J］. 江西图书馆学刊，2008（1）.

托开发和计划开发的计算机软件必须遵循这一原则，即合同中对软件著作权归属问题有约定的，以约定为准；没有约定的，按法定一般原则确立。三是必须明确在职职工开发的计算机软件的归属原则，特别是法律未作明确规定为单位或个人所有的灰色区域的计算机软件著作权的归属原则。

第一节　计算机软件著作权归属的分类

纵观世界各国著作权立法，对于作品著作权归属的法律规定反映了各国著作权制度的立法理念。从著作权的立法来看，是按照以经济为重点和以人权为重点两条不同的法律主线发展的，这两条法律主线形成了两种不同的权利体系模式，一种是以英国、美国等国家为代表的"版权体系"，另一种是以法国、德国等国家为代表的"作者权体系"①。从著作权归属制度来看，"版权体系"国家和"作者权体系"国家首先在著作权归属问题上都采取了同一原则，即著作权归属于作者，而且几乎所有情况下都允许作者和作者之外的主体约定著作权归属。"版权体系"国家和"作者权体系"国家在著作权归属问题上的不同之处在于在对待多人创作完成的作品时，尤其是存在雇佣关系、投资关系和委托创作关系时两个体系的国家立法对著作权归属采用了不同的处理方案。② 一般来说，软件著作权的归属包含两种情形，即原始归属和继受归属。软件著作权的原始归属是指软件著作权产生之初的归属，一般是谁开发谁就享有著作权，即归属于软件开发者，包括个人、法人或者非法人组织。继受归属是指软件著作权人因各种原因，通过受让、继承、承受等方式依法使自己的软件著作权发生转移，由新的继受人享有该软件著作权。③

一、原始归属

著作权的原始归属是著作权在产生时的权利归属状态。一般来说，我国

---

① 黎淑兰. 著作权归属问题研究［D］. 上海：华东政法大学，2014.
② 曹新明. 我国著作权归属模式的立法完善［J］. 法学，2011（6）.
③ 张火春，薛玲. 计算机软件著作权归属问题［J］. 研究与发展管理，1995（1）.

是以作者原则为基本原则，以特殊为补充，以合同为例外。著作权属于作者是归属的基本原则，但是根据我国《著作权法》第十一条，在一定情况下，法人或者其他组织视为作者；此外还有职务作品和委托作品的规定，他们虽然均不是作者，但是依照法律规定也可以获得作品的著作权①。在一般情况下，计算机软件著作权的原始归属属于软件开发者，但也存在合作开发软件、委托开发软件、职务软件等情况，这些情况需要根据法律法规的规定确定软件著作权的归属。

（一）一般情况下软件著作权属于软件开发者

软件著作权属于软件开发者是我国《计算机软件保护条例》关于软件原始归属的一般规定，该规定与世界上大多数国家的规定相同。特别是《伯尔尼公约》，更以保护作者（开发者）的权利为宗旨，以作者的著作权为主要原始归属。软件开发者享有著作权于软件开发完成时、著作权产生之初。软件开发者既可以是法人或者非法人单位，也可以是自然人。但两类开发者有一个共同的特点，即都应是实际组织、进行、完成开发工作的，仅仅从事一些辅助性工作的单位或公民，不能成为开发者，也就不能享有软件著作权。开发者的确认，一般是根据其在软件上的署名，即署名者享有软件著作权。《伯尔尼公约》对此作了如下的规定，只要作者的姓名以通常方式出现在作品上，又无相反证据证明其不实，则须将其视为作品的真正作者，并可以在其他成员国出现侵权行为时予以起诉。如果作者使用的姓名系假名，则只要它能清楚确定作者的身份，也适用本款。② 因此，如果要证明非署名者是软件开发者，必须有相反的证明，我国《计算机软件保护条例》亦有相关规定③。

（二）特殊情况下软件著作权依约定或者由法律规定

我国《计算机软件保护条例》规定，中国公民和单位对其所开发的软件，不论是否发表，不论在何地发表，均依法享有著作权。外国人的软件首先在中国境内发表的，依照本条例享有著作权。外国人在中国境外发表的软

① 马秋枫．计算机信息网络的法律问题［M］．北京：人民邮电出版社，1998：141．
② 何红锋．软件著作权的归属［J］．软件，1995（12）．
③ 《计算机软件保护条例》第九条规定："软件著作权属于软件开发者，本条例另有规定的除外。如无相反证明，在软件上署名的自然人、法人或者其他组织为开发者。"

件，依照其所属国同中国签订的协议或者共同参加的国际条约享有的著作权，也依法受到保护。但有一些特殊情况，需根据软件著作权人的约定或者由法律对其规定。一是合作开发软件，由两个以上的单位、公民合作开发的软件，其著作权的归属由合作开发者签订书面合同约定。合作开发者对软件著作权的行使按照事前的书面协议进行，如无书面协议，而合作开发的软件可以分割使用的，由合作开发者协商一致行使，如不能协商一致，又无正当理由，任何一方不得阻止他方行使除转让权以外的其他权利，但所得收益应合理分配给所有合作开发者。① 二是委托开发软件。受他人委托开发的软件，其著作权的归属由委托者与受委托者签订书面协议约定，如无书面协议或者在协议中未作明确约定，其著作权属于受委托者。三是按照上级指令开发软件。由上级单位或者政府部门下达任务开发的软件，著作权的归属由项目任务书或者合同规定。如项目任务书或者合同中未作明确规定，软件著作权属于接受任务的单位。四是为履行本职工作而开发软件。公民在单位任职期间所开发的软件，如是执行本职工作的结果，则该软件的著作权属于该单位。公民所开发的软件，如不是执行本职工作的结果，并与开发者在单位中从事的工作内容无直接联系，同时又未使用单位的物质技术条件，则该软件的著作权属于开发者自己。

二、继受归属

著作权的继受归属是指继受权利人因实际存在的继承、赠与、转让或依据法律规定或行政命令而取得著作权等事实成为继受软件著作权人。上述事实是著作权继受归属成立的必要条件，没有依法继受的事实，继受著作权人将不会得到承认。软件版权产生后，因种种原因，往往又从原始著作权人手中转移，改归其他人享有，这就是计算机软件著作权的继受归属。著作权既包括经济权利，又包括精神权利，而精神权利与原始著作权密切相关不可分离，所以精神权利一般不存在继受归属的问题，继受归属主要是指经济权利。然后，由于计算机软件的技术性、实用性等特征，软件著作权人的所有

---

① 须建楚. 法律适用手册：知识产权法分册［M］. 上海：上海社会科学院出版社，2009：143.

权利均可通过继受取得。

　　软件著作权的继受归属主要包括如下具体情形：一是因继承取得，软件著作权属于自然人的，该自然人死亡后，在软件著作权的保护期内，软件著作权的继承人可以依照我国《继承法》的有关规定，继承《计算机软件保护条例》第八条规定的除署名权以外的其他权利。软件著作权属于法人或者其他组织的，法人或者其他组织变更、终止后，其著作权在《计算机软件保护条例》规定的保护期内由承受其权利义务的法人或者其他组织享有；没有承受其权利义务的法人或者其他组织的，由国家享有。也就是说，在软件著作权的保护期内，软件著作权的继承者（自然人）可根据我国《继承法》的有关规定，继承软件著作权人的使用权、使用许可权和获得报酬权。继承活动的发生不改变该软件权利的保护期。在软件著作权的保护期内，享有软件著作权的单位发生变更后，由合法的继承单位享有该软件的各项权利。享有软件著作权的单位发生变更，不改变该软件的保护期。① 二是因转让取得，所谓软件著作权的转让，是指享有某软件著作权的自然人、法人或其他组织，通过合同方式向另一自然人、法人或者其他组织转让软件著作权的行为。这里的转让方所享有的软件著作权可以是原始取得，也可以是继受取得。也就是说，通过转让获得软件著作权的自然人、法人或者其他组织，在该软件著作权的保护期内还可以向第三方转让其软件著作权。② 三是因赠与取得，所谓赠与是指软件著作权人将自己享有的著作权无偿地转移给其他人所有。赠与可以将全部权利都无偿转移，也可以只无偿转移权利中的某一权利，而保留其他部分权利。软件著作权人对自己的软件享有专有权，在法律允许的范围内根据自己的意志自由处理其权利。赠与的对象可以是自然人、法人或者其他组织，也可以是国家，还可以是社会公众。需注意的是，虽然赠与行为同样能够发生软件著作权的转移，但当软件著作权人将其软件赠与社会公众时，该软件的著作权就消失了，相当于该软件进入了公有领域，任何人都可以免费使用，但任何人都不能对其主张著作权。因此，软件著作权人可以将自己的软件著作权赠与国家、其他单位和公民。软件著作权人的这种赠与，

---

① 杨心明.当代经济法学（第2版）[M].上海：同济大学出版社，2000：264.
② 宋歌.计算机软件法律保护若干问题[J].合作经济与科技，2005（24）.

可以是完全无偿的，也可以附有一定的条件。如果是附条件的赠与，则受赠人必须先满足这些条件，才能使软件著作权发生转移。软件著作权的赠与必须履行一定的手续，赠与方能成立，如办理登记手续等。① 四是因司法判决取得，司法判决是指在民事纠纷中依据法院的终审判决，将软件著作权人享有的软件著作权的变价作为给对方当事人赔偿而引起的软件著作权的转移。需要注意的是，尚未发表的软件，是不能被法院强制执行的。

第二节　计算机软件著作权的原始归属

所谓原始归属，是指一个计算机软件开发出来之后其著作权应该归属于谁，谁有权行使对该计算机软件所包含的权能。即权利的取得不是以他人已存权利为取得基础，而是初始性地取得权利的情形。通过原始取得所获得的著作权是完整的著作权，包括人格权和财产权的全部著作权的权能。在通常情况下，软件著作权一般属于软件开发者享有。但是，《计算机软件保护条例》还规定了合作开发软件、委托开发软件、指令开发软件及职务软件等几种特殊情况的著作权归属，下面就这几种特殊情况的计算机软件著作权原始归属进行阐释。

一、合作开发软件的归属

所谓合作开发的软件，也称为共同开发的软件，是指由两个或者两个以上的自然人、法人或者其他组织共同开发完成的软件。② 一般来说，除了功能非常简单的软件外，绝大多数软件的开发都不是一个人独立完成的，需要两个或者两个以上的自然人、法人或者其他组织共同开发，这在实践中非常普遍。

---

① 黄勤南，尉晓珂．计算机软件的知识产权保护［M］．北京：专利文献出版社，1999：53.

② 李维．浅析新《计算机软件保护条例》中的权利主体［J］．知识产权，2002（2）.

（一）合作开发软件的构成

通常情况下，两人以上合作的作品是合作作品。而合作作品的认定，不仅需要合作作者之间具有共同创作某一作品的意思表示，还要求在创作过程中合作作者之间始终贯彻合作创作的意图，有意识地进行协调，以便使他们的创作成果相互照应、衔接、协调和统一，达到整体的和谐。合作作品完成后，其形式还应当达到著作权法所要求的作品标准。①

对合作开发软件而言，其也应该满足两个构成要素。一是共同开发的合意，指两个以上的单位或个人对共同开发某一主题的计算机软件的行为及后果有明确的认识，意思表示一致。"合意"仅就开发本身而言，除此之外的其他合意不是共同开发的"合意"，不能成为合作开发软件的要素。缺少共同开发的"合意"，不能成为合作开发软件。例如，两个单位或者个人就同一主题各自单独进行开发的软件，就不属于合作开发软件。二是共同开发的行为，这是最关键的一点。除了合作开发者约定及法律规定的特殊情况外，没有参加开发的单位或个人不能成为软件开发者，尤其不能获得软件开发者身份。②

（二）合作开发软件著作权归属的法律规定

《著作权法》第十三条规定，两人以上共同创作的作品，著作权由合作作者共同享有。也就是说，关于合作作品的归属，首先是由合作作者共同享有。在合作作品可以分割使用的情况下，作者对各自创作的部分可以单独享有著作权。根据《计算机软件保护条例》第十条的规定③，合作开发软件著作权的归属约定优先，即合作开发软件的著作权的归属由合作开发者签订书面合同约定。无书面合同或者合同未作明确约定，合作开发的软件可以分割

---

① 王小龙，谢江军. 合作开发计算机软件的著作权归属［J］. 人民司法，2008（24）.

② 林华. 著作权转移规则研究［D］. 北京：中国社会科学院研究生院，2012.

③ 《计算机软件保护条例》第十条规定："由两个以上的自然人、法人或者其他组织合作开发的软件，其著作权的归属由合作开发者签订书面合同约定。无书面合同或者合同未作明确约定，合作开发的软件可以分割使用的，开发者对各自开发的部分可以单独享有著作权；但是，行使著作权时，不得扩展到合作开发的软件整体的著作权。合作开发的软件不能分割使用的，其著作权由各合作开发者共同享有，通过协商一致行使；不能协商一致，又无正当理由的，任何一方不得阻止他方行使除转让权以外的其他权利，但是所得收益应当合理分配给所有合作开发者。"

使用的，开发者对各自开发的部分可以单独享有著作权；合作开发的软件不能分割使用的，其著作权由各合作开发者共同享有。也就是说，软件是由各方共同参与开发的，那么该软件的著作权就不能由哪一方单独享有，任何一方当然都不能取得该软件的著作权，该软件的著作权的归属必须由所有合作者共同协商，通过签订合同的方式来确定，避免在行使该软件著作权时发生纠纷①。假如各合作开发者事先没有签订书面合同，或者所签订的合同中没有对软件著作权的归属进行约定，那么，此时就要看合作开发的软件是否可以分割使用，如果合作开发的软件可以分割使用，采取按份共有的原则，各个开发者对自己开发的部分单独享有著作权；反之，如果合作开发的软件不能分割使用，则采取共同共有的原则，各合作开发者共同享有软件的著作权。

这里需要注意的问题是，没有实际参与创作能否成为软件的合作开发者？之所以提出这个问题，是因为《著作权法》第十三条规定，没有参加创作的人，不能成为合作作者。也就是说，对于没有实际参与创作，或者对创作作品没有起到实质性作用的其他人来说，不能成为作品的合作作者。那么关于软件的合作开发者如何界定？软件相对于一般文字作品而言，其经济价值更突出，而合作开发的软件的结构往往也更复杂，功能更完善。要开发这样一种软件，通常涉及方方面面，既要有实际开发者的智力投入，还需要他人提供资金、设备、资料；既要开发者对该软件作出实质性的表述贡献，还要有人提供开发思路，或者为开发该软件提供后勤保障。没有这些人的通力合作，合作开发软件是很难进行的。因此，《计算机软件保护条例》没有像《著作权法》规定的那样，把没有参加实际开发的人员明确地排除在合作开发者之外，至于谁是合作开发者，《计算机软件保护条例》规定，合作开发的软件著作权归属可以由所有当事人通过约定或者协商确定。② 如在"张瑞华与北京博地亚科技发展有限公司著作权归属纠纷一案"中，北京博地亚科技发展有限公司称，张瑞华未能按照协议约定履行投入研发技术等义务，只提供了其从事中小学教育装备管理的经验，所以不应享有计算机软件的著作

① 寿步．软件著作权权利论［J］．科技与法律，1993（1）．
② 徐玉麟．计算机软件保护条例释义［M］．北京：中国法制出版社，2002：47.

权。法院认为，张瑞华和北京博地亚科技发展有限公司双方通过合同约定共同进行"全国中小学教育技术装备信息管理系统"软件的开发工作，具有共同创作软件作品的意思表示；张瑞华为该软件的开发投入了研发技术和相关经验，北京博地亚科技发展有限公司提供了一定的资金、设备等物质条件，双方进行了配合，共同进行开发活动；张瑞华和北京博地亚科技发展有限公司双方最终完成的成果"全国中小学教育技术装备信息管理系统"，符合《计算机软件保护条例》第三条规定的计算机程序和文档的范畴，属于《计算机软件保护条例》的保护对象。所以依据协议约定，涉案软件属于合作作品，依法享有著作权，受到法律保护。根据《计算机软件保护条例》，合作开发软件著作权的归属应当由合同约定，本案中北京博地亚科技发展有限公司在协议履行过程中并未以原告未投入研发技术为由要求变更或者解除合同，也未就此举出充分证据。根据法院查明事实，张瑞华在整个软件研发期间均在被告公司任技术副经理职务，直接参与了整个研发过程，因此在协议未经变更或者解除的情况下，张瑞华可以依据协议享有涉案软件的著作权。①

（三）合作开发者对共有软件著作权的行使

按照《民法》的一般理论，对某项财产共有意味着该财产的权利主体是多元的，各共有人对该财产共享权利、共负义务。共有又分为按份共有和共同共有，合作开发者对共有软件著作权的行使也可以分为按份共有下权利的行使和共同共有下的权利行使。

首先，按份共有的合作开发者对共有软件的著作权的行使。《计算机软件保护条例》第十条规定，合作开发软件的著作权无书面协定或约定不明，合作开发的软件可以分割使用的，开发者对各自开发的部分可以单独享有著作权，但行使著作权时不得扩展到合作开发的软件整体的著作权。对于合作开发的软件来说，如果各合作开发者在开发该软件时，各自开发完成的部分都能单独使用，或者说，合作开发完成的软件可以分割使用，那就说明该软件可以"按份分配"，即按份共有。这时，每个合作开发者可以单独享有自己所完成的那部分软件的著作权。一般来说，按份共有人除了按份享有其权

---

① 参见"张瑞华与北京博地亚科技发展有限公司著作权权属纠纷案"，北京市西城区人民法院（2008）西民初字第 4353 号民事判决书。

利外，还应当按份履行相应的义务。由于合作开发完成的软件只有作为一个整体才能有效地发挥其作用，因此，对软件按份共有的各方，在按份行使其软件著作权时，不能扩展到合作开发的软件整体的著作权，同时，也不能不经其他合作开发者许可，擅自处分自己单独开发完成的那一部分软件，从而损害其他合作开发者的利益。

其次，共同共有的合作开发者对共有软件著作权的行使。《计算机软件保护条例》第十条规定，合作开发软件的著作权无书面协定或约定不明，合作开发的软件不能分割使用的，由合作开发者协商一致行使，如不能协商一致，又无正当理由，任何一方不能阻止他方行使除转让权以外的其他权利，但所得收益应合理分配给所有的合作开发者。如果合作开发的软件不能分割使用，该软件的著作权就应当由各合作开发者共同享有，共同行使其软件著作权。也就是说，合作开发者对共同开发完成的软件的著作权是共同共有，对于共同共有的各共有人，每一方都有权行使该软件的著作权，只是在行使该软件著作权时，各方应当协商一致。软件具有实用性，只有行使该软件的著作权才能得到相应的经济利益。假如各合作方总不能协商一致，那么软件的著作权就可能永远无法行使，从而达不到共同开发该软件的目的。所以，在不能协商一致的情况下，如果没有正当理由，合作开发者中的任何一方都不能阻止他方行使除转让权以外的其他权利。① 这里之所以保留转让权，是因为合作开发者中的任一方一旦行使了转让权，那么该软件的著作权就会发生转移，其他各合作开发者就会失去对该软件所享有的各项权利，这显然是不合理的。此外，任何一方虽然可以不经所有合作开发者同意行使软件著作权，但是，通过行使软件著作权中除转让权以外的其他权利获得收益时，应当合理地分配给所有合作开发者，而不能独自享有。

二、委托开发软件的归属

任何单位或者个人，由于时间、地点、知识、能力、语言等因素的制约，不能独立开发软件的，均可以委托他人为其开发软件。比如，证券公司

---

① 解亘. 著作权共有人的权利行使：评齐良芷、齐良末等诉江苏文艺出版社侵犯著作权纠纷案［J］. 交大法学，2015（2）.

委托计算机软件公司为其设计、开发适用于其具体业务的计算机软件系统，由于这个计算机软件系统完全是根据证券公司的要求开发的，其运行的方式、处理的数据、产生的结果都与委托的证券公司密切相关，所以该软件系统不具有通用性，属于受委托开发的软件。对于委托作品的著作权归属问题，世界各国著作权法的规定并不完全一致，计算机软件著作权的归属亦然。

（一）委托开发软件的概念

社会生活是复杂的，公民、法人或者其他组织由于受各种因素的制约，本人不能或者不便于亲自实施创作行为，需要通过他人为其创作作品。从作品的形成原因来讲，委托作品，是委托人根据自己的需要向受托人提出创作要求，受托人按照委托人的要求进行创作而产生的作品。委托作品与其他作品不同，其不是按照受托人的意志进行创作，而是要按照委托人的要求创作作品，即受托人需要将委托人的要求通过自己的创作表现出来，但是，委托人的思想、观点只能为受托人的创作限定范围，并不能取代受托人的创造性智力劳动，而且委托人也没有参与具体的创作过程。如果委托人参与了作品的构思和具体创作，而双方又有共同创作的意愿，就变成合作作品而不是委托作品了。委托创作一般是有偿的，即委托作品创作完成后，委托人应当向受托人支付创作的报酬，支付的数额、方式和期限等由委托合同约定。委托作品的内容由委托人对外承担责任，而不是由受托人承担。

所谓通过委托所开发的软件，是指开发者与自然人、法人或者其他组织通过签订委托合同的方式而开发的软件。从著作权法的角度看，委托开发的软件实际上是一种委托创作的作品，也就是通常所说的委托作品。委托他人开发软件的自然人、法人或者其他组织是委托人，受委托开发软件的自然人、法人或者其他组织是受托人。委托人与受托人之间是平等的民事关系，即使是法人、其他组织与自然人之间的委托也属于平等主体间的关系。

委托开发软件与合作开发软件是不同的，合作开发的软件是合作作品的一种形式，是由合作开发者共同完成的，其开发的软件体现了合作开发者的共同意志，合作开发的软件著作权由各合作开发者共同享有，至于是按份共有还是共同共有，完全由所开发软件的特点决定。而委托开发的软件，则是由受托人开发，委托人自己并不参与实际开发工作，但是所开发出的软件却要体现委托人的意志。委托人与受托人在平等、自愿的基础上签订委托开发合同，委托开发合同可以是书面形式，也可以是口头形式，可以是有偿合同，也可以是无偿合同。受托人按照委托人的要求，以委托人的名义为委托人开发软件，委托人为受托人提供开发软件所必需的经费和相应的开发条件。委托开发的软件其著作权的归属由受托人和委托人通过合同约定。受托人完成开发任务后，合同约定给付报酬的，委托人应当给付受托人报酬。受托人可以在开发完成的软件上署名，也可以不署名，或署委托人的名。当然，不是以委托人的名义而是以自己的名义开发的软件，不属于委托开发的软件。①

（二）委托开发软件中所产生的法律关系

委托开发软件实际上是一种根据承揽合同而开发的定作软件，由此发生的关系是一种承揽关系而不是委托关系，它与委托关系和雇佣关系不同。一般来说，所谓委托关系，是指当事人双方约定，一方为另一方处理或者管理某类事务而发生的关系。在处理委托事务的过程中，可能需要付出一定的劳务，但付出劳务不是委托关系的目的，而是处理委托事项的手段。根据委托关系，受托人的义务是独立地作出为委托人处理或者管理某类事务的行为，但不以完成某项具体工作任务为要件。② 所谓雇佣关系，是指受雇人与雇佣人签订劳动合同，受雇人向雇佣人提供劳务，雇佣人给受雇人提供适当的工作条件，并支付相应的报酬，由此产生的关系是雇佣关系。根据雇佣关系，受雇人提供的劳务的内容完全由雇主决定，受雇人无权独立地决定自己所提供的劳务方式和内容，具有明确的隶属关系。在承揽关系中，承揽人在与委托人签订承揽合同后，以自己的设备、知识和能力，为委托人创作指定的作品或者开发指定的软件。由此可见，在著作权领域，承揽合同的标的既不是提供劳务服务，也不是为委托人处理和管理一定的事务，而是按照委托人的要求，提供特定的创作成果。③

---

① 汤颖. 委托创作合同中计算机软件著作权权利范围界定研究［J］. 中国版权，2016（6）.

② 周江洪. 委托合同任意解除的损害赔偿［J］. 法学研究，2017（3）.

③ 徐玉麟. 计算机软件保护条例释义［M］. 北京：中国法制出版社，2002：49－50.

（三）委托开发软件著作权归属的法律规定

各国著作权法在委托作品的著作权归属问题上的规定截然不同，有的国家侧重于保护委托人的利益，将著作权授予委托人，而有的国家侧重于保护受托人的利益，将著作权授予受托人。在将委托作品作为雇佣作品的美国，雇主被视为作者而享有著作权，创作作品的受托人不享有著作权。而在法国，不能通过合同改变著作权法赋予作者的精神权利与经济权利的归属，雇佣合同的订立、雇佣关系的存在并不意味着作者丧失对作品的著作权，即在法国委托作品的著作权只能由受托人享有。英国《版权法》允许当事人以合同形式改变版权的法定归属，因此，委托作品的著作权可能归委托人享有，也可能归受托人享有。菲律宾《著作权法》为了照顾受托人的利益，规定受托人与委托人共同享有作品的著作权，双方都可以是著作权法律关系的主体。

我国《著作权法》第十七条规定，受委托创作的作品，著作权的归属由委托人和受托人通过合同约定。合同未作明确约定或者没有订立合同的，著作权属于受托人。在委托作品的著作权归属问题上，我国法律允许当事人作出约定，在没有约定的情况下，则规定著作权归属于受托人。[①] 根据《著作权法》第十七条规定，其著作权的归属由委托人和受托人（作者）通过合同约定，即著作权中的人身权利和财产权利都能以合同的形式确定。这样规定，主要是考虑到委托人对作品的特殊需求，以便于对作品的控制和利用，避免因著作权一律机械地属于作者给委托人带来不便。但是，合同未作明确约定或者没有订立合同的，著作权属于受托人。如果合同中约定受托人（作者）取得一定报酬后，著作权归属委托人，即著作权以合同的形式转移给委托人。此外，根据《最高人民法院关于审理著作权民事纠纷案件适用法律若干问题的解释》第十二条规定，按照《著作权法》第十七条规定委托作品著作权属于受托人的情形，委托人在约定的使用范围内享有使用作品的权利；双方没有约定使用作品范围的，委托人可以在委托创作的特定目的范围内免费使用该作品。

为了与《著作权法》相一致，《计算机软件保护条例》对委托开发的软

---

① 王海桃．论委托创作合同的法律性质［D］．杭州：浙江大学，2017．

件著作权归属问题也作了类似规定①，即委托他人开发的软件，其著作权的归属由委托人与受托人通过签订书面合同约定，如果当事人没有签订书面合同，或者所签订的合同中未作明确约定的，该软件的著作权由受托人享有。这样规定是考虑到承担开发工作的一般是受托人，受托人是软件的实际开发者，也是软件真正的智力投资者，因此，在没有合同约定或合同未明确约定的情况下，推定为由受托人享有著作权比较合理。如在"杭州聚合网络科技有限公司因侵害计算机软件著作权纠纷一案"中，浙江移动公司、融创公司与聚合公司之间就"浙江省医院预约诊疗系统"软件存在事实上的委托开发合同关系，但双方并未签订正式的书面合同，也没有对该软件著作权的归属作出约定。因此，根据《著作权法》第十七条、《计算机软件保护条例》第十一条等法律法规的规定，聚合公司作为受托人，完成了诉争计算机软件的开发，该软件著作权应由聚合公司享有。②

三、依照指令性任务开发软件的归属

指令性任务是指上级下达的带有强制性质的，执行单位必须保证完成的任务。由于软件在国家安全、国民经济、政府管理等领域的重要作用，在计算机软件开发中，亦不能排除政府部门或者其他国家机关下达任务开发软件的情况，我国《计算机软件保护条例》第十二条对依照指令性任务开发的软件的归属与行使问题作出了明确的规定。

（一）依照指令性任务开发软件的概念

在计划经济条件下，每个企业、事业单位都有上级主管部门，不论是生产产品，还是研究技术课题，都必须按照上级主管部门的计划进行，企业、事业单位的自主权较少，指令性任务运用较广。计划经济的经济特征即高度的计划指令性，产品的数量、品种、价格，消费和投资的比例，投资方向，就业及工资水平，经济增长速度等均由中央的指令性计划来决定。所谓指令

---

① 《计算机软件保护条例》第十一条规定："接受他人委托开发的软件，其著作权的归属由委托人与受托人签订书面合同约定；无书面合同或者合同未作明确约定的，其著作权由受托人享有。"

② 参见"杭州聚合网络科技有限公司与侵害计算机软件著作权纠纷案"，浙江省高级人民法院（2013）浙知终字第289号民事判决书。

性任务，也称为命令型任务，是指由上级计划单位按隶属关系下达，要求执行计划的单位和个人必须完成的任务。指令性任务具有强制性、权威性、行政性及间接市场性的特征。凡是指令性任务，都是必须坚决执行的，具有强制性；只要以指令形式下达的任务，在执行中就不得擅自更改变换，必须保证完成，具有权威性；指令性任务主要是靠用行政办法下达指标实施的，具有行政性；指令性任务也要运用市场机制，但是，市场机制是间接发生作用的，具有间接市场性。

软件是一种特殊产品，是现代高新技术的重要组成部分，随着信息技术的不断发展，软件在国家安全、国民经济、政府管理等领域的作用将越来越重要。目前，世界各国对高新技术的发展都投入了大量人力、物力，不少国家都制订了发展本国高新技术的宏伟计划，以大力推进本国各个领域的信息化。我国作为发展中的大国，也在加紧国民经济信息化的建设，著名的"863"计划对提升我国的综合国力就起到了重要作用。依照指令性任务开发软件，是指由国家机关下达任务开发的软件，要求执行计划的单位和个人必须完成。目前不少国家机关所使用的软件都是通过下达指令的方式，由相关单位开发完成的。

（二）依照指令性任务开发的软件著作权归属的法律规定

《计算机软件保护条例》第十二条规定，由国家机关下达任务开发的软件，著作权的归属与行使由项目任务书或者合同规定；项目任务书或者合同中未作明确规定的，软件著作权由接受任务的法人或者其他组织享有。按照本条的规定，国家机关下达任务所开发的软件著作权的归属，由项目任务书或者下达任务的国家机关与软件开发者签订合同进行约定。项目任务书是软件行业中常用的一种标准化管理工具，用来规定所开发软件的名称、功能、性能、交付日期，以及下达任务和接受任务的双方单位的权利和义务等等。未作明确规定的，软件开发者享有开发软件的著作权。"浙江大学与李际军、杭州模易科技开发有限公司计算机软件著作权权属纠纷案"即属于依照指令性任务开发软件的著作权归属纠纷，该案中，浙江省科学技术厅下达任务给浙江大学，让其研究开发面向汽车零部件模具的柔性测量曲面造型系统，浙江大学完成合同规定的指标，通过测评后，因在项目合同书中没有约定权利的归属，遂起纠纷，法院经审理查明，浙江大学完成的软件属于按照上级指令开发的软件，依照《计算机软件保护条例》第十二条判决涉案计算机软件的著作权由开发者浙江大学享有。①

与1991年《计算机软件保护条例》相比②，现行《计算机软件保护条例》对依照指令性任务开发的软件著作权归属的法律规定有以下不同。首先，删除了上级单位下达任务开发软件的规定。1991年《计算机软件保护条例》第十三条规定，下达任务开发软件的主体为上级单位或者政府部门。随着我国改革开放的不断深入，我国的计划经济正在逐步向社会主义市场经济过渡。为了适应社会主义市场经济的发展，政府机构也在不断改革，一些行业性主管部门正在逐步退出政府编制序列，国家对经济的管理也由微观向宏观方面转变，现代企业制度正在逐步建立。目前，除了少数关系到国计民生

① 该案具体案情为：2004年5月24日，浙江省科学技术厅与原告浙江大学签订《浙江省科技计划项目合同书》，约定面向汽车零部件模具的柔性测量曲面造型系统开发的第一承担单位为浙江大学，项目负责人为李际军，其工作单位为浙江大学计算机学院。项目组成员为八名计算机学院职员及两名杭州铁流公司职员，期限为2004年3月至2006年3月；项目经费为325万元，其中自筹300万元，浙江省科学技术厅拨款25万元，经费开支预算包括人员费、设备费、能源材料费、设计试验费、信息费、资料费、会议调研费、租赁费、鉴定费等。当浙江大学与浙江省科学技术厅签订项目合同书后，积极组织和安排研发人员，联系合作的企业，投入大量资金、设备，在完成开发后提交浙江省电子产品检验所审核。2005年6月3日，检验所出具软件评测报告，对浙江大学提交的柔性测量曲面造型系统软件进行评测，结论为通过评测。2006年6月20日，浙江省科学技术厅出具浙科验字（2006）73号浙江省科技计划项目验收证书，认为浙江大学承担的面向汽车零部件模具的柔性测量曲面造型系统开发项目已完成了合同规定的指标，同意通过验收。浙江大学在举证环节出示了浙江省科技计划项目合同书，浙江省电子产品检验所出具的软件评测报告，浙江科技计划项目验收证书，经法院审查，这些证据合法有效。因此认定涉案软件属于《计算机软件保护条例》中对软件的四种分类的第三种：按照上级指令开发的软件。因为在项目合同书中没有约定涉案软件的著作权归属，法院根据《计算机软件保护条例》第十二条的规定判决，涉案计算机软件的著作权依法应属受托人也即开发者浙江大学享有。参见"浙江大学与李际军、杭州模易科技开发有限公司计算机软件著作权权属纠纷案"，杭州市西湖区人民法院（2010）杭西知初字第168号民事判决书。

② 1991年《计算机软件保护条例》第十三条规定："由上级单位或者政府部门下达任务开发的软件，著作权的归属由项目任务书或者合同规定，如项目任务书或者合同中未作明确规定，软件著作权属于接受任务的单位。国务院有关主管部门和省、自治区、直辖市人民政府，对本系统内或者所管辖的全民所有制单位开发的对于国家利益和公共利益具有重大意义的软件，有权决定允许指定的单位使用，由使用单位按照国家有关规定支付使用费。"

的重要行业外，大部分企业有充分的自主权，不论是人、财、物，还是产、供、销，都由企业自主决定。因此，也就不再存在由上级单位下达任务开发软件的问题。现行《计算机软件保护条例》删除了上级单位下达任务开发软件的规定。其次，把政府部门修改为国家机关。因为政府部门只是涉及国家行政机关，无法涵盖整个国家机构，除了行政机关外，国家的权力部门、司法部门甚至军队系统也需要开发相应的软件。而"国家机关"包括了国家权力机关、行政机关、审判机关、检察机关以及军队、警察、监狱等。因此，"上级单位或者政府部门"修改为"国家机关"，可以使下达软件开发任务的主体更加单一、明确。再次，删除了软件的强制许可。为保证软件开发企业的经营自主权及与 TRIPS 协议保持一致，现行《计算机软件保护条例》删除了 1991 年《计算机软件保护条例》规定的"国务院有关主管部门和省、自治区、直辖市人民政府，对本系统内或者所管辖的全民所有制单位开发的对于国家利益和公共利益具有重大意义的软件，有权决定允许指定的单位使用，由使用单位按照国家有关规定支付使用费"。①

四、职务软件的归属

著作权是一种专有性的民事权利，是体现著作权人保护自己知识价值的权利。职务软件作为一种著作权形式，其形成具有一定的复杂性和特殊性，既区别于由自然人创作的作品，也不同于法人或其他组织委托的作品。职务软件的产生与所担任的职务密切相关，是法人或者其他组织安排其工作人员履行职务或者完成工作任务过程中形成的作品。对职务软件著作权权属的认定，应通过软件的创作完成情况，综合考量其是否符合法律所规定职务作品的特征。

（一）职务软件的认定

一般而言，职务软件就是著作权法意义下的职务作品，职务作品是指机关、社会团体、企业、事业等法人或者其他组织中的工作人员，为了完成本单位交给的工作任务而创作的作品。② 自然人的职务是由所在单位安排的，

---

① 夏露．电子商务法规［M］．北京：清华大学出版社，2011：199.
② 张冬，刘宇慧．我国传统文化表达著作权主体保护问题探究［J］．大庆师范学院学报，2015（1）.

职务作品与自然人在单位所担任的职务密切相关，其创作的作品是所应完成的职责和任务。职务作品应符合以下构成要件：一是职务作品的作者是单位的工作人员，也即作者与单位之间形成劳动关系或者雇佣关系。在我国现有的单位用工关系中，包括正式职工、劳务派遣用工、临时劳务人员等多种形式，只要工作人员为单位服务且取得报酬，并且员工与单位存在人身隶属关系，受单位规章制度、工作制度的约束，就认为双方存在劳动关系。二是职务作品应该是为了完成法人或者其他组织的工作任务而创作的作品，这里所指的"工作任务"，是指作者创作作品的活动在其本职工作范围内，既可以是日常工作，也可以是突然指派的任务，其核心意义是公民在法人或者组织中合法履行各项工作任务。三是职务作品的内容属性与作者单位的工作性质一致，即作品所反映的内容就是作者单位日常的业务范围，如果作者创作的目的不是完成单位交给的任务，虽然其写作主旨与单位的工作性质、业务属性有相关性，但同样不能认定为职务作品。四是在职务作品的写作过程中，单位职工必须根据工作的实际要求结合自己多年的工作积累创作作品。由法人或者其他组织主持，代表法人或者其他组织意志创作，并由法人或者其他组织承担责任的作品，法人或者其他组织视为作者。如无相反证明，在作品上署名的公民、法人或者其他组织为作者，该作品应视为单位作品。职务作品一般可以分成两种情况：一是个人职务作品，即法人或者其他单位的工作人员在履行职责时独立创作的作品，这种作品体现了创作人员个人的意志；二是合作职务作品，即法人或者其他组织单位的若干个工作人员共同创作的作品，体现了合作者们的共同意志。

根据《计算机软件保护条例》第十三条的规定，自然人在法人或者其他组织中任职期间所开发的软件，具备下列条件之一的，即属于职务软件。第一，针对本职工作中明确指定的开发目标所开发的软件。该项条件是指，自然人所开发出的软件是其本职工作明确要求的，是为了完成所在单位交给的工作任务而开发的。所谓本职工作，是指单位分配给工作人员的职务范围，它不是工作人员所学专业的范围，也不是所属单位的全部工作范围。比如，一名专职程序员为所在单位开发的软件就属于职务软件，而在一个编辑部从事文字编辑的人员，单位要求其开发一个软件，就不应当属于其工作范围，所开发完成的软件也不是履行其本职工作的结果。第二，开发的软件是从事本职工作活动所预见的结果或者自然的结果。该项条件是指，自然人在从事本职工作活动中能够预见到工作的结果是开发出某种软件，或者开发出的某种软件是履行本职工作所必需的。比如，广告设计人员为了制作广告宣传画，通过编制软件的方式完成这一任务，那么，由其开发出的软件就属于从事本职工作活动所预见的结果。又如，计算机应用系统维护人员为了保证系统的正常运行，开发出了用于监视系统运行参数的软件，开发该软件是为了更好地履行岗位职责，因此，该软件应当属于开发人员从事本职工作的自然结果。第三，主要使用了法人或者其他组织的资金、专用设备、未公开的专门信息等物质技术条件所开发并由法人或者其他组织承担责任的软件。该项条件是修改后的《计算机软件保护条例》新增加的内容，主要是为了与修改后的《著作权法》相衔接①。一般来说，软件都比较复杂，要想设计、完成一个软件，特别是复杂的软件产品，通常都需要多个具有技术经验的人合作，需要较高的物质技术条件的保障，如大型绘图仪、高速打印机、计算机、计算机辅助设计系统等大型设备的帮助，需要搜集、整理各种技术资料，甚至需要投入大量资金。而这些设备、资料、资金仅凭个人的物质技术条件很难完成，一般都需要法人或者其他组织提供。要成为职务软件，除了主要使用了法人或者其他组织的资金、专用设备、未公开的专门信息等物质技术条件外，还要求开发的软件由法人或者其他组织承担责任。如果开发者开发软件时主要利用了所在单位的资金、专有设备、未公开的专门信息等物质技术条件，但是所在单位不承担该软件的责任，这样的软件就不属于职务软件，其著作权也不应由所在单位享有，而应当由开发者自己享有。

（二）职务软件著作权归属的法律规定

对于职务作品的归属问题，世界各国的著作权法并没有完全一致的规

---

① 《著作权法》第十六条规定："公民为完成法人或者其他组织工作任务所创作的作品是职务作品，除本条第二款的规定以外，著作权由作者享有，但法人或者其他组织有权在其业务范围内优先使用。作品完成两年内，未经单位同意，作者不得许可第三人以与单位使用的相同方式使用该作品。有下列情形之一的职务作品，作者享有署名权，著作权的其他权利由法人或者其他组织享有，法人或者其他组织可以给予作者奖励：（一）主要是利用法人或者其他组织的物质技术条件创作，并由法人或者其他组织承担责任的工程设计图、产品设计图、地图、计算机软件等职务作品；（二）法律、行政法规规定或者合同约定著作权由法人或者其他组织享有的职务作品。"

定。通常认为，职务作品的作者为受雇者，他与雇主的关系是通过合同确立的，雇主给付报酬，受雇者创作作品，作品的归属由合同确定。① 但是，有些国家对作品著作权的归属却有不同规定，如法国《著作权法》规定，凡属受雇合同一律由作者享有著作权；而英国《著作权法》则规定，雇主根据合同所取得的著作权只能在一定的范围内行使。按照我国《著作权法》的规定，职务作品著作权的归属有两种情况：一种是归作者本人享有，但是所在单位有优先使用其作品的权利；另一种归作者所在单位的法人或者其他组织享有，但是创作者享有署名权，并且单位可以对创作者给予奖励。一是根据"著作权属于作者"的基本原则，职务作品的著作权一般归作者享有，但作者所在的法人或者其他组织在其业务范围内有权优先使用职务作品。作品完成两年内，未经单位同意，作者不得许可第三人以与单位使用的相同方式使用该作品。之所以规定法人或者其他组织的优先使用权，是因为职务作品不是作者自发的随意创作，而是为了完成本单位的工作任务，在使用职务作品时，应当首先考虑作者所在单位的需要。在作品完成的两年内，如单位在其业务范围内不使用，作者可以要求单位同意由第三人以与单位使用的相同方式使用，单位没有正当理由不得拒绝。在作品完成两年内，经单位同意，作者许可第三人以与单位使用的相同方式使用作品所获报酬，由作者与单位按约定的比例分配。作品完成两年后，单位可以在其业务范围内继续使用。作品完成两年的期限，自作者向单位交付作品之日起计算。二是在特殊情况下职务作品的著作权由法人或其他组织享有，作为作者的公民享有署名权，著作权中的其他权利由法人或者非法人单位享有，法人或者其他组织可以给予作者奖励。特殊情况是指：主要是利用法人或者其他组织的物质技术条件创作，并由法人或者其他组织承担责任的工程设计图、产品设计图、地图、计算机软件等职务作品；法律、行政法规规定或者合同约定著作权由法人或者其他组织享有的职务作品。在这两种情况下，著作权由法人或其他组织享有，而事实作者只享有依劳动关系而产生的劳动报酬请求权，而不享有著作权中的任何权利。这种基于法律规定的著作权中的财产权与作者分离，是由

① 刘春田，刘波林.论职务作品的界定及其权利归属［J］.中国人民大学学报，1990（6）.

于这类职务作品所使用的财力、物力是法人或非法人单位的，作品的民事责任也是由法人或非法人单位承担，单位给予作者一定奖励，作者就不再承担责任。这种著作权中的财产权与作者分离，从一定意义上讲，也是保护了作者的权利。

为了与《著作权法》的规定相一致，《计算机软件保护条例》第十三条规定，如果自然人在法人或者其他组织中任职期间所开发的软件是针对本职工作中明确指定的开发目标所开发的软件，或者所开发的软件是从事本职工作活动所预见的结果或者自然的结果，或者主要使用了法人或者其他组织的资金、专用设备、未公开的专门信息等物质技术条件所开发并由法人或者其他组织承担责任的软件，那么该软件的著作权由该法人或者其他组织享有，该法人或者其他组织可以对开发软件的自然人进行奖励。此规定其实是对《著作权法》的延伸和补充，从保护法人或其他组织利益角度出发，在满足合法情形下强制将自然人在开发于就任工作岗位时的计算机软件著作权归属于法人或其他组织。与《著作权法》相关规定相同的是，《计算机软件保护条例》也规定了法人或者其他组织可以对开发软件的自然人进行奖励，这是考虑到软件是一种高新技术产品，需要开发者花费大量的精力，从鼓励发展高新技术、鼓励科技人员开发出更多的软件产品的角度出发，应当给予开发人员适当的回报。具体奖励办法、奖励方式和奖励数额等，由法人或者其他组织自行决定。与《著作权法》相关规定不同的是，《计算机软件保护条例》对职务软件没有给予开发者署名权，这是考虑到软件与文字作品、美术作品不同，人们购买和使用软件主要侧重于该软件的功能和性能，至于是由什么人开发的并不十分关心，而文字作品、美术作品的作者对于消费者来说却十分重要，他们在选购这些作品时往往特别在意该作品是由什么人创作的，一些知名作家、画家的作品就特别容易得到人们的青睐。再者，软件是一种技术性很强的作品，参与软件开发的人员可能很多，而要让参与该软件开发的所有人员都署名有时比较困难，实践中也往往没有这个必要。如"伍锐稷与被申请人肇庆市农业科学研究所侵害著作权纠纷案"，涉及的是伍锐稷在《农业财政资金项目申报标准文本》表上填写的《防治柑橘黄化树高新技术》是否属于职务作品的问题。最高人民法院从肇庆农科所安排给伍锐稷的工作任务及伍锐稷完成作品的内容属于肇庆农科所安排其完成工作任务的一部分，作品创作时间属于肇庆农科所与伍锐稷签订聘用合同的聘用期限内，伍锐稷是以肇庆农科所的名义代表其单位填写该项目申报表而并非以个人名义填写等方面分析，得出二审法院认定伍锐稷为完成肇庆农科所的工作任务所创作的《防治柑橘黄化树高新技术》作品属于职务作品并无不当。①。

① 本案中，肇庆农科所与伍锐稷于 2005 年 2 月 1 日签订的《肇庆市农科所工作人员固定工作岗位聘用合同书》约定：1. 肇庆农科所同意聘用伍锐稷在果树组专业技术岗位工作，聘用期为五年，时间从 2005 年 2 月 1 日起至 2009 年 12 月 31 日止。2. 工作职责：伍锐稷必须保质保量完成肇庆农科所交给的下列任务：协助果树组负责人做好课题试验的各项具体工作；做好试验资料的记录、总结等工作以及果树组负责人交办的其他工作；因肇庆农科所的工作需要，由肇庆农科所临时交办的其他任务。合同另外约定了工作时间、劳动报酬、劳动纪律、违纪责任等十项内容。伍锐稷提交的 2007 年 4 月 24 日的《肇庆市农科所会议记录》显示："柑橘黄化树项目的工作落实。去年底，市里安排'柑橘黄化树康复技术推广'项目资金 30 万元。所里曾安排伍瑞（锐）稷写出项目的实施计划方案，以便开展工作……"伍锐稷在向一审法院提交的起诉状中称："被告使用了著作权属于我的职务作品……《防治柑橘黄化树高新技术》职务作品的著作权（产权）属于我……本案职务作品是属于《著作权法》第十六条第一款规定的情形，被告对我职务作品只许优先使用而没有著作权。"由此可见：首先，从肇庆农科所安排给伍锐稷的工作任务及伍锐稷完成作品的内容看，肇庆农科所聘用伍锐稷在果树组从事专业技术工作，且肇庆农科所安排伍锐稷撰写柑橘黄化树康复技术推广项目的实施计划方案，伍锐稷在项目申报表上填写《防治柑橘黄化树高新技术》系果树专业技术范畴，属于肇庆农科所安排其完成工作任务的一部分；其次，从本案作品创作的时间看，伍锐稷于 2006 年 9 月 28 日填写《防治柑橘黄化树高新技术》，属于肇庆农科所与伍锐稷签订聘用合同的聘用期限内；再次，从伍锐稷填写的《农业财政资金项目申报标准文本》表的内容看，《防治柑橘黄化树高新技术》系《农业财政资金项目申报标准文本》表的组成部分，《农业财政资金项目申报标准文本》的封面上标注项目名称为"防治柑橘黄化树高新技术"，项目单位为"肇庆市农业科学研究所"，故伍锐稷是以肇庆农科所的名义代表其单位填写该项目申报表，而并非以个人名义填写；此外，从伍锐稷填报《农业财政资金项目申报标准文本》的目的及拨款对象来看，伍锐稷填表的目的是为肇庆农科所向财政部门申请项目专项资金，财政部门拨付财政补助的对象是肇庆农科所而非填表者个人；最后，从伍锐稷向一审法院提交起诉状的内容看，伍锐稷一审起诉时主张其完成的《防治柑橘黄化树高新技术》属于职务作品，申请再审时又主张该作品为个人作品非职务作品，其主张自相矛盾。综上，二审法院认定伍锐稷为完成肇庆农科所的工作任务所创作的《防治柑橘黄化树高新技术》作品属于职务作品并无不当。参见"伍锐稷与被申请人肇庆市农业科学研究所侵害著作权纠纷案"，中华人民共和国最高人民法院（2013）民申字第 1145 号民事裁定书。

第三节　计算机软件著作权的继受归属

计算机软件著作权的继受归属是取得软件著作权的重要途径之一，所谓继受归属，是指在软件著作权的归属已经确定的情况下，软件著作权人因各种原因，通过转让、继承、赠与、司法判决等方式，使自己的软件著作权发生转移，由新的继受人享有该软件的著作权。继受权利人因实际存在的转让、赠与或依司法判决而取得著作权成为继受软件著作权人。上述事实是继受取得成立的必要条件，没有依法继受的事实，继受软件著作权人将不会得到承认。研究计算机软件著作权的继受归属，对于保护软件著作权人的合法权益具有重要的意义。

一、通过转让取得软件著作权

所谓计算机软件著作权的转让是指享有某软件著作权的自然人、法人或者其他组织通过订立转让合同的方式，向另一自然人、法人或者其他组织转让软件著作权中的全部或者部分的一种法律行为。这里的转让方所享有的软件著作权可以是原始取得，也可以是继受取得。也就是说，通过转让获得软件著作权的自然人、法人或者其他组织，在该软件著作权的保护期内还可以向第三方转让其软件著作权。

（一）软件著作权转让的概念

软件著作权的转让，是指软件著作权人通过法律允许的方式将其软件著作权转让给他人的法律行为。在我国，技术领域对转让的理解可分为广义和狭义两种。狭义的理解仅指转让技术所有权的行为，广义的理解则既包括转让技术（知识产权）所有权的行为，也包括知识产权的许可使用。《计算机软件保护条例》所讲的转让为狭义的理解，即软件著作权的转让仅指著作权作为知识产权的转让。软件著作权转移的方式有许多种，如合同方式、继承方式、赠与方式等。① 我们这里讲的"转让"，仅指通过合同方式的转让，

---

① 何红锋. 软件著作权的转移［J］. 软件，1996（6）.

排除了法律事件（如被继承人死亡）和权利人单方行为（赠与）所导致的著作权转移。

我国《计算机软件保护条例》第二十条规定，软件权利的转让应当根据我国有关法规以签订、执行书面合同的方式进行。软件著作权转让活动一旦完成，即意味着产生一个新的软件著作权主体（受让人）。受让人可以再向第三人转让软件著作权，也可以对软件侵权行为单独提出赔偿要求和进行诉讼，受让人获得的权利不再受原软件权利人的控制。软件著作权转让应当在著作权保护期限内进行，同时，软件权利转让活动的发生也不改变该软件著作权的保护期。即软件受让人获得软件权利后，著作权保护期限不会中断或终止，而是继续计算。

（二）软件著作权转让合同的主要条款

软件著作权转让合同是指软件著作权人将软件著作权转让给受让人，受让人支付转让费，双方为明确权利义务而签订的协议。在软件著作权转让合同中，应当写明转让的软件名称及软件性质，对软件的技术规格必须有详细说明①，明确软件交付②与验收的时间、地点和方式，明确转让费的数额及支付办法，约定相关保密义务，约定争议的解决办法等，此外，应当对关键性用词和合同中出现频率较高的用词作出解释，避免在合同履行过程中由于对合同中用词的理解不一致所带来的纠纷③。

"三珠数码软件开发（上海）有限公司与北京昆仑在线网络科技有限公司、上海晟睿信息工程有限公司计算机软件著作权转让合同纠纷案"是关于软件著作权转让的案件，该案中，昆仑公司、晟睿公司和三珠公司2012年12月25日签署的《补充协议》第一条约定，自本协议生效之日起，昆仑公

---

① 技术规格内容一般包括：功能描述，即该软件所能完成处理的全部任务；硬件环境，该软件运行时所必须具备的硬件环境条件，包括计算机型号、存储容量、通道接口等；软件环境，该软件运行时所需要的操作系统、编程语言处理程序以及所需要的其他专门程序等；性能说明，包括该软件运行时的执行速度、输出结果精度、被增强和修改的可能性、对输入错误信息的检测能力、恢复能力等。

② 这里说的交付是指软件著作权载体（如磁盘等）的交付，这种交付并不肯定意味着软件著作权的转让。

③ 刘银良．著作权归属原则之修订：比较法视野下的化繁为简［J］．政治与法律，2013（11）．

司将涉案软件的著作权及相关的其他知识产权全部转让给晟睿公司，昆仑公司不再享有涉案游戏的任何权利。法院认为，《补充协议》已明确约定涉案软件的著作权自协议生效之日起转让给晟睿公司，故涉案软件的著作权在2012 年 12 月 25 日即已转让，晟睿公司根据《补充协议》取得涉案软件著作权。①

二、通过继承取得软件著作权

我国《计算机软件保护条例》第十五条规定，软件著作权属于自然人的，该自然人死亡以后，在软件著作权的保护期内，软件著作权的继承人可以按照我国《继承法》的有关规定，继承《计算机软件保护条例》有关条款规定的除了署名权以外的其他权利。软件著作权属于法人或者其他组织的，法人或者其他组织变更或者终止后，其著作权在《计算机软件保护条例》规定的保护期内，由承受其权利义务的法人或者其他组织享有；没有承受其权利义务的法人或者其他组织的，由国家享有该软件的著作权。该规定将计算机软件著作权的继承分为两种情况，一种是针对公民的继承，一种是针对单位发生变更后的承继。

（一）自然人死亡后其软件著作权的继承

我国《继承法》规定，公民的著作权中的财产权利可以作为遗产继承。按照《计算机软件保护条例》第十五条规定，自然人死亡以后，软件著作权的合法继承人依法享有继承被继承人享有的软件著作权的发表权、修改权、复制权、发行权、出租权、信息网络传播权、翻译权以及使用许可权和获得报酬权等权利，继承活动的发生不改变该软件权利的保护期。继承权的取得、继承顺序等均按照继承法的规定进行。

根据《继承法》的规定，软件著作权的自然人继承可分为法定继承和遗嘱继承两种情况。一是法定继承。如果软件著作权人死亡时没有留下遗嘱，则软件著作权应按法定继承进行继承。软件著作权应按下列顺序继承：第一

---

① 参见"三珠数码软件开发（上海）有限公司因与北京昆仑在线网络科技有限公司、上海晟睿信息工程有限公司计算机软件著作权转让合同纠纷案"，上海市高级人民法院（2017）沪民终 312 号民事判决书。

顺序为配偶、子女、父母；第二顺序为兄弟姐妹、祖父母、外祖父母。继承开始后，由第一顺序继承人继承，第二顺序继承人不继承。没有第一顺序继承人继承的，由第二顺序继承人继承。同一顺序继承人继承遗产的份额，一般应当均等。二是遗嘱继承。继承实质上是被继承人的财产所有权在死后的体现。因此，公民可以对自己的财产作出死后的归属安排①。公民可以立遗嘱处分包括软件著作权中财产权利的个人财产，并可以指定遗嘱执行人。软件著作权人可以立遗嘱将自己的软件著作权指定由法定继承人中的一人或数人继承，如果遗嘱指定的受益人为国家、集体或者法定继承人以外的人，则是遗赠，而不是遗嘱继承。此外，计算机软件著作权的继承根据不同情况需要提供的证明文件包括被继承人的死亡证明，与被继承人的关系证明，继承人身份证明，被继承人有效遗嘱，法院的法律文书等。

（二）法人或者其他组织软件著作权的承继

根据《计算机软件保护条例》第十五条规定，在软件著作权的保护期内，享有软件著作权的法人或者其他组织发生变更、终止后，由合法的继承单位享有该软件的各项权利。这里讲的继承已不是严格法律意义上的继承，实际上是一种承继。对自然人来说，在软件著作权的保护期内，软件著作权的继承者可继承除署名权以外的所有权利。对法人或者其他组织来说，在软件著作权的保护期内，享有软件著作权的单位发生变更、终止后，由承受其权利义务的法人或者其他组织承继其享有该软件的各项权利。无论是自然人继承还是法人或者其他组织承继，都不改变该软件权利的保护期，且继承行为都应发生在软件著作权的保护期内。法人或者其他组织发生变更多半是因为分立、合并、终止等原因，原单位的一切法律责任都由后继单位承担，故因单位变更而转移的软件著作权，是整体地转移，包括精神权利和经济权利。此时，若原单位是软件权利的原始主体，变动后的软件著作权人仍享有开发者身份权，可以在软件上著以自己的名称。这一点和自然人继承不同。法人或者其他组织承继计算机软件著作权需要提供的材料主要有：计算机软件著作权登记申请表，计算机软件著作权登记证书，企业变更证明及其他证

---

① 胡明玉，叶英萍. 法定继承人范围和顺序的立法修正［J］. 海南大学学报（人文社会科学版），2014（2）.

明，承受后的法人或者其他组织的营业执照副本复印件加盖公章等①。

三、通过赠与取得软件著作权

软件著作权人对自己的软件享有专有权，可以在法律允许的范围内根据自己的意志自由处理其权利。因此，软件著作权人可以将自己的软件著作权赠与自然人、法人或者其他组织及国家。所谓赠与，是指软件著作权人将自己享有的软件著作权无偿地部分或者全部转移给其他人享有的一种行为②。赠与可以将全部软件著作权无偿转移，也可以只无偿转移一部分，而保留其他部分。软件著作权人的赠与，可以附有一定的条件。如果是附条件的赠与，则受赠人必须先满足这些条件，才能使软件著作权发生转移。软件著作权的赠与必须履行一定的手续，赠与方能成立，如办理登记手续等。著作权人将其权利赠与之后，自己不再享有软件的相关权利，而著作权的受赠与者依法成为该软件权利人，可依照法律法规的规定行使或处分其享有的权利。

根据赠与对象的不同，计算机软件著作权的赠与可分为三种。一是赠与自然人、法人或者其他组织，此种赠与不仅需要软件著作权人有把自己的软件权利赠与他人的意思表示，而且还需有他人愿意接受的意思表示。软件著作权的赠与合同自双方当事人协商一致后，即发生法律效力③。二是赠与国家，此时国家享有软件著作权，由软件著作权行政管理部门代表国家行使。三是赠与社会公众，当软件著作权人将其软件赠与社会公众时，该软件的著作权就消失了，相当于该软件进入了公有领域，任何人都可以免费使用，但任何人都不能对其主张著作权，不能独占相关软件著作权。软件著作权人将其软件赠与社会公众是一种单方法律行为，只要软件著作权人作出明确的意思表示就发生法律效力，无须履行登记手续。

---

①　高志宏．知识产权理论·法条·案例［M］．南京：东南大学出版社，2016：94.

②　朱一青，曾婧．计算机软件著作权交易课税性质判定及其法律意义［J］．重庆大学学报（社会科学版），2015（6）.

③　黄勤南，尉晓珂．计算机软件的知识产权保护［M］．北京：专利文献出版社，1999：53.

四、通过司法判决取得软件著作权

计算机软件著作权是公民、法人和其他组织享有的一项重要的民事权利，在民事权利行使、流转的过程中，难免发生涉及计算机软件作为标的物的民事关系，也难免发生争议和纠纷。通过司法判决取得软件著作权，是指在民事纠纷中依据法院的终审判决，将软件著作权人享有的软件著作的财产权或财产权的变价作为给对方当事人赔偿而引起的软件著作权的转移。在实践中，通过人民法院审理民事纠纷的最终判决，可以发生软件著作权的转移①。比如，在侵权诉讼或者违约诉讼的赔偿判决中，法院完全可以把侵权方或者违约方所享有的软件著作权进行作价，然后转移给对方当事人，以弥补其所受到的损失。又如，在软件著作权人申请破产时，法院可以将其所拥有的软件著作权作为破产财产予以分配裁定，将软件著作权作为清偿标的转移给债权人。

在司法实践中，常有涉及计算机软件著作权作为诉讼标的的纠纷发生，因而也就出现因人民法院的民事判决、裁定而产生软件著作权的变更，引起软件著作权归属问题。通过司法判决取得软件著作权主要有以下几种情形。一是著作权归属纠纷中，人民法院作出司法裁判，确认软件著作权的归属，从而变更软件著作权原有归属。二是计算机软件的著作权人作为民事纠纷中的债务人，人民法院将其软件著作权判归债权人享有抵债。如侵权诉讼中的赔偿判决，拥有软件著作权的人侵犯他人的财产或人身权，给他人造成损害，经法院判决应当赔偿的情况。又如违约诉讼中的赔偿判决，软件著作权人违反与他人签订的合同，给对方造成损失，由法院判决赔偿损失。三是人民法院作出民事判决，判令软件著作权人履行民事给付义务，在判决生效后执行程序中，其无其他财产可供执行，将软件著作权执行给对方折抵债务。四是根据破产法的规定，软件著作权人被破产还债，软件著作权作为法律规定的破产财产构成的"其他财产权利"，作为破产财产由人民法院判决分配。除了以上的几种情况之外，共有著作权的分割纠纷也会通过司法判决引起著作权的变更②。

---

① 宋歌. 计算机软件法律保护若干问题 [J]. 合作经济与科技，2005（24）.
② 黄勤南，尉晓珂. 计算机软件的知识产权保护 [M]. 北京：专利文献出版社，1999：53.

第五章

计算机软件著作权的许可使用

著作权是作者对创作作品的使用权和处分权，由于复制和传播技术的发展，作品的使用方式也日趋多样化、国际化。随着人们使用作品方式的改变，任何人利用著作权人的作品，几乎都需要获得著作权人的许可。著作权许可使用制度具有实现著作权财产价值、避免侵权、促进作品传播的作用，软件因其所在的信息技术行业的技术性使得著作权许可使用更显重要，这是因为绝大多数的软件交易形式都是使用许可形式，例如经销许可、复制生产许可等。

第一节　计算机软件著作权的使用许可权

许可使用权，指软件著作权人依法享有的许可他人使用软件并获得报酬的权利。《计算机软件保护条例》第八条第二款规定，软件著作权人可以许可他人行使其软件著作权，并有权获得报酬。对于软件著作权人来说，仅享有使用权是不够的，因为在多数情况下，软件开发者只有通过许可他人使用才能实现其开发目的，并为此获得相应的经济利益，许可使用权是权利人行使其软件著作权的一种重要方式①。

---

① 寿步．计算机软件著作权保护：理论阐述·案例分析·法规文件［M］．北京：清华大学出版社，1997：103—104.

一、计算机软件著作权许可使用权的概念

（一）软件著作权许可使用权的含义

所谓软件著作权的许可使用权，是指软件著作权人在软件著作权的保护期限内，享有授权他人在合同规定的条件、范围、时间内，以软件著作权人所享有的权利的方式行使其软件著作权的权利。许可使用是软件著作权人实现其作品市场利益的最常见、最有效的途径，在实践中，由于软件具有功能性、实用性的特征，软件著作权人许可他人行使其软件著作权的情况很多，软件著作权人通过这种授权从被许可人那里获得相应的回报①。

如在游戏天堂电子科技有限公司诉无锡市惠山区堰桥镇星光网吧侵害著作财产权纠纷案中，原告游戏天堂电子科技（北京）有限公司诉称：游戏天堂公司经台湾宇峻奥汀科技股份有限公司授权，取得了《三国群英传》《三国群英传Ⅲ》两部计算机单机游戏软件在中国大陆地区包括信息网络传播权、复制发行权等在内的专有许可使用权，根据授权内容，游戏天堂公司还拥有针对上述游戏软件的侵权行为进行打击并获得赔偿的权利。2010 年 7月，游戏天堂公司发现星光网吧提供上网服务的计算机上都安装有上述游戏软件，该行为未经游戏天堂公司的授权，侵犯了游戏天堂公司的合法权益并造成其经济损失。法院认为，涉案游戏软件的著作权受法律保护。游戏天堂公司经著作权人宇峻奥汀公司的授权，享有涉案游戏软件的复制权、发行权等权利，有权以自己名义提起本案诉讼。星光网吧未经许可，在其经营场所的计算机上安装涉案游戏软件并提供给网吧用户，侵害了涉案游戏软件的著作权，依法应承担停止侵权、赔偿损失等法律责任。正是由于宇峻奥汀公司这一软件著作权人根据《计算机软件保护条例规定》所享有的软件著作权的使用许可权，以及两家公司之间授权的内容、手续都合乎法律规定，才保证

---

① 高志宏. 知识产权理论·法条·案例［M］. 南京：东南大学出版社，2016：99.

了游戏天堂公司的胜诉，从而维护了两家公司的软件著作权的使用许可权①。

（二）软件著作权许可使用权的特征

著作权许可使用是著作权人与使用人就著作权专有权的使用所达成的协议②。由于计算机软件本身的特殊性，软件著作权许可使用权的行使也体现出一定的特殊性。一是软件著作权许可使用具有合意性，软件著作权的许可使用虽然必须由软件著作权人行使，但不是软件著作权人单方的一种"授权"，而是双方在意思自由下达成的结果，应符合意思自治的原则。在意思自治下，软件著作权人可以就同一软件进行不同方式的授权使用③。二是软件著作权的许可使用具有复杂性，对一个软件的使用，软件著作权人可以授予一个使用者以专有使用权，也可以以非专有使用权的使用方式同时授予不同的使用者。由于专有使用受时间、地域的限制，因此，即使授权具有专有性，软件著作权人仍然可以在不同的时间、地域范围再次授权。三是被许可

---

① 该案具体案情为：2010年6月20日，宇峻奥汀公司出具授权委托书，载明将其所附游戏（包括繁体版和简体版）的信息网络传播权、复制发行权等著作权及相关权利独家授权给游戏天堂公司，游戏天堂公司拥有对所涉及的知识产权的侵权行为，包括但不限于针对互联网的下载、传播及各种形式的使用；网吧（包含单机、局域网等情形）的各种形式的使用、传播；打击盗版等进行维权的权利，授权区域为中国（不含香港、澳门、台湾地区）。授权期限自2010年6月20日至2012年6月19日。2012年5月22日，宇峻奥汀公司出具授权委托书，将期限延长至2014年6月19日。授权委托书附件所列的游戏包含《三国群英传》《三国群英传Ⅲ》等单机游戏。2011年2月22日，国家版权局颁发了计算机软件著作权专有许可合同登记证书（编号：软专登字第000485号），该登记证书记载的软件名称为《三国群英传Ⅲ》游戏软件 V1.0，登记号为2011LR0010，授权许可方为宇峻奥汀公司，合同登记人及被授权许可方为游戏天堂公司，地域范围为中国（不包括香港、澳门、台湾地区），授权期限为2009年12月31日至2012年12月31日。2010年8月30日，北京市方正公证处出具（2010）京方正内经证字第08930号公证书，公证书证明星光网吧中计算机安装有涉案游戏软件。公证员证明，与公证书相粘连的《证物袋》中的光盘为公证员依据上述操作刻制所得，网吧建筑外观照片为公证员根据拍照所打印，内容均与实际情况相符。公证书所附光盘中储存有名称为"0726-星光网吧"的word文档，其内容与公证书描述一致。该文档属性中显示的创建时间为2010年7月26日13时15分。参见《游戏天堂电子科技有限公司诉无锡市惠山区堰桥镇星光网吧侵害著作财产权纠纷案》，江苏省高级人民法院（2013）苏知民终字第0019号民事判决书。

② 吴汉东. 知识产权基本问题研究［M］. 北京：中国人民大学出版社，2005：331.

③ 李颖怡. 知识产权法［M］. 4版. 广州：中山大学出版社，2013：94.

人的权利具有局限性，被许可人所获得的仅仅是在约定的地域和期限内以某种特定的方式对软件进行使用的使用权，而不是所有权，软件著作权仍然属于著作权人。被许可人的具体权利及行使以软件著作权人所许可的方式、条件、范围和时间为限，不能超出合同约定的范围。这意味着被许可人不得以未被许可使用的方式使用作品，也不得将这项权利转移给第三人，否则也超出了许可使用的范围①。被许可人对第三人侵犯自己权益的行为，有权根据著作权许可使用合同，以自己的名义向侵权人提起诉讼，但要求保护的权利仅限于许可使用合同中被许可人所享有权利的范围之内。

二、计算机软件著作权许可使用权的法律规定

软件的功能性、实用性的特征决定了其不同于一般的文字作品，一个软件被开发完成后，软件著作权人从自己的经济利益考虑，可以不发表，而是授权他人通过使用的方式进行发表。同时，软件著作权人也可以不署名，而授权他人署名。软件著作权人放弃发表权和署名权，并不会像文字作品那样对著作权人有重大影响②。因此，《计算机软件保护条例》规定，软件著作权人在授权他人行使其软件著作权时，不再受发表权和署名权的限制。关于计算机软件著作权的许可使用的法律规定，具体体现在《计算机软件保护条例》的第三章。《计算机软件保护条例》第三章专门就软件著作权许可使用和转让问题作了规定，该章共5个条文，其中第十八条、第十九条、第二十一条、第二十二条四个条文涉及软件著作权许可使用问题。

《计算机软件保护条例》第十八条对软件著作权许可使用合同的订立及行使要求作了规定，该条规定，许可他人行使软件著作权的，应当订立许可使用合同。许可使用合同中软件著作权人未明确许可的权利，被许可人不得行使。第十九条是关于许可他人专有行使软件著作权的规定，该条规定，许可他人专有行使软件著作权的，当事人应当订立书面合同。没有订立书面合同或者合同中未明确约定为专有许可的，被许可行使的权利应当视为非专有权利。第二十一条对软件著作权专有许可使用合同登记进行了规定，即订立

---

① 王贵国. 中国知识产权法 ［M］. 北京：法律出版社，1999：56.

② 徐玉麟. 计算机软件保护条例释义 ［M］. 北京：中国法制出版社，2002：43.

许可他人专有行使软件著作权的许可合同，可以向国务院著作权行政管理部门认定的软件登记机构登记。第二十二条则是关于向外国人许可软件著作权的特别规定，该条规定，中国公民、法人或者其他组织向外国人许可软件著作权的，应当遵守《中华人民共和国技术进出口管理条例》的有关规定①。

软件著作权人行使软件的许可使用权，必须符合以上法律条款的规定，严格用法律来约束自己的软件许可使用行为，只有这样，才能促进软件著作权许可使用制度的科学发展。

第二节　计算机软件著作权许可使用的类型

德国学者考夫曼指出，类型是建立在一般及特别间的中间高度，它是一种相对具体，一种事物中的普遍性。类型在它与真实接近的以及可直观性、有对象性来看，是相对的不可以被定义，而只能被描述，它让自己在"或多或少"多样的真实中存在②。类型的主要功能在于概括，形成一种直观的、整体的认识。在这个意义上，类型毋宁说是一种思维方式，即所谓类型化思考，正如德国学者指出，当抽象———一般规定及其逻辑体系不足以掌握某生活现象或意义脉络的多样表现形态时，大家首先会想到的补助思考形式是类型③。类型化思考，是人文社会科学中广泛使用的一种思考方法，同样适用于软件著作权许可使用的研究。从学理上将软件著作权的使用许可类型化，有助于对软件著作权使用许可的理解，也有助于司法实践中法律的正确适用。学理上，软件著作权的使用许可包括多种类型，主要有普通许可、专有许可、法定许可及强制许可。

一、普通许可

所谓普通许可，是指软件著作权人允许被许可人在合同规定的方式、条

①　李金庆. 信息时代期刊管理［M］. 北京：光明日报出版社，2005：212.
②　考夫曼. 法律哲学［M］. 刘幸义，译. 北京：法律出版社，2004：190.
③　卡尔·拉伦茨. 法学方法论［M］. 陈爱娥，译. 北京：商务印书馆，2003：337.

件、范围、时间内，以软件著作权人所享有权利的方式，行使其软件著作权的一项或者多项权利。与此同时，软件著作权人保留自己在同样情况下使用该软件，还可同其他法律主体签订内容完全相同的许可协议，从而许可无限多的其他法律主体在相同时间、相同地域范围内以相同的方式使用软件。普通许可是彻底地体现知识产权的无限可分性的一种权利行使方式，理由很简单，在此种许可方式之下，无限多个法律主体在以相同的方式使用着相同的权利客体；无限多个法律主体在以相同的方式行使着相同的权利，而且他们之间不存在任何法律方面的冲突。

在普通许可中，还有一种分售许可，即经过许可方同意，被许可方可以再允许第三方使用该软件。由于独占许可情况下被许可方的使用权具有垄断性，所以《计算机软件保护条例》规定，没有订立书面合同或者合同中未明确约定为专有许可的，被许可行使的权利应当视为非专有权利。

二、专有许可

专有许可，也称为独占许可，是指软件著作权人允许被许可人在合同规定的范围内行使其所享有的权利，并且，软件著作权人在合同规定的期限内，不得再行使其软件著作权，同时也不得再许可他人行使其软件著作权。例如，许可方就其软件发行权授予被许可方在某一地区的独占许可后，除了被许可方以外，任何人不得在该地区内发行该软件，但许可方可以行使其他使用权并允许发行权以外的其他使用权的使用许可。如果许可方就其全部使用权发放了独占使用许可，那么在合同有效期内，许可方对其软件就不能再行使任何使用权。在这种情况下，其使用权在事实上已告穷竭。

从某种意义上说，在许可的时间和地域范围内，专有许可与软件著作权转让实质上并没有区别，也是一种软件著作权的完全让与。但与权利转让不同的是，在许可的时间和地域范围之外，许可人以及经其许可的其他人仍可按照与独占许可相同的方式使用软件著作权。另外，如果合同期限未全部覆盖软件使用权的保护期，在协议期满后，协议所涉及的权利仍然要回归许可人，其可以重新行使软件著作权[1]。

---

[1] 朱效亮. 论计算机软件著作权使用许可合同 [J]. 科技与法律，1991 (5).

三、法定许可

所谓法定许可，是指当某软件具备了法律规定的条件后，他人不经软件著作权人的允许而使用其软件的行为。法定许可虽可以不经软件著作权人的同意就使用其软件，但是应当向软件著作权人支付使用报酬。法定许可中的"法定"，实际上是法律推定著作权人可能并应当同意他人使用、传播其软件，故而由法律直接进行许可，如《计算机软件保护条例》关于软件合理使用的规定。软件著作权法定许可必须满足以下条件：一是必须基于法律的直接规定而产生，而不是主观意定的；二是使用的对象必须是已经发表的软件，软件一经创作完成便立即享有著作权，但并不意味着一定要立即发表；三是只能以特定方式来使用，不能超出法律规定的范围，不能侵犯软件著作权人的其他权利，更不能与法定许可的立法宗旨相违背；四是使用人须向软件著作权人支付报酬，以此与合理使用相区别。法定许可主要涉及对作品的商业性使用，向权利人支付报酬既能体现创作劳动的价值，也能有效弥补权利人期待利益的损失。

法定许可作为一种重要的软件著作权限制度，是在确保和增进权利人利益的前提下对其专有权进行适当的限制，以满足使用者在特定情形下对软件的利用和传播。我们既要保护软件创作者的合法权益，也要保障软件传播者的正当需求，以激励更多的优秀软件作品被创造和传播，从而使社会公众能够共享人类文明的发展成果，实现个人利益与社会公共利益的平衡。

四、强制许可

强制许可，指作品的使用者有基于某种法定的正当理由需要使用他人已发表的作品，但以合理条件和正常途径无法取得著作权人的许可时，经申请由著作权行政管理部门或司法部门授权，即可使用该作品，无须征得著作权人同意，但应当向其支付报酬。强制许可属于在法定的条件下，由著作权行政事务管理部门批准将作品许可给申请人使用的一种作品许可使用方式。此种许可不是著作权人的意志的体现，而是行政强制的结果①。

---

① 王洪友. 知识产权理论与实务［M］. 北京：知识产权出版社，2016：136.

强制许可并不仅仅意味着"强制",而且仍然是一种权利许可。获得强制许可的被许可方仍须与许可方签订许可协议。更重要的是,这种许可协议与一般的许可协议并无任何不同之处,仍属双方当事人协商一致的结果。这说明,获得强制许可的被许可人也必须向许可人支付合理的使用费,并须承担自愿许可协议中被许可人所应承担的一切义务。获得强制许可的被许可人并没有任何优先使用权,其所获得的许可证不是独占性的。在强制许可颁布后,知识产权权利人仍可向其他使用者再颁发相同时间、相同地域、相同方式的权利使用许可。

对软件著作权而言,1991 年《计算机软件保护条例》规定了软件著作权的强制许可①,由于有关知识产权的 TRIPS 协议没有对著作权进行强制许可的规定,因此,修改后的条例也没有涉及对软件著作权的强制许可问题。

第三节　计算机软件著作权许可使用合同的订立

计算机软件著作权使用许可合同,是指软件著作权人或其合法受让人作为许可方与被许可方就许可方将其软件著作权中的使用权授予被许可方行使、被许可方向许可方支付使用费而订立的合同。《计算机软件保护条例》第八条第二款规定,软件著作权人可以许可他人行使其软件著作权,并有权获得报酬,根据该款规定,软件著作权人享有使用许可权。第十八条第一款规定,许可他人行使软件著作权的,应当订立许可使用合同。该条款是对第八条第二款所规定内容的进一步落实,是关于软件著作权许可使用合同订立的规定。

一、计算机软件著作权许可使用合同的订立形式

合同的形式,又称合同的方式,是当事人合意的表现形式。从法律形态

---

① 1991 年《计算机软件保护条例》第十三条第二款规定:"国务院有关主管部门和省、自治区、直辖市人民政府,对本系统内或者所管辖的全民所有制单位开发的对于国家利益和公共利益具有重大意义的软件,有权决定允许指定的单位使用,由使用单位按照国家有关规定支付使用费。"

上，合同形式可以分为约定形式和法定形式两种。约定形式是当事人对于无法定形式要求的合同，约定必须采用一定的形式。法定形式是指法律直接规定，某种合同应当采用某种特定形式。约定形式和法定形式的区别在于：约定形式只能由当事人采用，法定形式必须基于法律的规定；约定形式可以由合同当事人自由选择采用，法定形式则不能由当事人加以选择；约定形式法律效力可以由当事人自由设定，法定形式的法律效力则直接源于法律的规定；约定形式的法律效力只能有证据效力、成立效力和生效效力，没有对抗第三人的效力，而法定形式则具备上述所有效力；约定形式可以由合同当事人协议变更或者废止，法定形式则不得由当事人加以变更和废止①。根据《合同法》的规定②，软件著作权人除可以采用签订书面合同的方式许可他人行使其软件著作权外，还可以采用口头形式或者其他形式许可他人行使其软件著作权。

（一）书面形式

书面形式，是指当事人以书面文字表达协议内容的方式。它的表现形式是以合同书以及任何记载当事人要约承诺和权利义务内容的文件。采用书面形式订立合同，有文字记载，内容也比较完备，容易分清责任。

应当采用书面形式的合同，主要由两种情形，一是法律、行政法规规定采用书面形式，应当采用书面形式。如《计算机软件保护条例》第十九条第一款规定，许可他人专有行使软件著作权的，当事人应当订立书面合同。二是当事人约定采用书面形式的，应当采用书面形式。如对于关系复杂的、比较重要的软件著作权许可使用合同，当事人可约定采用书面形式。

（二）口头形式

口头形式，是当事人以直接对话的方式订立合同。采用口头形式订立软件著作权许可使用合同，比较简便、迅速，但发生纠纷时举证较为困难，难以分清责任。

凡是当事人无约定或者法律未规定特定合同形式的合同，均可以采用口

---

① 崔广平. 论合同的形式［J］. 当代法学，2002（2）.
② 《合同法》第十条规定："当事人订立合同，有书面形式、口头形式和其他形式。法律、行政法规规定采用书面形式的，应当采用书面形式。当事人约定采用书面形式的，应当采用书面形式。"

头形式。如《计算机软件保护条例》第十八条第一款规定，许可他人行使软件著作权的，应当订立许可使用合同。也就是说，只要不是许可他人专有行使软件著作权的，即可采用口头形式。对于不能即时结清或者标的数额较大的软件著作权许可使用合同，不宜采取这种形式。

（三）其他形式

其他形式，一般是指推定形式，主要是默示形式。当事人未用语言、文字表达其意思表示，仅用行为要约、承诺的，对方接受该要约，做出一定或者指定的行为做出承诺，推定为合同成立。

计算机软件著作权许可使用合同在何种情况下应当采用书面形式，在何种情况下可以采用口头形式或者其他形式，除了根据法律法规的规定外，还应当根据对软件的使用方式，使用的地域范围、期限，被许可使用的权利种类和性质、付酬的多寡以及当事人之间的信任程度等多种因素来加以判断。

二、计算机软件著作权许可使用合同的内容

合同的内容，即合同的条款。合同的条款是合同中经双方当事人协商一致、规定双方当事人权利义务的具体条文。合同的权利义务，除法律规定的以外，主要由合同的条款确定。合同的条款非常重要，其是否齐备、准确，决定了合同能否成立、生效以及能否顺利地履行、实现订立合同的目的。《合同法》第十二条对合同主要条款作了规定①，但是，并不是说当事人签订的合同中缺了其中任何一项就会导致合同的不成立或者无效。主要条款的规定只具有提示性与示范性。合同的主要条款或者合同的内容要由当事人约定，一般包括这些条款，但不限于这些条款。不同的合同，由其类型与性质决定，其主要条款或者必备条款可能是不同的。《计算机软件保护条例》并未规定软件著作权许可使用合同的内容，但《著作权法》对著作权许可使用

---

① 《合同法》第十二条规定："合同的内容由当事人约定，一般包括以下条款：（一）当事人的名称或者姓名和住所；（二）标的；（三）数量；（四）质量；（五）价款或者报酬；（六）履行期限、地点和方式；（七）违约责任；（八）解决争议的方法。当事人可以参照各类合同的示范文本订立合同。"

合同的内容作了规定①，计算机软件作为《著作权法》保护的一类作品，软件著作权许可使用合同的内容应适用《著作权法》的有关规定。根据《著作权法》第二十四条第二款的规定，软件著作权许可使用合同包括下列主要内容。

（一）许可行使的权利种类

许可使用的权利种类是许可使用合同中很重要的条款，它直接决定了被许可人的权利大小。如果是独占许可合同，必须有明确的规定，否则被许可的权利只能被视为非独占的。如果是非独占许可当事人，还可以进一步约定是排他性许可还是普通许可②。

许可行使的软件著作权的权利种类揭示了著作权许可使用合同的基本特征，是订立合同其他条款的基础或者前提，是合同成立的必要条件和必备条款③。《计算机软件保护条例》第八条第一款规定，软件著作权人享有发表权、署名权、修改权、复制权、发行权、出租权、信息网络传播权等不同种类的权利。实践中，根据使用人的不同需要，以及软件著作权人许可使用的意愿，许可行使的软件著作权的具体权利种类是不一样的。因为软件具有无形性和可复制性的特点，软件产品的交易，包括软件著作权许可合同，实际上主要是软件使用许可的交易，合同主要是围绕使用权来行使，被许可人所想获得的主要是使用权④。因而，许可行使的软件著作权的权利种类是订立软件著作权许可使用合同时首先需要明确的。如果不明确许可行使的软件著作权的权利种类，其他条款订立得再完美，该合同仍然如同废纸，无法履行。因此，在订立软件著作权许可使用合同时，当事人应当对许可行使的软件著作权的具体权利种类作出清楚、明白的约定，以期准确无误。

---

① 《著作权法》第二十四条规定："使用他人作品应当同著作权人订立许可使用合同，本法规定可以不经许可的除外。许可使用合同包括下列主要内容：（一）许可使用的权利种类；（二）许可使用的权利是专有使用权或者非专有使用权；（三）许可使用的地域范围、期间；（四）付酬标准和办法；（五）违约责任；（六）双方认为需要约定的其他内容。"

② 何红峰. 软件著作权的许可使用［J］. 科技导报，1996（5）.

③ 赵宾，李林启. 知识产权法［M］. 北京：清华大学出版社，2012：212.

④ 薛虹. 数字技术的知识产权保护［M］. 北京：知识产权出版社，2002：89－90.

（二）许可行使的权利是专有使用权或者非专有使用权

根据是否专有使用，软件著作权人许可他人使用其软件的权利可以分为专有使用权和非专有使用权，这里专有的含义是指独占的和排他的，非专有的含义是指非独占的和非排他的。所谓专有使用权，是指在一定的条件下，在一定区域内，软件著作权人授权某人使用其软件，从而该使用人取得对该软件的专有使用权，软件著作权人不得将该软件在授权某人使用期限内再次授权给第三人使用，软件著作权人自己也不得使用。所谓非专有使用权，则是指软件著作权人在授权某人使用其软件的同时，还可以将该软件再授权第三人使用。在这种情况下，使用人取得的使用软件的权利属于非专有使用权。

使用软件的人取得专有使用权还是非专有使用权，由软件著作权人同使用软件的人在合同中约定。根据《计算机软件保护条例》第十九条的规定，如果许可使用的权利是专有使用权，要求更为严格，需要采用书面合同形式。没有订立书面合同或者合同中未明确约定为专有许可的，被许可行使的权利应当视为非专有权利。

（三）许可使用的地域范围、期间

许可使用的地域范围，是指被许可人可以使用软件的空间界限，如一个或者几个国家或者某国内的某一地区。被许可人只能在约定的地域范围内使用软件，否则即构成违约。这方面的约定主要是针对非独占许可而言的。按照目前保护知识产权的趋势看，知识产权所有人特别是软件所有人的后续权利呈增加的趋势。如果涉及软件复制件的发行和销售等问题，双方还可约定发行、销售的地域范围①。

许可使用的期间，是指被许可人可以使用软件的时间界限，是被许可人享有使用权的存续期间，通常表示为自某年某月某日至某年某月某日，也可以表示为自合同订立之日起至某年某月某日为止。期间的长短由当事人在合同中约定，具体应根据软件的生命周期、被许可人的使用需要等因素确定。当然，这一期间的长短与费用有直接的关系。

地域的宽窄和期间的长短由当事人在合同中约定。当事人可以根据软件

---

① 于创新．知识产权实务教程［M］．北京：知识产权出版社，2005：77－78．

的具体情况以及许可使用的权利种类等，在合同中对许可使用的地域范围和期间作出明确约定。

（四）付酬标准和办法

根据《计算机软件保护条例》第八条第二款的规定，软件著作权人可以许可他人行使其软件著作权，并有权获得报酬。也就是说，他人使用软件著作权人的软件，应当向软件著作权人支付报酬，这也是软件使用人应承担的主要义务。报酬一般是指对授权许可使用软件的著作权人支付报酬，软件著作权许可使用合同的双方当事人应当在合同中确定支付报酬的付酬标准和付酬办法。付酬标准和付酬办法既有联系，又有区别。付酬标准一般是确定付酬多少的问题，付酬办法一般是确定怎样付酬的问题。对于使用软件的付酬标准和办法，当事人应当在软件著作权许可使用合同中明确约定。

获得报酬是软件著作权人的主要权利。在软件著作权许可使用合同的签订过程中，这一条款往往会成为双方洽谈的焦点。目前我国对计算机软件的许可使用尚无统一报酬标准，合同双方在考虑报酬数额时，可以从使用软件可能带来的利润及软件开发成本等不同的角度进行考虑。一是使用软件可能带来的利润，这主要是被许可人应考虑的角度，他应当根据可能带来的利润额计算应当支付的报酬使用费。如果软件著作权人对此能够进行估算，也可据此提出报价。二是软件开发成本，这是软件权利人考虑报酬的低限。软件开发成本的计算办法很多，如单件成本计算，指在开发软件过程中，分别编制的程序模块，只有将每个程序模块单件成本算出后相加才能汇总得出整个软件的成本；又如按费用分类计算，这是指按费用类别计算构成成本的各种要素，按费用类别分别计算后相加得出整个软件的成本。一般软件开发的费用包括人员费、外协费、材料费、资料费、差旅费等、管理费等①。当然，在实际商谈报酬时，考虑的因素可能更多一些，双方可根据所许可使用的软件著作权权利种类的多少、使用的地域范围和期间、软件的质量及在社会上影响的程度等因素进行考虑，从而确定价金。现实生活中，一些权利人通过拍卖这种方式来选择软件著作权许可使用合同的相对人，也可作为约定价金

---

① 陈昌柏.国际知识产权贸易［M］.2版.南京：东南大学出版社，2008：423.

的一种方法①。

此外，双方还应在报酬条款中约定报酬的支付方式，根据酬金的数额大小，其支付方式可以分为一次性支付和分期支付。若是选择分期支付，则对于分期支付的具体方式、支付时间要约定好，并约定逾期支付责任，若软件使用人延期支付酬金的，应当按照一定数额支付补偿金；同时，还可以约定一个期限作为合理期限，若是软件使用人在期限到达之后仍未支付的话，则许可使用人有权解除软件著作权许可使用合同并要求其承担赔偿责任。

（五）违约责任

所谓违约责任，又称违反合同的法律责任，是指合同一方或者双方没有履行或者不适当履行合同，依照法律的规定或者按照当事人的约定应当承担的法律责任。违约责任是促使当事人履行合同义务，使对方免受或少受损失的法律措施，也是保证合同履行的主要条款。

违约责任在合同中非常重要，因此一般有关合同的法律对于违约责任都已经作出较为详尽的规定。但法律的规定是原则的，即使细致也不可能面面俱到，照顾到各种合同的特殊情况。软件著作权许可使用合同中，当事人为了特殊的需要，为了保证合同义务严格按照约定履行，为了更加及时地解决合同纠纷，可以在合同中约定违约责任，如约定定金、违约金、赔偿金额以及赔偿金的计算方法等。

（六）双方认为需要约定的其他内容

双方认为需要约定的其他内容，是指除上述条款以外，当事人双方认为有必要约定的内容。

上述五项主要条款，是普遍适用于各种软件著作权许可使用合同的。但是，为了适应各种不同的软件著作权许可使用合同的特点或者需要，当事人还可以在合同中约定其他内容，如发生合同纠纷时的解决方法等。在具体的软件著作权许可使用合同中，当事人如果有一些需要约定的其他内容，也应写入合同中。如保密条款，如果在许可合同的履行中，涉及一些商业秘密特别是技术秘密，则应订立保密条款；培训条款，被许可人在使用软件权利时需接受软件权利人的培训，则应订立培训条款，培训条款一般应规定培训的

---

① 张文德. 知识产权运用［M］. 北京：知识产权出版社，2015：212.

人数、地点、内容和培训量；验收条款，软件著作权人应对该软件在被许可人的计算机上进行移交测试，而被许可人则应在一定期限内完成对软件的验收测试，作出明确的结论；终止条款，该条款应当规定许可合同一旦终止后，双方还应承担哪些义务，特别是对于合同非正常终止时的情况，这种约定是很有必要的①。

三、订立计算机软件著作权许可使用合同应注意的问题

同其他技术合同相比，软件的技术特点更加鲜明，技术含量更高，因此签订软件著作权使用许可合同时，还应注意遵循技术合同的常用条款、约定与软件相关的资料作为合同的组成部分等问题。

（一）遵循技术合同的常用条款

软件著作权许可使用合同作为技术合同，其常用条款首先适用技术合同的常用条款②，如订立技术合同应当遵循的原则、避免无效技术合同的出现等。

当事人订立技术合同，首先应当遵循平等、自愿、公平、诚实信用、遵守法律的基本原则。依据技术合同的特点，当事人订立技术合同，还应当遵循有利于科学技术的进步，加速科学技术成果的转化、应用和推广的原则③，这实际上也是订立软件著作权许可使用合同的双方当事人所必须遵守的基本原则。技术合同是技术成果商品化的法律形式，实行技术合同的目的，是将技术成果推向市场，创造更大的经济效益和社会效益。因此，当事人在订立软件著作权许可使用合同时，应当从推动科学技术进步，促进科技与经济发展出发，确定权利义务，努力研究开发新的计算机软件，促进先进适用的科技成果在生产实践中获得应用，使科学技术更好地为社会主义现代化建设服务。

合同的无效，指合同虽然已经成立，但因其违反法律、行政法规或社会公共利益而被确认为不具有法律效力。我国《合同法》中对哪些合同是无效

---

① 孟国碧. 国际贸易法实验案例教程［M］. 北京：法制出版社，2016：88 - 89.
② 方华. 合同范本与实例大全［M］. 北京：法律出版社，2004：70 - 71.
③ 我国《合同法》第三百二十三条规定："订立技术合同，应当有利于科学技术的进步，加速科学技术成果的转化、应用和推广。"

合同作了详细规定。除此之外，还根据技术合同的特点规定了技术合同无效的两种情形，即非法垄断技术、妨碍技术进步或者侵害他人技术成果的技术合同无效①。非法垄断技术及妨碍技术进步，指合同的一方当事人通过合同条款限制另一方当事人在合同标的技术的基础上进行新的研究开发，限制另一方当事人从其他渠道吸收技术，或者阻碍另一方根据市场的需求，按照合理的方式充分实施专利和使用技术秘密。侵害他人技术成果，指侵害另一方或者第三方的专利权、专利申请权、专利实施权、技术秘密使用权和转让权或者发明权、发现权以及其他科技成果权的行为。订立软件著作权许可使用合同，亦应必须注意避免出现这些使得软件著作权许可使用合同归于无效的情形，从而使该订立软件著作权许可使用合同的行为真正利己利人利社会②。

（二）约定与软件相关的资料作为合同的组成部分

软件著作权许可使用合同中，与履行软件合同有关的技术背景资料、可行性论证和技术评价报告、项目任务书和计划书、技术标准、技术规范、原始设计和工艺文件，以及其他软件技术文档，对合同的及时、全面履行均具有重要的作用，当事人可以约定作为合同的组成部分。另外，软件合同涉及专利的，应当注明发明创造的名称、专利申请人和专利权人、申请日期、申请号、专利号以及专利权的有效期限。

第四节 计算机软件著作权许可使用的合同形式

随着电子信息网络技术的迅速发展，造就了与传统合同不同的新空间、新理念，格式合同经历了由传统格式合同到拆封合同再到点击合同的形式演变过程。作为格式合同的拆封合同和点击合同具有不同于一般格式合同的效力特征，同时也存在着如何协调软件许可使用合同各方当事人利益平衡的问题③。计算机软件使用许可合同主要是以拆封合同和点击合同的形式来订

---

① 《合同法》第三百二十九条规定："非法垄断技术、妨碍技术进步或者侵害他人技术成果的技术合同无效。"

② 陈杰. 论著作权的正当性 ［M］. 北京：知识产权出版社，2016：77 – 78.

③ 刘万啸. 电子合同效力比较研究 ［M］. 北京：知识产权出版社，2010：287.

立的。

一、拆封合同

拆封合同的出现与计算机软件的发展密切相关，计算机软件最初出现时，对软件销售商来说，其产品的销售对象主要是为数不多的计算机用户，普通形式的合同足以保障他们本身的利益、调整交易双方之间的关系。然而，随着计算机的迅速普及，软件的开发与销售已经发展成为一个规模庞大的产业。任何一个普通的用户都可以在市场上轻易买到软件产品，而软件的可复制性意味着任何一个用户都可以拥有该软件成千上万件的复制件，这些复制品在不同用户之间的无偿或低价转移给软件销售商带来了巨大的损失。作为软件销售商，除寻求法律途径保护其权益之外，通过当事人之间的约定以维护自身的权益成为一种可行之路，拆封合同的出现正是这种做法的产物。

（一）拆封合同的概念

拆封合同，主要是指卖方事先制订好一个具有固定条款的标准合同，买方在购买时只有接受或拒绝两种选择，没有谈判的余地，不能对合同条款进行修改或变更。通常情况下，软件的卖方印制好合同后，一般以醒目的方式封装在待出售软件的包装顶部，并且可以使买主不必拆封就能透过薄膜阅读到该许可的条款。一旦打开软件的包装，就被认为接受了该许可中的条款。拆封合同的内容主要是要求用户尊重软件的版权，只能自己使用，不可转借他人，不可复制，不可修改，用完后应予销毁等。这些条款清楚地表明购买软件物质载体的人并不等于买到了软件的版权，用户在使用软件产品时必须严格遵守销售商所指明的使用范围，任何超出范围的使用行为，只要不在法律的保护范围内，都有可能会导致对合同义务的违反，从而产生违约责任。

拆封合同作为一种格式合同，有很多好处，这也是其存在的原因。合同的统一标准文本形式，理性而高效，能够帮助软件生产企业节省合同履行的成本并能够尽量避免风险，这种合同在传统的"有义务阅读"的概念上有其理论基础①。然而，实践中，用户在购买软件、支付价款乃至在安装软件时，往往没有机会阅读，或者即使有机会也不愿阅读一份烦琐冗长、充满法律术语的合同，他们经常是在发生争议时才发现在伴随软件的文件中还有一些限制其权利的"异常条款"。比如，在软件公司提供的合同条款中发现以下内容：要求用户在一定数量的电脑上安装软件，排除生产者的品质担保、对间接损失的担保，规定争议解决方式和适用的法律，限制用户可能要求的救济种类等，这种局面是传统合同法难以应付的。

（二）拆封合同的法律效力

拆封合同是软件大规模零售的产物，正是出于效率和最大限度保护自己权益考虑，软件销售商制订了拆封合同。随着计算机及其软件在世界范围内的普及，拆封合同已出现在各国的软件交易中。在我国的软件交易中，以拆封合同形式存在的合同条款已经是不争的事实。然而，拆封合同作为格式合同对用户而言仍然有许多不利的方面。伴随着拆封合同的出现，关于拆封合同的法律地位及其条款效力的争论就一直在延续。软件销售商和用户为了最大限度地保护自己的利益，在拆封合同上发生争论是必然的。软件销售商想通过制订标准合同，期望在相关法律的直接保护之外，通过约定以加快交易过程、提高效率、攫取最大的利润，在客观上促进了软件产业的发展；用户却希望以尽可能低的价格得到软件和其相关的服务，并限制软件销售商在拆封合同标准化的过程中所形成的优越地位而带来的特权，以保证交易的公平。因而，大多数用户倾向于拒绝承认拆封合同的效力，因为否认拆封合同的效力就意味着拆封合同的条款对当事人不具有约束力，但这却为软件销售商所极力反对②。

拆封合同的效力问题最早出现在美国 Step－Saver 数据系统公司诉 Wyse 技术公司一案中。地方法院作出了拒绝承认印刷在软件外包装盒上的附加条款构成双方合同组成部分的判决。法院认为：首先，即使不考虑这些条款，双方之间仍然有完整而明确的合同；其次，附加条款并没能明确地表明，软

---

① 朱和庆. 知识产权司法保护理论与实务 ［M］. 北京：知识产权出版社，2008：370.

② FINKELSTEIN T, WYATT D C. Shrink－wrap licenses：consequences Of breaking the seal ［J］. St. John's Law Review, 1997, 71 (4).

件销售商要对不遵守附加条款的行为进行起诉；最后，当事人之间有足够的时间和条件进行直接的磋商和谈判，以共同决定合同条款的内容，而没有必要单方制订合同。Step‐Saver 一案的判决表明，法院在确认拆封合同条款的有效性问题上存在着犹豫：考虑到拆封合同的形式对市场发展所产生的影响，地方法院并没有确认一般拆封合同的无效性，而是认为在缺少双方协议的基础上，单方订立并印刷在软件外包装盒上的附加条款不具有约束力，因为法院认为双方当事人有能力进行直接的、面对面的协商。在拆封合同的发展过程中，具有里程碑意义的案例是 Pro‐CD 案。Pro‐CD 案是美国法院第一次明确确认拆封合同的效力的判决。Pro‐CD 公司是一种名为 Select‐Phone 的光盘产品的软件生产商。Select‐Phone 是一种电话名录的数据库。本案被告之一 Matthew Zeidenberg 从 Pro‐CD 公司购买一套 Select‐Phone 软件并将其数据传到互联网上，并向使用其网站的用户收取费用。原告 Pro‐CD 公司发现 Matthew Zeidneberg 的行为后，向联邦地方法院提起诉讼。原告的诉讼理由是被告的行为侵犯其软件版权、违反伴随软件的拆封许可合同条款。面对原告的主张，被告针锋相对地提出原告的软件不受版权法的保护、①拆封许可合同是无效的两项反驳理由。Pro‐CD 案的初审法院判决拆封许可合同无效，被告胜诉。原告对此判决不服，又向美国联邦第七巡回上诉法院提出上诉。上诉法院推翻初审法院的判决，认定拆封合同有效。被告的行为违反了他与原告之间达成的许可协议，应当承担相应的违约责任。Pro‐CD 案的判决，对于实行判例法的美国来讲，其意义在于法院首次承认拆封合同条款的效力②。

　　我国《合同法》第一百三十七条规定："出卖具有知识产权的计算机软件等的标的物，除法律另有规定或当事人另有约定的以外，该标的的知识产权不属于买受人。"这表明我国事实上已更多地将计算机软件的买卖作为一种著作权的许可使用来看待。但《合同法》并没有对拆封合同效力方面的问题作出明确的规定，依据《合同法》的基本原则，如果出现这方面的个案，

---

① 美国联邦最高法院规定，以字母顺序编排的电话簿不具有版权保护所必需的独创性。

② 张平．网络法律评论［M］．北京：法律出版社，2001：68‐69.

对拆封合同应依照《合同法》中有关格式条款和买卖合同的规定进行规范①。

二、点击合同

拆封合同亦非计算机技术发展给合同形式带来的唯一变化，网络的发展使我们经常在网络上看到点击合同，它与拆封合同非常类似，只是表示接受的方式由拆开封条变成了用鼠标点击一下按钮。计算机软件使用许可中，点击合同是常用的一种合同形式。

（一）点击合同的概念

随着信息技术及网络的发展，软件著作权许可使用开始电子化。软件公司为了明确权利人与用户之间的权利义务关系，推出了点击合同。用户从网络上购买软件和安装软件时，总会看到一份长达数页、载有密密麻麻服务条款的文件，在这份文件之下会有"我同意"和"我拒绝"两个按钮，要求用户作出选择，这就是软件许可协议。在对软件提供商的格式条款单击"同意"按钮或点选相关条款后，购买或安装才得以继续。事实上，在用户购买或安装计算机软件的时候，多数用户的选择是跳过这些条款直接点击"我同意"按钮，这就存在着软件权利人利用点击合同而将不平等条款加入软件许可合同中的问题。

点击合同也属于格式合同，因而具有格式合同的诸多特点。点击合同除了具有传统格式合同的预先拟定性、反复适用性、不可协商性以及提供方较之相对方的强势性等一般特点外，还具有一些不同于传统格式合同的自身特

---

① 《合同法》关于格式条款的规定主要是第三十九条到第四十一条。第三十九条规定："采用格式条款订立合同的，提供格式条款的一方应当遵循公平原则确定当事人之间的权利和义务，并采取合理的方式提请对方注意免除或者限制其责任的条款，按照对方的要求，对该条款予以说明。格式条款是当事人为了重复使用而预先拟定，并在订立合同时未与对方协商的条款。"第四十条规定："格式条款具有本法第五十二条和第五十三条规定情形的，或者提供格式条款一方免除其责任、加重对方责任、排除对方主要权利的，该条款无效。"第四十一条规定："对格式条款的理解发生争议的，应当按照通常理解予以解释。对格式条款有两种以上解释的，应当作出不利于提供格式条款一方的解释。格式条款和非格式条款不一致的，应当采用非格式条款。"

性。一是点击合同主体的特殊性。传统格式合同一般是合同当事人双方面对面所签订，而点击合同则以网络为媒介，在虚拟空间所订立，当事人双方并未谋面。传统格式合同提供方一般是大型企业、公司或其他组织等，相对方一般是普通消费者，而点击合同提供方中大型网络内容提供商占据了重要数量，而相对方则是在线用户和在线消费者。二是表现形式上的特殊性。传统格式合同通过书面纸质形式表现，而点击合同则是呈现于网络空间中，表现为"电子讯息"或"数据电文"等形式。这也导致诸如合同排版、格式等其他诸多表现形式上的差异。并且，这种表现形式上的差异还直接导致在合同签订和取证上，传统格式合同的签订一般一式多份，至少合同提供方和相对方会各保留一份，以作为今后发生纠纷所依据的重要书面证据。而由于点击合同发生于虚拟网络，往往难以保存，极易丢失或者遭到破坏，因此，若要取证，则很多时候只能通过所保留的网络页面等网络信息形式来获得。①

（二）点击合同的效力

由于点击合同具有不同于拆封合同的特点，即所有点击合同都是在当事人有机会阅读协议条款后，再通过选择同意按钮完成订立合同的过程的。网页的设计使用户很难否认在他做出选择之前曾经见到过点击合同的条款，协议条款可以被视为要约，而点击行为可以被视为以行为构成承诺，因此法院更容易承认点击合同的有效性②。我国《合同法》第十条规定，当事人订立合同，有书面形式、口头形式和其他形式。通过点击行为订立合同已成为可能，点击行为可以被视为该条中的"其他形式"。

实践中，对于软件的生产者而言，采取有效的步骤为软件的使用者提供足够的注意，能够提高法院在断案时确认软件使用许可协议有效的可能性的概率。对于软件的使用者而言，软件的使用者在安装软件的过程中应当耐心。他们应当意识到自己正在进行着一项法律事务，花几分钟去仔细阅读使用许可协议的条款还是值得的。总之，应通过双方的努力，让软件用户了解协议的内容，提高软件的使用者同意和接受协议条款的可能性，创造一个有

---

① 江必新. 最高人民法院指导性案例裁判规则理解与适用（合同卷四）［M］. 北京：中国法制出版社，2015：23.

② 方木云. 软件工程［M］. 北京：清华大学出版社，2016：136.

效的合同。

第五节　计算机软件著作权许可使用合同的登记

对于软件著作权许可使用合同是否需要向管理部门登记，理论界存在不同看法。一种观点认为，软件著作权许可使用合同受让方应按照相关要求备案，否则不能合法地取得许可合同中约定的软件著作权，不受法律保护①。另一种观点则认为，软件著作权许可使用合同受让方不管是否按照相关要求备案，合同在双方当事人之间仍然具有约束力，只是不能对抗第三者的侵权活动，这里的第三者，应当仅仅指善意第三人，以免被恶意者用来侵犯他人权益。现行《计算机软件保护条例》第二十一条规定，订立许可他人专有行使软件著作权的许可合同，可以向国务院著作权行政管理部门认定的软件登记机构登记。根据这一规定，软件著作权专有许可使用合同的登记实行自愿登记原则，也就是说，合同当事人既可以办理登记，也可以不办理登记。即使当事人订立的合同是普通的软件著作权许可使用合同，也可以向软件登记机构登记②。

一、计算机软件著作权许可使用合同登记的意义

同普通的软件著作权许可使用合同相比，软件著作权专有许可使用合同对软件著作权人的影响较为重大，因而《计算机软件保护条例》第二十一条规定了软件著作权专有许可使用合同的自愿登记制度，可以引导人们前去登记，有助于定纷止争。

具体来说，软件著作权许可使用合同登记的意义体现在几个方面。一是能帮助软件著作权人明确权利归属，防止他人侵权，从而可以减少相关权利纠纷。二是能帮助软件著作权人维权，在发生软件著作权纠纷时，软件著作

---

① 1991 年《计算机软件保护条例》第二十七条规定："凡已办理登记的软件，在软件权利发生转让活动时，受让方应当在转让合同正式签订后三个月之内向软件登记管理机构备案，否则不能对抗第三者的侵权活动。"
② 罗立新. 知识产权依法维权手册［M］. 北京：金盾出版社，2013：62.

权人要证明自己权利人的身份比较困难。为此，原告常常需要拿出证明材料、受让或许可使用的合同等作为权属证据。在拿出前述证据相对困难时，根据《计算机软件保护条例》及相关司法解释的规定，软件登记机构发放的登记证明文件是登记事项的初步证明，是著作权人证明其权利人身份的证据。三是能保护软件著作权交易安全，促进软件著作权产业的发展。随着软件著作权交易的频繁与规模的扩大，由于软件著作权客体的无形性，"一女多嫁"的现象时有出现。为此，被许可人在获得授权时，为保护交易安全，就需要通过登记了解软件著作权的权属状态以及变动情况，以减少交易风险。四是有助于社会监督软件著作权侵权行为，有利于著作权行政部门打击侵权盗版。通过软件著作权登记，社会公众可以在著作权登记数据库中查寻软件著作权的真实情况，一旦发现软件著作权侵权盗版行为，可以向著作权行政部门举报，请求其查处侵权行为。另一方面，著作权行政部门也可以通过著作权登记数据库，及时了解软件著作权侵权的状况，制定有效地打击侵权盗版的措施①。

总之，对软件著作权许可使用合同进行登记，不仅有利于对软件著作权人的合法权益进行保护，而且有利于维护软件著作权许可使用交易的安全，从而维护双方利益，并促进软件资源的高效利用与创新发展。一旦出现软件著作权许可使用合同纠纷，登记文件将是解决纠纷的重要依据之一，能够高效定纷止争。

二、计算机软件著作权许可使用合同登记的申请与审批

为促进我国软件产业发展，增强我国信息产业的创新能力和竞争能力，贯彻《计算机软件保护条例》，针对计算机软件的特殊性，中华人民共和国国家版权局于2002年2月20日发布了《计算机软件著作权登记办法》，该办法明确规定，国家著作权行政管理部门鼓励软件登记，并对登记的软件予以重点保护，该办法适用于软件著作权登记、软件著作权专有许可合同和转让合同登记。根据《计算机软件著作权登记办法》，软件著作权许可使用合同的登记主要包括以下事项。

---

①　刘旭明，王晋刚. 知识产权风险管理［M］. 北京：知识产权出版社，2014：170.

（一）登记申请

软件著作权专有许可合同当事人可以向中国版权保护中心申请合同登记，申请合同登记时，应当提交按要求填写的合同登记表、合同复印件、申请人身份证明等材料①。中国版权保护中心是国家版权局认定的唯一软件著作权专有许可合同登记机构，除北京地区设有软件著作权代办机构，其他各地都需要在中国版权保护中心进行登记。登记申请应当使用中国版权保护中心制定的统一表格，并由申请人盖章（签名）。申请表格应当使用中文填写，提交的各种证件和证明文件是外文的，应当附中文译本。申请登记的文件应当使用国际标准 A4 型 297mm 乘以 210mm 纸张②。

软件著作权专有许可合同登记申请文件可以直接递交或者挂号邮寄，申请人向中国版权保护中心邮寄的各种文件，以寄出的邮戳日为递交日。信封上寄出的邮戳日不清晰的，除申请人提出证明外，以收到日为递交日。中国版权保护中心邮寄的各种文件，送达地是省会、自治区首府及直辖市的，自文件发出之日满十五日，其他地区满二十一日，推定为收件人收到文件之日③。申请人因不可抗力或其他正当理由，延误了《计算机软件著作权登记办法》规定或者中国版权保护中心指定的期限，在障碍消除后三十日内，可以请求顺延期限④。

软件著作权专有许可合同登记人可以对已经登记的事项作变更或者补充，申请登记变更或者补充时，申请人应当提交按照要求填写的变更或者补充申请表、登记证书或者证明的复印件、有关变更或者补充的材料等⑤。申请人在登记申请批准之前，可以随时请求撤回申请⑥。中国版权保护中心要求申请人补正其他登记材料的，申请人应当在 30 日内补正，逾期未补正的，视为撤回申请⑦。

---

① 见《计算机软件著作权登记办法》第十四条。
② 见《计算机软件著作权登记办法》第十七条。
③ 见《计算机软件著作权登记办法》第三十二条。
④ 见《计算机软件著作权登记办法》第三十三条。
⑤ 见《计算机软件著作权登记办法》第十六条。
⑥ 见《计算机软件著作权登记办法》第十五条。
⑦ 见《计算机软件著作权登记办法》第二十二条。

（二）审查批准

对于软件著作权专有许可合同登记的申请，以收到符合规定的材料之日为受理日，并书面通知申请人①。中国版权保护中心应当自受理日起60日内审查完成所受理的申请，申请符合《计算机软件保护条例》和《计算机软件著作权登记办法》规定的，予以登记，发给相应的登记证书，并予以公告②。登记证书遗失或损坏的，可申请补发或换发③。

有下列情况之一的，不予登记并书面通知申请人：一是表格内容填写不完整、不规范，且未在指定期限内补正的；二是提交的鉴别材料不是《计算机软件保护条例》规定的软件程序和文档的；三是申请文件中出现的软件名称、权利人署名不一致，且未提交证明文件的；四是申请登记的软件存在权属争议的④。

对于已经登记的软件著作权专有许可合同，国家版权局根据最终的司法判决或者著作权行政管理部门作出的行政处罚决定，可以撤销登记⑤；中国版权保护中心可以根据申请人的申请，撤销登记⑥。

对于软件著作权许可使用合同登记，必须按照《计算机软件著作权登记办法》的相关规定进行，否则不能高效顺利完成登记，将可能会给软件著作权人自己带来损失，而且完成相关登记对软件著作权人来说是百利而无一害的。因此一旦签订软件著作权专有许可合同，双方当事人最好及时办理登记事宜。

---

① 见《计算机软件著作权登记办法》第十九条。
② 见《计算机软件著作权登记办法》第二十条。
③ 见《计算机软件著作权登记办法》第二十五条。
④ 见《计算机软件著作权登记办法》第二十一条。
⑤ 见《计算机软件著作权登记办法》第二十三条。
⑥ 见《计算机软件著作权登记办法》第二十四条。

第六章

计算机软件著作权的限制

与其他知识产权一样，著作权也不是绝对的专有权和独占权，也不是没有时间限制的永恒权。世界各国的著作权法在充分保护著作权人的各项合法权益的同时，为了避免著作权变成传播人类优秀文学艺术和科学作品的障碍，使公众能够及时获取新知识，促进软件产业和国民经济信息化的发展，对著作权人享有的各项权利都作出了一定的限制。对著作权人权利的限制主要体现在两个方面：一是设置了保护期限，对著作权人权利的保护并非永久保护，而是有期限的，一般对著作权中的财产性权利的保护期都是自作品发表之日起 50 年；二是规定了侵犯著作权的例外，法律保护著作权人的著作权不受侵犯，但又规定了著作权的法定许可使用、合理使用等原则的例外情况，即在某些特定的情况下使用人可以不经著作权人许可，不向其支付报酬而对著作权人的作品合理使用。计算机软件作为一种特殊作品，对软件著作权人享有的权利也应当予以限制。《计算机软件保护条例》对软件著作权的限制主要体现在软件保护范围的限制、软件著作权保护期限的限制、软件使用的限制、软件著作权人修改权和复制权的限制、软件表达方式的限制等五个方面。

第一节　计算机软件著作权保护范围的限制

正如《著作权法》的立法目的是平衡对作者著作权的保护和作品的社会贡献一样，为了鼓励创新，加大国家对新兴科技产业的扶持，《计算机软件保护条例》在注重对软件著作权人的权利进行保护的同时，也会衡量软件产业的整体发展趋势。这就需要对软件的保护范围进行一定的限制，这种限制不能过窄，以免伤害了著作权人创新的积极性，抑制软件更新换代的速度；但也不能过宽，以免制约了软件产业的发展。

一、计算机软件著作权保护范围限制的发展及内容

（一）计算机软件保护范围限制的发展

虽然软件保护的范围在立法和司法实践中都具有一定的模糊性，但世界范围内的发展趋势却是一致的，即都在逐步规范对软件保护范围的限制。如英国法院裁决的SAS案对计算机软件的保护范围作出了进一步明确的限制，该案认定计算机程序中的程序语言、程序功能和数据文件格式不受著作权保护①。SAS案对世界软件产业影响广泛，对我国计算机软件著作权保护范围的立法完善和司法实践也具有一定的参考意义。

1991年我国《计算机软件保护条例》第七条对计算机软件保护范围的限制作出了规定，根据该条规定，《计算机软件保护条例》对软件的保护不能扩大到开发软件所用的思想、概念、发现、原理、算法、处理过程和运行方法。2001年国务院重新颁布的《计算机软件保护条例》第六条规定了计算机软件保护范围的限制，即对软件著作权的保护不延及开发软件所用的思想、处理过程、操作方法或者数学概念等。2011年及2013年《计算机软件保护条例》均沿用了2001年的规定。通过新旧条文对比可以发现，现行《计算机软件保护条例》对计算机软件保护范围限制的规定更加科学合理。一是表述更准确，现行《计算机软件保护条例》规定的"对软件著作权的保护"比1991年《计算机软件保护条例》"对软件的保护"更加准确，突出了计算机软件的著作权保护。二是限制范围的扩大，1991年《计算机软件保护条例》对软件保护限制范围的规定单纯采取列举的方式，难以满足现实生活不断变化发展的需求，在计算机软件纠纷的处理中，法院也没有自由裁量权；现行《计算机软件保护条例》对软件著作权保护的限制范围改为列举加概括的立法模式，无形中扩大了限制的范围，在列举加概括的立法模式下，法律能够抽象概括所有的限制范围，具有较大的弹性，法官的自由裁量权也较大，有利于灵活适用法律。

---

① 肖声高. 以SAS案为例论计算机程序著作权的保护范围［J］. 西安电子科技大学学报（社会科学版），2013（1）.

三是模糊了"算法"的法律属性。1991 年《计算机软件保护条例》明文规定"算法"不受软件著作权的保护，现行《计算机软件保护条例》则在列举中将"算法"剔除，其是否涵盖在概括列举的范围内，会因算法是标准算法或者具体算法而不同，也会因为具体案件中的不同情况而异。

（二）计算机软件保护范围限制的内容

软件领域专业人士一般认为，计算机软件包括文档、程序和程序指向的数据三部分，而《计算机软件保护条例》规定：计算机软件仅包含程序和文档，而忽略了程序所指向的数据，这使得司法实践中的运用也在一定程度上体现了软件著作权保护范围的狭窄。

《计算机软件保护条例》第六条明确规定，对软件著作权的保护不延及开发软件所用的思想、处理过程、操作方法或者数学概念等。具体来说，开发软件所用的思想是软件开发过程中的设计方案、构思技巧和功能的构想，处理过程和操作方法是指设计程序所实现的过程中涉及的处理步骤、操作流程、算法等具体操作，具体体现是完成某项功能的程序。数学概念等属于计算机软件基本理论的范围，是设计开发软件不可或缺的理论依据，属于社会公有领域。

二、计算机软件著作权保护范围限制的司法认定

《计算机软件保护条例》第六条对计算机软件保护范围限制的内容采取了列举加概括的立法模式，虽然有其有利的方面，但也增加了司法实践中的判断难度。而司法认定是实施《著作权法》《计算机软件保护条例》及其相关法律规范的一种重要方式，通过司法实践中的具体案例，能够更好地理解计算机软件著作权保护范围限制的问题。

（一）软件用户界面的著作权保护问题

依据《计算机软件保护条例》第二条对计算机软件的定义，就计算机软件客观范畴而言，软件著作权的保护范围仅限于计算机程序和文档。《计算机软件保护条例》第三条规定，计算机程序，是指为了得到某种结果而可以由计算机等具有信息处理能力的装置执行的代码化指令序列，或者可以被自动转换成代码化指令序列的符号化指令序列或者符号化语句序列。同一计算机程序的源程序和目标程序为同一作品。文档，是用来描述程序的内容、组

成、设计、功能规定、开发情况、测试结果及使用方法的文字资料和图表。如程序设计说明书、流程图、用户手册等。

　　用户界面是计算机程序在计算机屏幕上的显示与输出，是用户与计算机之间交流的平台，具有较强的实用性。用户通过用户界面操作计算机程序，用户界面则向用户显示程序运行的结果。在北京久其软件股份有限公司与上海天臣计算机软件有限公司著作权纠纷案中，一个最大的争议焦点就是用户界面享不享有著作权，是不是属于软件保护范围。在庭审过程中，久其公司将久其软件用户界面与天臣公司天臣软件的用户界面进行了分页对比。经比对，久其公司与天臣公司软件的用户界面均系图形用户界面，即用户通过控制图形化的功能（而不是输入命令）与程序进行通信，图形用户界面一般由菜单栏、对话框、窗口、滚动条等要素组成。另查明，久其公司久其软件的源程序、目标程序与天臣公司天臣软件的源程序、目标程序均不相同。法院认为，用户界面的实用性要求用户界面的设计必须根据用户的具体需求，并尽可能借鉴已有用户界面的共同要素，以符合用户的使用习惯，为用户所接受。用户界面是否构成作品，应当根据其具体组成予以具体分析。而通过比对分析，最终认为该界面不能称之为作品，不属于软件保护范围，因此不予保护。一审判决驳回了北京久其软件股份有限公司的诉讼请求，原告不服一审判决提出上诉，上诉法院经过审理维持原判①。

----

① 该案具体案情为：北京久其北方软件技术有限公司系《财政部会计报表软件》（简称"久其软件"）的原始著作权人，2001 年 12 月 18 日，久其软件著作权的各项权利由久其公司继受。久其软件系根据财政部会计决算报表编制工作要求而设计的一套报表管理软件，主要实现企业财务数据的录入、装入、汇总、审核、打印、传出等功能。2003 年 9 月，天臣公司根据上海市国有资产监督管理委员会对企业资产年报数据处理、上报的要求，开发完成《上海市国资委统计评价管理平台软件》及《资产年报（2003 录入版）系统软件》（简称"天臣软件"）并对外销售。天臣软件是与久其软件具有相同功能的报表管理软件。就用户界面具体内容而言，久其公司与天臣公司软件的用户界面在以下几个方面相同或相似：部分菜单相似，部分按钮名称基本相同，部分用户界面中的信息栏目名称基本相同，按钮功能的文字说明基本相同，部分表示特定报表的图标相同，部分用户界面布局相似。2004 年 5 月，久其公司以天臣公司天臣软件抄袭久其软件用户界面，侵犯了久其公司久其软件用户界面著作权为由，向法院提起诉讼。参见《北京久其软件股份有限公司与上海天臣计算机软件有限公司著作权纠纷案》，上海市高级人民法院（2005）沪高民三（知）终字第 38 号民事裁定书。

（二）计算机字体的著作权保护问题

文字不仅在乎形，亦在乎形给人带来的美感。因为文字不仅是用来记录语言的符号，在现代视觉传达设计中，文字的图形美给人的艺术感染力使其尤为重要。字体设计是随着人类文明的发展而逐步产生并走向成熟的，在现代生活中有着越来越重要的意义。随着计算机技术不断完善，文字设计走向了更广阔的空间，出现了许多新的表现形式。利用计算机的各种图形处理功能，既可以将字体从结构、边缘、肌理等方面进行种种处理，产生一些全新的视觉效果，又可以运用各种方式对字体进行编排组合，使字体在图形化方面走上新的途径，如不同制版印刷、工艺手段形成类似木版印刷、网点、投影、立体构成等效果或形成文与图的组合、群化的汉字组成图形、特殊的材料肌理及影像动感等效果①。

随着计算机字体字库的发展，计算机字体的著作权保护问题也随之而来。在北京北大方正电子有限公司诉暴雪娱乐股份有限公司等侵犯著作权纠纷案中，就涉及字体的著作权保护问题。北大方正公司认为，暴雪公司等在《魔兽世界》游戏客户端中，未经许可复制、安装了北大方正公司享有著作权的 5 款字体，并在游戏运行过程中的各种游戏界面分别使用了这 5 款字体，侵犯了北大方正公司对这 5 款字体的计算机软件著作权以及其中每个汉字的美术作品著作权②。北京市

---

① 彭馨弘. 计算机辅助平面设计 ［M］. 北京：机械工业出版社，2011：15.

② 该案具体案情为：北大方正电子有限公司是方正兰亭字库 V5.0 版中的方正北魏楷体 GBK、方正细黑 – GBK、方正剪纸 GBK，方正兰亭字库 V3.0 版中的方正隶变 GBK，方正兰亭字库 V1.0 版中的方正隶变 GB 字体等 5 款方正字体的权利人。暴雪公司是网络游戏《魔兽世界》的版权所有人，其授权上海第九城市信息技术有限公司对网络游戏进行汉化，并由第九城市公司在我国大陆地区运营该网络游戏。九城互动信息技术（上海）有限公司从第九城市公司经营该游戏的收入中进行分成并作为 2005 年、2006 年该游戏的会计核算主体。北京情文图书有限公司是第九城市公司授权的网络游戏《魔兽世界》客户端软件光盘经销商之一。北大方正公司认为，暴雪公司等在《魔兽世界》游戏客户端中，未经许可复制、安装了北大方正公司享有著作权的上述 5 款字体；在该游戏运行过程中，各种游戏界面的中文文字分别使用了上述 5 款字体。这一行为侵犯了北大方正公司对上述 5 款字体的计算机软件著作权以及其中每个汉字的美术作品著作权，向北京市高级人民法院提起诉讼，请求判令其停止侵权、赔礼道歉并赔偿经济损失 4.08 亿元。参见《北京北大方正电子有限公司诉暴雪娱乐股份有限公司等侵犯著作权纠纷案》，中华人民共和国最高人民法院（2010）民三终字第 6 号民事判决书。

高级人民法院认为，依据《计算机软件保护条例》相关规定，涉案 5 款字体不属于计算机软件保护范围，驳回了原告的诉讼请求。原告不服，提出上诉。最高人民法院认为，根据《著作权法实施条例》第二条的规定，著作权法意义上的作品是指文学、艺术和科学领域内具有独创性并能以某种有形形式复制的智力成果。本案中，诉争的字库由 5 款字体组成。根据北大方正公司陈述的字库制作过程，其字库中相关字体是在字型原稿的基础上，由其制作人员在把握原创风格的基础上，按照印刷字的组字规律，将原创的部件衍生成一套完整的印刷字库后，再进行人工调整后使用 Truetype 指令，将设计好的字型用特定的数字函数描述其字体轮廓外形并用相应的控制指令对字型进行相应的精细调整后，编码成 Truetype 字库。根据其字库制作过程，由于印刷字库中的字体字型是由字型原稿经数字化处理后和由人工或计算机根据字型原稿的风格结合汉字组合规律拼合而成，其字库中的每个汉字的字型与其字形原稿并不具有一一对应关系，亦不是字型原稿的数字化，且在数量上也远远多于其字型原稿。印刷字库经编码形成计算机字库后，其组成部分的每个汉字不再以汉字字型图像的形式存在，而是以相应的坐标数据和相应的函数算法存在。在输出时经特定的指令及软件调用、解释后，还原为相应的字型图像。根据《计算机软件保护条例》第二条规定，计算机软件是指计算机程序及有关文档。计算机程序是指为了得到某种结果而可以由计算机等具有信息处理能力的装置执行的代码化指令序列，或者可以被自动转换成代码化指令序列的符号指令序列或者符号化语句序列。本案中，诉争字库中的字体文件的功能是支持相关字体字型的显示和输出，其内容是字型轮廓构建指令及相关数据与字型轮廓动态调整数据指令代码的结合，其经特定软件调用后产生运行结果，属于计算机系统软件的一种，应当认定其是为了得到可在计算机及相关电子设备的输出装置中显示相关字体字型而制作的由计算机执行的代码化指令序列，因此其属于《计算机软件保护条例》第三条中规定的计算机程序，属于我国《著作权法》意义上的作品，依法应予以保护。

第二节 计算机软件著作权保护期限的限制

法律赋予著作权人以著作财产权，乃是基于法律尊重作者因设计完成其文学艺术形式而获得相应的利益。但是任何新作品都是产生于人类已有文明成果的基础之上的，所以，对任何作品的支配权都不应当被永久地独占。在实现了对作者创作劳动成果的合理回报和对创造性劳动的有效鼓励之后，对作品的支配与利用应当转化为全社会共享的公共财富。根据这一原则，我国《著作权法》对著作财产权规定了一定的时间界限。《著作权法》中对作品权利的限制，根据不同的主体分别作了详细的规定。计算机软件因其生命周期的特殊性，在《计算机软件保护条例》的制订、修改过程中，最终和其他作品一样，保持了 50 周年的保护期限，但在财产权和人身权的保护期限、起算日期等方面又没有同《著作权法》一样进行严格的区分。

一、计算机软件著作权保护期限的计算

著作权的保护期限是著作权人对权利对象享有专有权的时间界限，在这一界限内，著作权受法律的保护，期限一旦届满，对象即进入公有领域，不再受法律的保护，任何人都可以自由地、无偿地加以利用。如何计算著作权的保护期限，关乎著作权人的权利保护和社会公众的利益。计算机软件作为《著作权法》保护的一类作品，亦存在著作权保护期限的计算问题。

（一）著作权保护期限计算方法的立法例

著作权保护期限的计算方法，也就是确定作者生前或去世后著作权有效期的开始与终止的方法，各国一般都通过版权法、民法、刑法或诉讼法来规定版权保护期限的计算方法。

概括起来，目前国际上关于著作权保护期限的计算方法有死亡起算主义和发表起算主义两种立法例①。一是死亡起算主义，即著作权的保护期限为作者终生加死后的若干年限，该立法例的起算日期并非作者死亡的确切时

---

① 冯晓青. 知识产权法 [M]. 2 版. 武汉：武汉大学出版社，2014：53.

间，而是从死亡之年年末（通常为 12 月 31 日）或翌年年初（通常为 1 月 1 日）起计算。目前，大多数国家采这种立法例①，《伯尔尼公约》《世界版权公约》亦采用这种方法。二是发表起算主义，即著作权从作品发表之年年末（通常为 12 月 31 日）或者翌年年初（通常为 1 月 1 日）起的若干年限内受到法律保护，与作者生存与否无关，美国、菲律宾等为数不多的国家采用此方法。比较两种方法，我们可以看到，死亡起算主义与发表起算主义各有利弊。一般情况下，确定作者的死亡日期（不要求确切到具体的月、日）比确定作品的首次发表日期要容易得多，并且也更容易执行。但是，如果无法确定作者的死亡日期时，就只能运用首次发表日期的计算方法。比如，对享有作品著作权的法人或其他组织而言，由于法人或者其他组织没有自然人意义上的生命期限，其存续期间可长可短，也就无法确定作者的死亡日期，采用首次发表主义计算其保护期比死亡起算原则更合理、更实用。

（二）计算机软件著作权保护期限的计算方法

我国《著作权法》兼采死亡起算主义和发表起算主义两种立法例。权利主体是自然人（摄影作品除外）的，其作品的著作财产权和发表权的保护期的规定采死亡起算主义；权利主体是法人的，其作品和部分特殊作品的著作财产权和发表权的保护期的规定采发表起算主义②。

为了充分体现不同计算方法的优点，避免单一的计算方法带来的不便。《计算机软件保护条例》对计算机软件著作权保护期限的计算方法也采用了死亡起算主义和发表起算主义相结合的办法。对主体进行区分，因自然人的死亡日期更易确定，因此对自然人的软件著作权保护期限按照死亡起算原则

---

① 李雨峰. 著作权法［M］. 厦门：厦门大学出版社，2006：105.

② 《著作权法》第二十一条规定："公民的作品，其发表权、本法第十条第一款第（五）项至第（十七）项规定的权利的保护期为作者终生及其死亡后五十年，截止于作者死亡后第五十年的 12 月 31 日；如果是合作作品，截止于最后死亡的作者死亡后第五十年的 12 月 31 日。法人或者其他组织的作品、著作权（署名权除外）由法人或者其他组织享有的职务作品，其发表权、本法第十条第一款第（五）项至第（十七）项规定的权利的保护期为五十年，截止于作品首次发表后第五十年的 12 月 31 日，但作品自创作完成后五十年内未发表的，本法不再保护。电影作品和以类似摄制电影的方法创作的作品、摄影作品，其发表权、本法第十条第一款第（五）项至第（十七）项规定的权利的保护期为五十年，截止于作品首次发表后第五十年的 12 月 31 日，但作品自创作完成后五十年内未发表的，本法不再保护。"

进行规定；因法人或其他组织存续时间的不确定性，对法人或者其他组织的软件著作权保护期限则按照发表起算原则进行规定，具体体现在《计算机软件保护条例》第十四条的规定。

二、计算机软件著作权保护期限限制法律规定的变化

1994 年的 TRIPS 第十条中明确规定，将计算机程序作为文字作品予以保护。其后，世界知识产权组织于 1996 年 12 月 20 日通过的《世界知识产权组织版权条约》（WCT）第 4 条也做了同样的规定。至此，计算机软件采用版权法进行保护成为国际上的主流①。

（一）1991 年《计算机软件保护条例》关于软件著作权保护期限限制的规定

软件是一种高新技术产品，虽然其功能卓著，但更新换代的速度过快。从软件出现到现在，不过短短的 50 余年的时间，但早期开发的软件已完成其历史使命，对后人已不再有多少影响力，甚至 10 年前发表的软件也在逐步退出历史舞台，也就是说，软件的生命周期一般在 10 年左右。由此可见，与小说、绘画、词曲相比，软件在对世人精神方面的影响是次要的。因此，对软件著作权的保护期限比对文字作品的保护期限短一些，并不会对软件著作权人造成多大的实质性影响。

基于此，我国 1991 年《计算机软件保护条例》第十五条规定，软件著作权的保护期为 25 年，截止于软件首次发表后第 25 年的 12 月 31 日。保护期满前，软件著作权人可以向软件登记管理机构申请续展 25 年，但保护期最长不超过 50 年。软件开发者的开发者身份权的保护期不受限制。

（二）现行《计算机软件保护条例》关于软件著作权保护期限限制的规定

1991 年《计算机软件保护条例》规定的软件著作权的保护期限为 25 年，期满可以续展 25 年，但最长不超过 50 年，这样规定对软件产业的发展并不会产生多大影响。但是，根据 TRIPS 协议关于版权的保护期限的规定，计算

---

① 宋玉萍．计算机软件的知识产权保护［J］．河南省政法管理干部学院报，2013（3）.

机软件的保护期限也应当使用 50 年的保护期，1991 年《计算机软件保护条例》的规定就与 TRIPS 协议相冲突。

为了与 TRIPS 协议相一致，2001 年《计算机软件保护条例》第十四条对软件著作权保护期限修改为，软件著作权自软件开发完成之日起产生。自然人的软件著作权，保护期为自然人终生及其死亡后 50 年，截止于自然人死亡后第 50 年的 12 月 31 日；软件是合作开发的，截止于最后死亡的自然人死亡后第 50 年的 12 月 31 日。法人或者其他组织的软件著作权，保护期为 50 年，截止于软件首次发表后第 50 年的 12 月 31 日，但软件自开发完成之日起 50 年内未发表的，本条例不再保护。

著作权保护期体现的无非是一种权利限制，即公共利益的需要对私权要求的限制，著作权的具体保护期则是限制与被限制的双方力量对抗的平衡点。当著作权保护期发生变化时，就是这一平衡发生了变化，而就保护期的延长而言，其基本原因只有私权要求的加强及公共利益限制的减弱两个方面①。现行《计算机软件保护条例》中不仅将软件的保护期限规定为 50 年，而且对自然人、法人或其他组织等主体进行了分类阐述。需要特别注意的是，条例对软件著作权的所有权利的保护期都是有限制的，即无论其主体是自然人还是法人或其他组织，对软件著作权中的人身权的保护期限也不是永久性的，这一点与著作权法不一致。《著作权法》第二十条规定，作者的署名权、修改权、保护作品完整权的保护期不受时间限制。这是因为，从著作权法的角度看，著作人身权，又称著作精神权利，指作者对其作品所享有的各种与人身相联系或者密不可分而又无直接财产内容的权利，是作者通过创作表现个人风格的作品而依法享有获得名誉、声望和维护作品完整性的权利②。作为一种精神性权利，该权利由作者终身享有，不可转让、剥夺和限制。作者死后，可以由其继承人或者法定机构予以保护。实践中，对于一部文字作品或者美术作品，当它的著作权中财产权保护期届满时，尽管任何人都可以免费使用该作品，但是任何人都不能修改该作品的署名，也不能修改该作品的内容，不能影响该作品的完整权。而软件与文字作品相比有一定的

① 程松亮. 著作权保护期延长的合理性探究 [J]. 湖北社会科学，2012 (7).
② 朱晓娟，戴志强. 人身权法 [M]，北京：清华大学出版社，2006：48-51.

特殊性，《计算机软件保护条例》对享有著作权的自然人、法人或者其他组织虽然认为其也享有发表权、署名权、修改权等人身性权利，但条例在保护期限上并未对人身权和财产权进行区分，也就意味着软件著作权中的所有权利的保护期是一致的。

三、自然人计算机软件著作权保护期限的限制

根据《著作权法》的规定，著作权的保护期限分为著作权中人身权的保护期限和著作权中财产权的保护期限。自然人的署名权、修改权、保护作品完整权三项权利是可以独立于经济权利而存在的精神权利，属于人身权的范畴，其保护期不受限制，法律给予永久性保护，自然人的作品财产权及发表权的保护期为作者终生及其死亡后 50 年。因计算机软件的特殊性，《计算机软件保护条例》对自然人计算机软件著作权保护期限的规定有所不同。

（一）自然人计算机软件著作权保护期限限制的一般规定

《计算机软件保护条例》对自然人计算机软件著作权保护期限的规定未区分人身权和财产权，也就是说，自然人所有的软件著作权，保护期均为自然人终生及其死亡后 50 年，截止于自然人死亡后第 50 年的 12 月 31 日。在此期间内，未经软件著作权人许可，任何人不得侵犯其发表权、署名权及修改权，不得以复制、发行、出租、信息网络传播、翻译等方式使用依法须经软件著作权人同意才能使用的作品，否则就属于侵权行为（法定许可使用、合理使用等例外情况除外），作者死亡后的其合法继承人、受遗赠人有权在法定保护期内通过法定程序要求侵权人承担相应的法律责任。

与其他作品的著作权保护期的规定有所不同，《计算机软件保护条例》对自然人的软件著作权的保护期没有规定开始日，只规定了届满日。因此，自然人开发的软件不论是否发表，也不论在何时发表，只要软件开发完成，在开发者有生之年均享有著作权保护。开发者死亡后，其软件著作权的保护期到开发者死亡后第 50 年的 12 月 31 日届满。

（二）自然人合作开发软件著作权保护期限限制的规定

因实践的复杂性，《计算机软件保护条例》对自然人作品进一步区分为个人软件和合作开发的软件。对于自然人个人软件著作权的保护期，是开发者有生之年加死亡后 50 年。但对于合作开发的软件，开发者的年龄可能有

大有小，寿命的长短有所不同，其软件著作权的保护期就不能简单适用开发者有生之年加死后50年的规定。为了更合理、更有效地全面保护合作开发者的合法权益，《计算机软件保护条例》规定，软件是合作开发的，截止于最后死亡的自然人死亡后第50年的12月31日①。也就是说，最先死亡的合作开发软件的作者，其软件著作权的保护期一般要超过其独立创作软件的保护期，只有最后一位死亡的合作作者的软件著作权的保护期，与独立软件的作者有生之年加死后50年的规定相一致。因此，合作开发的软件比合作作者中大部分作者独立开发的软件的著作权的保护期要长。

值得注意的是，我国《计算机软件保护条例》第十条规定，合作开发软件的著作权归属无书面合同约定或者合同未作明确约定，可以分割使用的，开发者对各自开发的部分可以单独享有著作权。根据该规定，合作作者对合作开发软件可以分割使用的部分单独行使著作权时，不适用合作作品保护期的一般规定，而应以各部分的作者的有生之年及其死后50年的方法来计算。

四、法人或者其他组织计算机软件著作权保护期限的限制

法人或其他组织是没有生命的，其存续期间可长可短，没有规律性也不具有可预测性。因此，在计算其享有的软件著作权保护期时不可能采用法人或者其他组织的存续期加50年的规定，否则，对于同类作品，因创作主体的不同，可能会造成受法律保护的期限差距过大的问题，无形中也会造成保护期限的扩张，不利于文化多样性的表达②。

法人或其他组织的著作权保护期应相当于为有效地促进新作品创作和传播而需要提供足够收益的保护期限，因此，《著作权法》对法人或者其他组织享有著作权的保护期限依照发表主义进行计算，即对于由法人和其他组织主持创作并体现其意志的作品，其作品的发表权、财产权的保护期为作品首次发表后第50年的12月31日。另外，对于作品自创作完成后50年内未发表的，不再受法律保护。这样规定的目的是督促法人或者其他组织，将拥有

---

① 曹新明．关于著作权保护期限的探讨［J］．法学，1991（4）．

② 冯晓青．著作权保护期限制之理论思考［J］．北京科技大学学报（社会科学版），2006（3）．

著作权的作品尽快发表，可以在公共领域创造其应有的社会价值。一般来说，法人或者其他组织拥有著作权的作品，其创作的投入和社会影响力都比较大，因此，社会各界对其关注程度也比较高，这些作品的尽快发表，有益于全社会文化艺术和科学技术的发展。

《计算机软件保护条例》依照著作权法也作了类似的规定，法人或者其他组织的软件著作权，保护期为 50 年，截止于软件首次发表后第 50 年的 12 月 31 日，但软件自开发完成之日起 50 年内未发表的，本条例不再保护。

第三节　计算机软件使用的限制

与著作权中的其他保护客体相比，软件更具有功能性。因此，《计算机软件保护条例》对软件著作权人行使其权利作了一定的限制，但与《著作权法》对其他客体使用的例外性规定有所不同，计算机软件使用的限制主要体现为合理使用和善意使用两种制度。善意使用制度和合理使用制度在司法实践中易出现混淆，美国在"Atari 案"的判例中，曾认为"善意使用"是"合理使用"的判断前提。即将使用人在使用他人作品时是否具有善意这种主观状态作为判断其是否构成合理使用的一个构成要件。如果使用人出于善意的目的使用的就视为构成合理使用，不予追究侵权责任，如果使用人在使用时不是出于善意的目的而是"恶意"，就认为其不构成合理使用，应当承担侵权责任。事实上，二者是两种截然不同的制度，在司法适用、判断等方面具有质的不同。

一、合理使用制度

从《著作权法》的角度看，所谓合理使用，是指在不损害创作者权益的前提下，对已经发表的作品，非著作权人根据法律的规定，可以不经著作权人许可，也不向著作权人支付报酬就可以使用其作品的行为。世界各国在其著作权法中都规定了合理使用的制度，我国的《著作权法》也规定了 12 种可以合理使用的情况①。规定合理使用制度的目的是在不损害著作权人合法权益的前提下，把那些原本构成侵权的行为，利用法定的方式排除出著作权的保护范围，从而保障使用者对智力成果的合理分享，是法律基于利益平衡的考虑而对著作权人的著作财产权进行的限制，进而推动文化的传承与社会经济文化的进步②。

（一）1991 年《计算机软件保护条例》关于软件著作权合理使用的规定

软件著作权的合理使用制度，是在软件所保护的各个利益群体之间达成某种平衡。具体来说，个人电脑的普及使软件保护问题和大多数的一般消费者的利益联系在一起：一方面，要保护软件开发商的利益；另一方面，要保护一般消费者使用软件的权利③。1991 年《计算机软件保护条例》对软件的合理使用问题也进行了规定，允许因课堂教学、科学研究、国家机关执行公

---

① 《著作权法》第二十二条规定："在下列情况下使用作品，可以不经著作权人许可，不向其支付报酬，但应当指明作者姓名、作品名称，并且不得侵犯著作权人依照本法享有的其他权利：（一）为个人学习、研究或者欣赏，使用他人已经发表的作品；（二）为介绍、评论某一作品或者说明某一问题，在作品中适当引用他人已经发表的作品；（三）为报道时事新闻，在报纸、期刊、广播电台、电视台等媒体中不可避免地再现或者引用已经发表的作品；（四）报纸、期刊、广播电台、电视台等媒体刊登或者播放其他报纸、期刊、广播电台、电视台等媒体已经发表的关于政治、经济、宗教问题的时事性文章，但作者声明不许刊登、播放的除外；（五）报纸、期刊、广播电台、电视台等媒体刊登或者播放在公众集会上发表的讲话，但作者声明不许刊登、播放的除外；（六）为学校课堂教学或者科学研究，翻译或者少量复制已经发表的作品，供教学或者科研人员使用，但不得出版发行；（七）国家机关为执行公务在合理范围内使用已经发表的作品；（八）图书馆、档案馆、纪念馆、博物馆、美术馆等为陈列或者保存版本的需要，复制本馆收藏的作品；（九）免费表演已经发表的作品，该表演未向公众收取费用，也未向表演者支付报酬；（十）对设置或者陈列在室外公共场所的艺术作品进行临摹、绘画、摄影、录像；（十一）将中国公民、法人或者其他组织已经发表的以汉语言文字创作的作品翻译成少数民族语言文字作品在国内出版发行；（十二）将已经发表的作品改成盲文出版。前款规定适用于对出版者、表演者、录音录像制作者、广播电台、电视台的权利的限制。"

② 周玲玲. 合理使用原则在我国立法中的实践应用及发展趋势［J］. 科技与法律，2010（4）.

③ 李芸慧. 计算机著作权合理使用制度研究［D］. 武汉：华中科技大学，2009.

务等非商业性目的的需要，对软件进行少量复制①。

1991 年《计算机软件保护条例》对软件合理使用问题的规定上，合理使用的范围规定得比较宽泛，只使用了"非商业性目的"一个限定词，赋予了法院较大的自由裁量权，对软件著作权人的复制权产生了较大影响，易损害软件著作权人的经济权利。首先，因课堂教学、科学研究、国家机关执行公务等非商业性目的的需要，在复制软件时使用单位是否需要预先购买一个合法正版软件然后就该软件在本单位内部进行复制使用，还是使用单位可以不预先购买合法正版软件而直接从第三方处复制软件，对这个问题该条款没有予以明确。因此，使用单位在复制某软件时，可以直接从软件著作权人以外的第三者获得软件，并进行免费复制。由于正版软件的价格要远远超过一般的作品，不购买一份软件而直接从第三方处对其进行复制，对软件著作权人来说是不公平的。其次，"少量复制"的定义非常模糊，实践中很难把握这个度。软件与一般文字作品不同，文字作品的发行量往往都在数千册以上，而软件因为受众比较少，其销售量也比较小，一些专业性较强的软件，尽管其非常复杂，投入的人力、物力也非常大，但是其销量往往甚少，更有甚者只有几十份或者十几份。而"少量复制"可以是几份，也可以是十几份、几十份，对少量没有一个明确的数额要求或范围限制，某些单位甚至可以通过合理使用，就占领该软件的销售市场。因此，"少量复制"的规定是不合理的。再次，软件是一种工具，其主要的特征在于其具有功能性，而且功能具有多样性。实践中，一些人通过课堂教学、科学研究甚至国家机关执行公务的名义复制软件后，往往不以上述名义进行使用，甚至有人可能以学习为借口，以复制的软件为基础，进行其他软件开发工作，即间接取得了对该复制软件的使用权，这同样构成对软件著作权人合法权益的侵害②。

①　1991 年《计算机软件保护条例》第二十二条规定："因课堂教学、科学研究、国家机关执行公务等非商业性目的的需要对软件进行少量的复制，可以不经软件著作权人或者其合法受让者的同意，不向其支付报酬。但使用时应当说明该软件的名称、开发者，并且不得侵犯著作权人或者其合法受让者依本条例所享有的其他各项权利。该复制品使用完毕后应当妥善保管、收回或者销毁，不得用于其他目的或者向他人提供。"

②　徐玉麟. 计算机软件保护条例释义 [M]. 北京：中国法制出版社，2002：76.

（二）现行《计算机软件保护条例》关于软件著作权合理使用的规定

一般来说，文字作品不具有功能性，在教学中使用复制的文字作品，只是为了讲述其中的思想，只要作品的思想被领会后，作品的作用也就基本完成了。文字作品发行的市场价格一般都比较低，少量复制一本文字作品的成本与购买该作品的成本相差不大，甚至复制的成本要大于购买的成本。因此，人们在使用文字作品时，往往是选择购买而不是选择复制。而软件作品具有功能性，更多的投入是在其研发的过程中，其复制的成本往往要高度小于购买的成本，对于一些大型软件，即使只复制一份，也有可能从中获得较大的经济利益。软件销售的复制品数量可能远远低于文字作品，因此，即使对软件只进行少量复制，也会对软件著作权人的利益构成较大的侵害。因此，现行《计算机软件保护条例》不再把对他人软件进行少量复制作为合理使用的方式，而是改为以学习和研究为目的，以安装、显示、传输或者存储方式使用软件为合理使用①。

首先，计算机软件合理使用的目的上，现行《计算机软件保护条例》只规定了一种情况，即为了学习和研究软件内含的设计思想和原理，这意味着其他目的都不属于合理使用的范围，即使非商业目的，如国家机关为了执行公务也不能"合理使用"软件著作权人的软件，极大地缩小并明确了合理使用的范围，在一定程度上限制了法院的自由裁量权，更好地保护了软件著作权人的合法权益。

其次，计算机软件合理使用的方式上，现行《计算机软件保护条例》规定，使用人只能以安装、显示、传输或者存储等方式使用软件，而不能通过"少量复制"的方式使用该软件。所谓以安装方式使用软件，是指将软件产品装入计算机以及其他具有信息处理能力的装置中进行使用，即通常所说的"装机"行为。所谓以显示方式使用软件，一般是指通过分步运行该软件，显示软件在每个分步运行过程中的不同结果以及软件中各参数值的变化，或者显示该软件的目标代码。通过这种方式，可以了解软件的功能和设计思

---

① 《计算机软件保护条例》第十七条规定："为了学习和研究软件内含的设计思想和原理，通过安装、显示、传输或者存储软件等方式使用软件的，可以不经软件著作权人许可，不向其支付报酬。"

想。所谓以传输方式使用软件，一般是指将软件安装在网络服务器上，通过网络线路，在网络工作站上调用该软件进行运行。其运行结果显示在网络工作站上。通过这种使用方式，使用者可以了解该软件在网络环境下的功能和原理。所谓以存储方式使用软件，一般是指将软件存放在单台计算机或者网络服务器的外部存储器（如硬盘）或者内部存储器中，在计算机操作系统达到一定条件时，将存放在外部存储器或者内部存储器中的软件激活并运行，从而了解该软件接口部分的设计方法。

尽管现行《计算机软件保护条例》同样没有明确使用者在合理使用某软件时是否应预先购置一份软件的问题，但是，从条例的各项规定来看，使用人如果不是预先购买一份正版软件，而是使用直接自第三方处复制的软件进行合理使用，则侵犯了软件著作权人的复制权，是一种侵权行为。此外，虽然条例关于合理使用的规定在不断完善，但随着科技的发展及网络技术的普及，实践中关于合理使用仍然存在着不同程度的问题，如技术措施的问题，开发过程中，开发者为保护自身利益，常常采用加密技术对软件进行保护，避免使用者损害软件开发者的利益。但也有部分人员对软件密码解密，进而达到盗取、使用的目的，并且技术措施的使用限制了人们对软件的获取及使用，影响合理使用制度的落实和应用①。再如，反向工程问题，就是使用者通过逆向解剖分析，寻找源代码，从而推导软件的组织结构、功能、算法、处理流程等。通常情况下，该技术措施用于对软件进行合理使用、更新和升级，但也有人用来篡改软件结构，影响开发者利益。

二、善意使用制度

在著作权法中，所谓善意是尽到注意义务的主观状态，是一种无损害原作品著作权利益之心。如果应当注意而未能注意，从而构成主观上的故意与过失，这种过错体现了使用者主观上的应受非难性②。所谓对软件的善意使用，是指软件的复制品持有人不知道也没有合理理由应当知道该软件是侵权复制品时，只承担停止使用和销毁该侵权复制品的责任，不承担赔偿责任。

---

① 万欢. 计算机软件合理使用的问题及完善对策［J］. 求知导刊，2015（24）.
② 张龙. 善意使用在合理使用判断中的适用［J］. 中国版权，2014（3）.

（一）认定软件复制品持有人善意使用的因素

认定软件持有人是否为善意使用最关键的因素是持有人是否知情其所购买的软件是否为侵权复制品，结合《民法》善意使用制度的相关规定和《计算机软件保护条例》第三十条的规定，可以从以下几个方面进行考虑。

一是持有人获得软件复制品的渠道。如果行为人不能证明他持有的软件复制品有合法来源，就应当承担侵权责任。所谓合法来源，就是指行为人通过合法的渠道取得该软件复制品。如果持有人是从正规公司、渠道或可以合理解释其获得的途径，例如行为人可以通过提供正式的购销合同、商业发票等证明其合法取得该软件复制品，就不能直接判定持有人是恶意的。而判断是不是正规公司、合法渠道，应该从一个正常的理性消费者的角度进行分析，如对于一家规模颇大的科技公司，一个正常的理性消费者都会认为其是正规的，而对于街头叫卖高科技产品的流动小贩，一般理性消费者都会对其产品持有一定的怀疑。

二是持有人是否支付了合理的对价。根据《民法》中的相关规定，合理对价一般是指以市场价为基础上下浮动的价格。持有人如果支付了合理对价，就应当认为持有人是不知情的，至少没有合理理由知道其为侵权复制品。相反，如果持有人以明显低于市场价的价格购买该复制品，就有理由认为持有人是知情的。

三是销售商是否作出了后续保障承诺。计算机软件作为一个高价消费品，而且涉及具体的使用操作，一般情况下，软件公司都会对购买者进行一个培训或至少给予操作说明，更有甚者，多数公司都会在一定时间内对安装、操作中存在的问题、使用中出现的漏洞等问题提供上门服务。如果销售商作出了类似的售后保障，应当认为其为正规销售商，销售的应为正版软件，可以推测认定购买者不知情。相反，销售商进行的只是一锤子买卖，没有任何售后服务可言，这是明显不符合商业惯例的，可以推测认为购买者知情，至少其有理由知情。在香港 PU 公司、北京京延电子有限公司诉广州雅芳公司侵害计算机软件著作权纠纷案中，1998 年 6 月，广东高院一审判决雅芳公司赔偿 1200 万美元。一审判决后，雅芳公司不服判决，向最高人民法院提出上诉。1999 年 2 月，最高人民法院开庭审理，裁定原判决部分事实认定不清，可能影响案件正确判决。撤销广东省高级人民法院一审判决，发回广东省高级人民法院重审，在重审过程中，原告提出新的诉讼请求，经调解后双方达成庭外和解。虽然双方最终经调解后达成庭外和解，但雅芳公司购买软件后，UI公司和Jenkon公司派员工上门安装调试，并帮助培训，其属于不知道也没有合理理由应当知道该软件是侵权复制品，不应承担赔偿责任。①

---

① 该案具体案情为：1984年，岳明、岳阳兄弟及叶维明等人在美国注册了Unidata公司，开发了一种大型数据库系统管理软件——Unidata。1992年，岳明等将UI公司转让给新股东，转而在香港成立了Pacific Unidata公司。美国UI公司与PU公司签订了《授权总协议》，规定PU公司拥有在中国大陆、香港和台湾地区的一切知识产权，其他地域的知识产权归美国UI公司。PU公司后来将软件的部分权利：独家代理、经营、开发、汉化和销售的权利转让给了北京京延电子有限公司，并在中国国家版权局以原始著作权人的身份，登记了Unidata软件2.3.2版本的著作权，1995年，PU公司与京延公司签订了"独家代理协议"；1996年，京延公司与凯利公司签订了5000万美元的"Unidata软件独家使用协议"。1995年广州雅芳公司从美国一家软件销售公司购买了一套正版英文软件，并安装在其软件系统使用。1996年6月，PU公司向中国国家版权局投诉，指控雅芳公司侵犯其著作权。1997年5月26日，国家版权局认定雅芳公司侵权，裁定雅芳公司不得再使用该软件，并处49万元罚款。1997年8月，PU公司和京延公司又以同样理由向广东高院提起诉讼，索赔3000万美元。原告认为：早在1995年1月12日，美国UI公司总裁曾致函PU公司董事长岳明，告知其属下代理商之一的Jenkon公司，获知被告雅芳公司想安装Unidata软件。当时美国UI公司已经回复客户：他必须向原告PU公司购买，但可从Jenkon公司获得技术支持。当时美国UI公司与PU公司有过协商，探讨是否可以自行将软件卖给被告。但协商尚未达成一致，软件已从Jenkon公司卖出，最后Jenkon公司也并未与第一原告签订许可使用协议。由此，原告认为被告存在犯罪故意的情况。被告雅芳公司辩称：首先，第一原告在中国登记的是Unidata软件的汉化版本，而雅芳公司购买和使用的是原始著作权人的英文版本，因此并无侵犯原告版权。其次，被告按照中国计算机软件保护条例，取得了美国版权人的合法授权，已经尽到了"合理注意"的义务，对软件的使用和备份是合理的，并未超越许可使用的范围，更没有以营利为目的进行复制和销售。且雅芳公司从经销商Jenkon处购买正版软件Unidata，该软件有合法的发票；有UI公司的商标标识、版本号和许可号；而且在软件程序的"启动界面"上还有UI公司的版权声明。并且，在雅芳公司购买软件后，UI公司和Jenkon公司派员工上门安装调试，并帮助培训，所以购买合法。至于UI与PU、京延之间的关系，作为最终用户的被告雅芳公司事前不可能获悉。因此被告最大的责任范围不过是停止使用该软件而已。实际上，在原告向法院起诉前，雅芳公司已经停止使用并将争议软件退还给了美国Jenkon公司。所以，请求法院驳回原告的诉讼请求。参见《香港PU公司、北京京延电子有限公司诉广州雅芳公司侵害计算机软件著作权纠纷案》，最高人民法院（1998）知终字第6号民事裁定书。

（二）软件复制品持有人善意使用的责任

《计算机软件保护条例》第三十条规定，软件的复制品持有人不知道也没有合理理由应当知道该软件是侵权复制品的，不承担赔偿责任；但是，应当停止使用、销毁该侵权复制品。如果停止使用并销毁该侵权复制品将给复制品使用人造成重大损失的，复制品使用人可以在向软件著作权人支付合理费用后继续使用。根据该条规定，仅免除软件复制品持有人承担赔偿责任的义务。也就是说，软件复制品持有人善意使用的行为仍然属于侵权行为，除了不需要承担赔偿责任以外，仍然需要承担其他的侵权责任，如停止使用、销毁该侵权复制品。如果软件复制品持有人知道该软件是侵权复制品，或者有合理理由应当知道该软件是侵权复制品，仍然使用、销售该软件复制品，则应当承担包括赔偿责任在内的完全的侵权责任。

软件复制品持有人知道该软件是侵权复制品，或者有合理理由应当知道该软件是侵权复制品而停止使用的，一般不会有什么损失，即使有一定的损失，也是其不尊重知识产权带来的恶果。由于软件的功能性很强，在有些情况下，停止使用并销毁该侵权复制品可能会给使用人造成重大损失，为了体现公平原则，《计算机软件保护条例》第三十条规定：复制品使用人可以在向软件著作权人支付合理费用后继续使用。这里的"合理费用"，由使用人和软件著作权人协商解决，一般可以参照该软件非专有许可使用费用来确定。

第四节　计算机软件著作权人复制权和修改权的限制

在《著作权法》中，复制权属于财产权，而修改权属于人身权，是绝对属于作者个人的权利。但在《计算机软件保护条例》中，修改权的人身权属性具有一定的模糊性。因为计算机软件和其他作品在前期投入、后期盈利、市场占有等方面有着截然不同的特点，导致软件著作权人享有的复制权和修改权的行使受到一定的限制，受软件合法复制品所有人为正常发挥软件应用功能而行使权利的制约。因此，为了保障软件合法复制品所有人的合法权利，《计算机软件保护条例》第十六条对软件著作权人的复制权和修改权的行使做了一定的限制①。

一、计算机软件著作权人复制权的限制

科技产业作为我国的新兴产业，在我国的国民经济中所占比重日益提升。数字化技术的快速发展，使得计算机已融入了当今社会生产和生活的各个领域，也促进了计算机软件产业的发展，软件产业对经济的发展发挥着无可代替的作用，具有现实的和潜在的巨大社会效益和经济效益。我国《著作权法》将计算机软件作为一类作品进行著作权保护，同时，因为软件的实用性及重复开发性，易为他人所复制和窃取，从而要求对软件提供比其他作品更加严格的保护。因此，《计算机软件保护条例》中着重强调了打击盗版和非法复制的行为，以加强对软件著作权人的保护。然而，消费者购买软件的目的是为了使用，而在计算机及其具有信息处理能力的装置上使用该软件就必须进行必要的复制，包括制作备份复制品。因此，《计算机软件保护条例》第十六条第（一）项、第（二）项对软件著作权人的复制权行使做了一定的限制，以保障软件合法复制品所有人的合法权利。根据该规定，软件的合法复制品所有人享有下列权利。

（一）根据使用需要把软件装入计算机等具有信息处理能力的装置内

和其他所有消费品购买目的一致，消费者购买软件的目的也是为了使用，但与大部分消费品不一致之处在于消费者购买的软件通常是软件的复制品，这些复制品一般都固定在磁带、磁盘、光盘等磁介质上，要想使用该软件必须将其装入到计算机中。因而，《计算机软件保护条例》第十六条第（一）项规定，软件的合法复制品所有人可以根据使用的需要，把软件装入计算机等具有信息处理能力的装置内。

---

① 《计算机软件保护条例》第十六条规定："软件的合法复制品所有人享有下列权利：（一）根据使用的需要把该软件装入计算机等具有信息处理能力的装置内；（二）为了防止复制品损坏而制作备份复制品。这些备份复制品不得通过任何方式提供给他人使用，并在所有人丧失该合法复制品的所有权时，负责将备份复制品销毁；（三）为了把该软件用于实际的计算机应用环境或者改进其功能、性能而进行必要的修改；但是，除合同另有约定外，未经该软件著作权人许可，不得向任何第三方提供修改后的软件。"

在实际把软件装入计算机等具有信息处理能力的装置时有两种情形：一种装机情形是，软件被直接安装在计算机的硬盘上，在计算机运行该软件时才将软件从硬盘调入计算机内部的随机存取存储器中。在这种情况下，所购买的软件在硬盘上复制了一份，消费者购买的软件在计算机运行时已不再需要，除非原来的软件被从装入的硬盘上删去而需要重新安装。另一种装机情形是，按照软件生产厂商事先做好的安装程序，消费者只能将软件的一部分装入到计算机的硬盘上，当计算机运行该软件时，计算机除了寻找硬盘上的软件信息外，还需要消费者购买的软盘或者光盘也处于被调用状态，如计算机提示插入载有该软件的原磁盘或者光盘等。

（二）为了防止复制品损坏而制作备份复制品

随着微电子技术的不断发展，存放软件的磁介质的质量有了很大提高，使用寿命也大大延长，但是，由于磁介质本身的特点，现阶段磁介质对于保存环境的要求还很苛刻，比如存放磁介质的温度、湿度、磁场强度都必须保持在一定范围内，并且也不能撞击磁介质，否则就会对磁介质造成不良影响，进而影响所存储的软件的质量。因此，为了防止软件复制品的损坏，应当对软件著作权人的复制权进行必要的限制，《计算机软件保护条例》第十六条第（二）项规定，软件的合法复制品所有人享有为了防止复制品损坏而制作备份复制品的权利。

尽管软件复制品的所有人享有制作备份复制品的权利，但是该项权利不能滥用，《计算机软件保护条例》第十六条第（二）项规定，软件的合法复制品所有人不得将软件的备份复制品以任何方式提供给其他人使用，并且当软件复制品的所有人丧失对该软件复制品的所有权时，应当将该备份复制品销毁，否则就会侵害软件著作权人的复制权。

综上，《计算机软件保护条例》第十六条第（一）、第（二）项在赋予软件复制品合法所有人装入权和备份权的同时，也要求其应当履行不得以任何方式将备份复制品提供他人使用、在丧失正版软件所有权时将备份复制品销毁的义务。当软件的合法复制品所有人不履行这些义务时，软件权利人可以诉请人民法院判决强制履行。

二、对计算机软件著作权人修改权的限制

随着法律的不断完善，《著作权法》以及《计算机软件保护条例》对计算机软件的保护都不再仅限于计算机软件作品中的文字性要素，还扩展为包括与程序的运行密不可分的数据、接口等非文字性要素①。但消费者购买软件的目的是为了使用，消费者为了把购买的软件应用于实际的计算机环境，有时还需要对该软件进行必要的修改。修改权在我国《著作权法》中的规定是一般作品等著作权人的人身权，而我国《计算机软件保护条例》第八条中规定的软件著作权人所享有的修改权并未明确是软件著作权人的人身权还是财产权。但是，无论计算机软件修改权属于人身权还是财产权，为了保障软件合法复制品所有人的合法权利，都应当赋予复制品所有人一定的权利，相对地也应当对软件的著作权人所享有的修改权进行一定的限制。如在美国，虽然没有关于计算机软件修改权的规定，但是它对广义上的修改行为即改编权进行了一定的限制②。

（一）计算机软件著作权人修改权限制的规定

我国对计算机软件著作权人修改权的限制规定在《计算机软件保护条例》第十六条第（三）项，即软件的合法复制品所有人为了把该软件用于实际的计算机应用环境或者改进其功能、性能，享有对软件进行必要修改的权利；但是，除合同另有约定外，未经该软件著作权人许可，不得向任何第三方提供修改后的软件。软件的开发一般要借助于相应的计算机环境，由于开发这些软件的环境不同，因此，运行这些软件时也需要不同的运行环境，这在早期开发的软件中是非常普遍的现象。自然人、法人或者其他组织在购买软件后，软件要求的运行环境可能与其实际存在的环境不同，比如，所购买的软件只能在有硬盘的单机上运行，而购买者则要求在其实际存在的局域网

---

① 肖声高. 以 SAS 案为例论计算机程序著作权的保护范围 [J]. 西安电子科技大学学报（社会科学版），2013（1）.

② 美国《版权法》第 106 条规定：为将软件用于计算机上或是为了存档的需要，计算机软件复制件的所有权人依法可以对该复制件进行再复制以及改编或者授权他人进行再复制或者改编，不构成侵权，在该软件复制品的合法所有权失效时，应销毁全部复制件。同时还规定，经软件原版权人许可，复制品所有人所享有的复制件或改编后的复制件可以和软件的复制件一并销售、出租或是以其他方式进行转让。参见李明德. 计算机软件保护法研究 [J]. 知识产权文丛，2005（12）.

环境下运行，这时就需要修改所购买的软件，以便适应实际需要。另外，购买软件的消费者也可能不是为了简单运行该软件，而是将购买的软件为其自己开发的软件提供服务，为了提高所购软件的功能和性能，购买者也可能需要对该软件进行必要的修改。因此，为了维护软件消费者的利益，对于软件著作权人的修改权也应做必要的限制，以允许软件复制品的所有人为了应用于实际的计算机环境，或者为了提高其功能、性能而进行必要的修改。需要注意的是，软件的合法复制品所有人对软件进行必要的修改后未经软件著作权人的许可，不能向任何第三人提供修改后的软件，否则就侵害了软件著作权人的修改权。

（二）计算机软件著作权人修改权限制应注意的问题

软件的合法复制品所有人虽然享有为了把软件用于实际的计算机应用环境对软件进行修改的权利，但其对修改后的软件不能主张著作权。在珠海市飞梭电脑中心技术开发部诉中山市小霸王电子工业公司侵犯软件著作权纠纷案中①，法院认为，飞梭电脑部产品中地址为 C000 - FFFF 段程序是飞梭电脑部自某公司的 F - BASIC 软件复制来的，飞梭电脑部并未付出创造性的劳

① 该案具体案情如下。飞梭电脑部诉称：我公司为改进 FS - 800 电脑学习系列机软件，在全国范围招聘了软件工程师，专门从事软件的开发研制工作。我公司的浮点 BASIC 软件存储在 EPROM 芯片中，存放的物理地址为 B000 - FFFF，长度为 20480 个代码，其功能可进行小数、指数、对数、三角函数运算，因而公司产品销售良好。1993 年年底，小霸王公司生产的 SB486 机，包含了我公司开发产品的功能，使我公司产品失去了独特性，销量大减，被迫停产。1994 年年底，得知小霸王系列学习机中 F - BASIC 软件是盗自我公司的，故诉至法院，要求被告停止侵权行为，赔礼道歉，消除影响，赔偿损失 500 万元人民币（后在诉讼中要求将赔偿额变更为 400 万元），承担本案诉讼费。被告小霸王公司辩称：飞梭电脑部不是 F - BASIC 软件著作权人，不能享有该软件著作权人的各项权利；修改的 32 个字节，不能视为新的软件而受到法律保护；本案涉及的 4K 程序不能独立发表，独立运行，不能成为独立的作品，也就不能享有著作权；该 4K 程序的内容是原告在他人软件上署名，不应受法律保护，请求法院依法驳回原告的诉讼请求。法院认为，根据《计算机软件保护条例》的规定，软件著作权应属于软件开发者。飞梭电脑部的 FS - 800 系列产品中配有的 F - BASIC 目标代码程序是复制某公司的 F - BASIC 目标代码程序，并非自己独立开发，其对 BASIC 软件著作权的主张不能成立。飞梭电脑部以某公司的产品已经淘汰，该公司可能倒闭，该软件已进入公有领域，自己对该软件进行了 32 个字节的修改为由，主张该软件修改版本的软件著作权因证据不足不能成立。参见《珠海市飞梭电脑中心技术开发部诉中山市小霸王电子工业公司侵犯软件著作权纠纷案》，北京市高级人民法院（1995）高知终字第 28 号民事判决书。

动，其虽然对该程序修改了 32 个字节，但这种修改仅是为适应硬件设备的需要，是用于应用环境所必需的，未能形成新的 F - BASIC 软件版本，其 32 个字节本身也不能构成一个完整的独立的软件作品，飞梭电脑部的修改不具有版权性，不能主张著作权。因而，飞梭电脑部在他人软件的基础上为适应硬件设备需要对该软件进行修改所付出的劳动，不能产生合法的权益，由此也就无权禁止他人使用该程序。故飞梭电脑部关于不应准许小霸王公司使用的诉讼请求不能获得法院的支持。

第五节　计算机软件表达方式的限制

　　大部分的作品最终呈现出来的是可被衡量的文字，所以在一些侵权的认定方面较为容易。计算机软件的表达方式与其他作品不同，它不仅包括最终呈现在计算机上的界面，更多的是支撑界面的代码、程序等。对软件表达方式的保护范围如何认定在《计算机软件保护条例》修改过程中存在一定的争议，最终，综合社会经济、产业发展、权利保障等各种因素，才有了呈现在现有法律规范中的对计算机软件表达方式限制的规定。

一、对计算机软件表达方式限制的争议

　　根据《计算机软件保护条例》的规定，受保护的软件表达方式，包括文档、源程序、目标程序，而不包括开发软件所用的思想、处理过程、操作方法或者数字概念等①。但是由于软件具有功能性、工具性等特征，不同的开发者基于不同的思想分别独立开发的软件有可能在表达方式上相同。为了鼓励软件开发人员积极开发，避免引发不必要的侵权纠纷，《计算机软件保护条例》第二十九条规定，软件开发者开发的软件，由于可供选用的表达方式有限而与已经存在的软件相似的，不构成对已经存在的软件的著作权的侵犯。

　　（一）思想与表达二分法原则

　　根据《著作权法》原理，著作权保护的是作品的表达方式，而不保护作

---

① 张茹. 数字版权管理［M］. 北京：北京邮电大学出版社，2008：80.

品的思想。延伸到计算机软件，就是《计算机软件保护条例》第六条规定的对软件著作权的保护不延及开发软件所用的思想、处理过程、操作方法或者数学概念等。这一原则被称为思想与表达二分法原则①。思想与表达二分法是实现著作权法立法目的的基本前提，该二分法在著作权法上的地位具有根本性。思想与表达二分法原则不仅在我国的法律条文中多有体现，在其他国家的成文法中也有一定的体现。如美国1976年版权法第102条规定版权法不保护思想、程序、工序、系统、操作方法、概念、原则或发现，而不管它们在作品中被描述、解释或体现的形式如何。

思想与表达二分法原则又涵盖以下两个子原则。第一个子原则就是思想与表达合并原则，该原则又称思想表达识别的例外原则。它只存在于特定的表达形式中，即构思与表达难以区分，甚至必须被认为混合在思想中。合并原则关注的是作品的表达性成分和作品表达体现的思想是否难以区分，或者表达性成分很有限以致他人的相同或相似的表达不构成侵权。② 也就是说，如果一项构思的表达只有一种，这种表达同其所表达的构思已经合并在一起以致很难划分，则他人在表达这一构思时使用这一表达并不构成侵权行为。第二个子原则就是表达选择有限原则。该原则的含义是，如果一项构思的表达只有极其有限的少数几种，则这种类型的表达不能享有著作权保护。

（二）思想与表达二分法原则下对计算机软件表达方式限制的争议

思想与表达二分法原则的内涵主要是将思想和表达相区分，如果软件开发者在开发自己的软件时使用了他人软件的表达，就有可能构成对他人软件的侵权；如果在开发的计算机程序中仅仅使用了他人计算机程序的构思，则视为没有侵犯他人的软件著作权。现实中，在表达方式有限的情况下，软件开发者开发的软件与已经存在的软件相似是否构成对已经存在的软件的著作权的侵犯，是存在争议的。

一种意见认为，构成侵权。其主要理由：生产、流通领域侵犯软件著作权的情况已十分严重，目前尚没有找到一个很好的解决办法，如果再规定在

---

① 邹忭，孙彦. 案说计算机软件保护条例 [M]. 北京：知识产权出版社，2012：251.
② 冯晓青. 著作权法中思想与表达二分法之合并原则及其实证分析 [J]. 法学论坛，2009（2）.

表达方式有限的情况下，软件开发者开发的软件与已经存在的软件相似不构成对已经存在的软件的著作权的侵犯，势必会造成开发领域的侵权泛滥。这样，保护软件著作权人合法权益就会变成一句空话。

另一种意见认为，不构成侵权。其主要理由：对软件著作权予以保护，是应当的、必要的，但不能绝对化，否则就会妨碍软件技术的进步，阻碍软件产业的发展。即使是软件技术比较发达的国家，其国内立法也有在表达方式有限的情况下软件开发者开发的软件与已经存在的软件相似不构成对已经存在的软件著作权的侵犯的类似规定，目前，我国的软件技术还比较落后，应当多鼓励软件的开发与应用。因而，在表达方式有限的情况下，软件开发者开发的软件与已经存在的软件相似的，不构成侵权。在昆明拓高新技术有限责任公司与昆明锐点科技有限公司、洪猛、昆明市盘龙区中医院计算机软件著作权侵权纠纷案中①，锐点公司的锐康系统软件与拓高公司的好医信系

---

① 该案具体案情为：洪猛曾系昆明拓高新技术有限责任公司聘用的职员，负责昆明拓高新技术有限责任公司拥有著作权的好医信医院管理信息系统的技术工作，洪猛在工作中曾接触、掌握了好医信系统软件的源程序代码、可执行文件、数据库、自开发动态库和自开发资源文件等计算机软件著作的内容。2004年5月，洪猛从昆明拓高新技术有限责任公司处辞职并于同月成立昆明锐点科技有限公司。随后，洪猛研制了一套与好医信系统软件功能相类似的软件，以锐点公司的名义，以营利为目的给昆明市盘龙区中医院使用。因此昆明拓高新技术有限责任公司以侵犯其对好医信系统软件的著作权为由将洪猛、锐点公司、昆明市盘龙区中医院分别作为被告起诉至法院。原告昆明拓高新技术有限责任公司诉称：被告洪猛是利用其在原告处工作期间秘密剽窃、复制的好医信系统软件的源程序代码、可执行文件、数据库、自开发动态库和自开发资源文件等计算机软件著作的实质内容，开发出锐点公司的应用软件，是对原告自有软件的著作权侵犯。中医院曾于2002年3月21日与昆明拓高新技术有限责任公司签订《昆明市盘龙区中医院信息系统技术服务合同》，并因该合同而使用昆明拓高新技术有限责任公司提供的好医信系统软件。而中医院在明知该合同内容，并且明知未经拓高新技术公司许可不得允许他人侵入该合同项下的计算机软件的情况下，擅自允许锐点公司和洪猛侵入其系统，并且允许锐点公司和洪猛在拓高新技术公司的系统中加入、存在并使用侵犯了拓高新技术公司著作权的盗版软件，也构成了对好医信系统的侵权。被告昆明锐点科技有限公司和被告洪猛答辩称：被告洪猛曾在原告处工作，但早已辞职。后洪猛成立锐点公司，独立开发了锐康医院信息系统，并于2004年10月在国家版权局登记，获得了计算机软件著作权，因此，锐康系统软件系锐点公司的作品，应受法律保护。两被告已经向法院提交了锐康系统软件的源程序代码、可执行文件、数据库等文件，并希望以其与原告的好医信系统软件进行比对以查明事实。法院认为，评判不同计算机程序之间是否相同或相似必须经过源程序代码的比对。法院证据保全取得的光盘，内容是完整的锐康系统软件，通过整个界面和系统，欲证明该软件与原告方的好医信系统软件是完全不同的。通过对两套软件对比演示，证明了两套软件没有一处相同，界面和操作都不相同。原告拓高公司对此比对结果并不认可，而根据谁主张谁举证的举证原则，拓高公司必须证明被控侵权计算机程序的源程序代码与自己的计算机程序的源程序代码相同或相似，因此，拓高公司负有提供被控侵权计算机程序的源程序代码与自己的计算机程序的源程序代码以供比对的责任。但是，拓高公司并未提供被控的锐康系统软件的源程序代码，对法院保全到的锐康系统软件的源程序代码，拓高公司甚至没有在举证期限内提供自己的好医信系统软件的源程序代码，拓高公司应当承担举证不能的法律后果。因为没有足够的证据可以证明锐康系统软件与拓高公司的好医信系统软件有实质性的相同，云南省昆明市中级人民法院判决：驳回原告昆明拓高新技术有限责任公司的诉讼请求。参见《昆明拓高新技术有限责任公司与昆明锐点科技有限公司、洪猛、昆明市盘龙区中医院计算机软件著作权侵权纠纷案》，云南省昆明市中级人民法院（2004）昆民六初字第124号民事判决书。

统软件的功能、作用具有一致性，甚至在部分操作上具有重复性，但二者不具有实质性的相同，因而法院认定锐康系统软件不构成对好医信系统软件著作权的侵犯。

二、对计算机软件表达方式限制的理由

就著作权法来看，其实质即是平衡著作权人的垄断利益与社会公众的利益。确立思想与表达二分法原则符合法律设置的目的，是著作权法为实现著作权人与社会公众间的利益分配所必需的①。虽然现实中对计算机软件表达方式是否加以限制存在争议，但现行《计算机软件保护条例》第二十九条规定②，可供选用的表达方式有限而与已存在的软件相似的，不构成侵权。从经济层面、行业发展等层面而言，这一规定都具有一定的合理性。

（一）有利于计算机软件的开发

从经济角度而言，在表达方式有限的情况下，对表达进行保护，将会增加创作的成本，导致软件等作品的减少。因为所有的创作都是在前人的基础上完成的，在一定程度上都不可避免地要体现前人的思想，借鉴前人的表达。如此，软件等作品的创作将受到很大阻碍，著作权法促进科学技术进步的目的将不能够圆满实现③。

《计算机软件保护条例》第二十九条在表达选择有限的情况下，对软件著作权人权利的行使加以了必要的限制，有利于软件作品的开发，有利于鼓励科技进步，有利于社会公共利益。

（二）有利于计算机软件行业的发展

从行业发展的角度看，所有行业的创新都是一个积累的过程，都不可避免地受到其他人的思想或表达的影响，都不能凭空臆造出一个全新的事物。

---

① 林良倩. 我国著作权法立法应引入二分法原则与合并原则［J］. 政法学刊，2010（1）.

② 《计算机软件保护条例》第二十九条规定："软件开发者开发的软件，由于可供选用的表达方式有限而与已经存在的软件相似的，不构成对已经存在的软件的著作权的侵犯。"

③ 威廉·M. 兰德斯，理查德·A. 波斯纳. 知识产权法的经济结构［M］. 北京：北京大学出版社，2005：116－117.

著作权法的目的是促进整个社会文化艺术科技的进步，这一目的的实现是通过赋予作者以专有权的形式对其予以保护而进行的①，但作者的专有权同时也是他人创作的障碍，在表达方式有限的情况下更是如此，这一道理同样普遍适用于计算机软件行业。

制定《计算机软件保护条例》的目的，是为了保护计算机软件著作权人的权益，调整计算机软件在开发、传播和使用中发生的利益关系，鼓励计算机软件的开发与应用，促进软件产业和国民经济信息化的发展。因此，根据我国软件产业现有发展水平，借鉴发达国家的立法经验，《计算机软件保护条例》第二十九条规定：由于软件可供选用的表达方式有限而与已经存在的软件相似的，软件开发者开发不构成对已经存在的软件的著作权的侵犯。对软件著作权人权利的行使进行必要的限制，有利于计算机软件技术的交流和传播，有利于计算机软件行业的发展。

（三）有利于相关法律法规的适用

通常情况下，新开发的软件如果与已经存在的他人的软件相似或者实质相似，就可能会被他人指控为复制或者部分复制了原已存在的他人的软件，从而构成对他人软件著作权的侵犯。但是，由于可供选用的表达方式有限而与已经存在的软件相似，则不能认为是对他人软件著作权的侵犯。这是因为，在有些情况下，某一创意可能只有少数几种表达方式，这时已经很难对创意及其表达方式进行区分。由于著作权法只保护表达，并不保护创意，因而在这种情况下对创意的表达也就无法给予保护，相关法律就难以适用②。此时，某人为表达同一创意而采用的表达，如果与他人已经存在的表达相似或者实质相似，则不能认定为构成侵权。基于此，《计算机软件保护条例》第二十九条作出了可供选用的表达方式有限而与已存在的软件相似不构成侵权的规定。

---

① 德利娅·利普希克. 著作权与邻接权［M］. 北京：中国对外翻译出版公司，2000：41–42.

② 卢海君. 论思想表达两分法的"成文"化［J］. 中国出版，2010（21）.

第七章

计算机软件著作权侵权责任

　　法律作为一种行为规则，其目的是规范人们的行为，使其行为被限制在法律所允许的范围内，从而维持稳定的社会秩序。权利、义务、责任是法律的基石，法律的内容是在权利、义务、责任的基础上展开的。法律责任，即违反法律规定而应当承担的消极的法律后果①，是法律义务履行的保障机制和法律义务违反的矫正机制，在整个法律体系中占有十分重要的地位。法律责任，一般有广义、狭义之分。广义的法律责任与法律义务意思相同。例如，每个公民都有遵守宪法和法律、维护宪法和法律尊严的责任（义务），人民法院有责任（义务）秉公执法，维护当事人的合法权益，等等。狭义的法律责任，又称违法责任，是专指法律关系中的主体由于其行为违法，按照法律规定必须承担的消极法律后果。我们通常所说的法律责任，是指狭义的法律责任。一般来说，根据违法行为所违反的不同法律的性质，法律责任可以分为刑事责任、行政责任和民事责任三大类。法律责任的具体承担方式，根据不同情形可分为人身责任、财产责任、行为（能力）责任等。具体责任承担上，采用哪一种或几种法律责任形式，应当根据法律所调整、违法行为人所侵害的社会关系的性质、特点以及侵害的程度等多种因素结合具体情况予以确定。计算机软件著作权侵权中，根据软件著作权的特点，《计算机软件保护条例》在其第四章法律责任中设定的侵犯软件著作权的法律责任，不仅有民事法律责任，还有行政法律责任和刑事法律责任。

---

　　① 沈宗灵．法理学［M］．4 版．北京：北京大学出版社，2014：505.

第一节 侵犯计算机软件著作权的民事责任

民事责任是民事法律关系中重要的组成部分，是指民事主体在民事活动中，因实施违法行为而依法应承担的民事法律后果或基于法律特别规定而应承担的民事法律责任。民事责任"乃是现代民法之生命力所在"，民事立法的进步与完善，其着重点不在于规定人民可以享受民事权利之多寡，而在于制定尽量完善的民事责任制度①。《计算机软件保护条例》第二十三条②、第二十四条③对侵犯软件著作权的表现形式、民事责任承担方式等内容作了较为详细的规定。

---

① 梁慧星．民法学说判例与立法研究［M］．北京：中国政法大学出版社，1993：256．

② 《计算机软件保护条例》第二十三条规定："除《中华人民共和国著作权法》或者本条例另有规定外，有下列侵权行为的，应当根据情况，承担停止侵害、消除影响、赔礼道歉、赔偿损失等民事责任：（一）未经软件著作权人许可，发表或者登记其软件的；（二）将他人软件作为自己的软件发表或者登记的；（三）未经合作者许可，将与他人合作开发的软件作为自己单独完成的软件发表或者登记的；（四）在他人软件上署名或者更改他人软件上的署名的；（五）未经软件著作权人许可，修改、翻译其软件的；（六）其他侵犯软件著作权的行为。"

③ 《计算机软件保护条例》第二十四条规定："除《中华人民共和国著作权法》、本条例或者其他法律、行政法规另有规定外，未经软件著作权人许可，有下列侵权行为的，应当根据情况，承担停止侵害、消除影响、赔礼道歉、赔偿损失等民事责任；同时损害社会公共利益的，由著作权行政管理部门责令停止侵权行为，没收违法所得，没收、销毁侵权复制品，可以并处罚款；情节严重的，著作权行政管理部门并可以没收主要用于制作侵权复制品的材料、工具、设备等；触犯刑律的，依照刑法关于侵犯著作权罪、销售侵权复制品罪的规定，依法追究刑事责任：（一）复制或者部分复制著作权人的软件的；（二）向公众发行、出租、通过信息网络传播著作权人的软件的；（三）故意避开或者破坏著作权人为保护其软件著作权而采取的技术措施的；（四）故意删除或者改变软件权利管理电子信息的；（五）转让或者许可他人行使著作权人的软件著作权的。有前款第一项或者第二项行为的，可以并处每件100元或者货值金额1倍以上5倍以下的罚款；有前款第三项、第四项或者第五项行为的，可以并处20万元以下的罚款。"

一、侵犯计算机软件著作权民事责任的法律特点

民事责任属于法律责任的一种，因此具有法律责任的一般特征，如以违法行为为前提，是当事人违反法律而需要承担的法律后果，法律的强制性等。就侵犯软件著作权民事责任而言，其是保障计算机软件著作权实现的重要措施，是相关主体因违反《计算机软件保护条例》所规定的民事义务应承担的民事法律后果，是一种法律制裁，对不法行为人和其他人起到行为矫正和行为导向的作用；其亦是一种民事救济手段，旨在使软件著作权人及其被侵犯的权益得以恢复。

（一）侵犯软件著作权的民事责任是一种法律制裁

民事责任是法律上规定的对不法行为的制裁。制裁意味着法律依据社会公认的价值准则和行为准则对具体行为作出否定性评价和抑制性处理，是承担法律责任的一个重要方式。民事责任是前提，法律制裁是结果或体现。法律制裁的目的，是强制责任主体承担否定的法律后果，惩罚违法者，恢复被侵害的权利和秩序①。

侵犯软件著作权民事责任的制裁性主要是通过人民法院使不法行为人承担强制性给付义务和其他义务来实现的。这种强制性对不法行为人和其他人起到行为矫正和行为导向的作用，即通常所说的教育和预防作用②。例如，对于受保护的软件等作品，未经作者授权不得进行商业目的的复制，对于别人创作的软件等作品，不得以抄袭等方式去使用，这些都是公民的义务。如果义务人即除软件著作权人以外的其他人违反了义务，法律将以国家强制力为保证，对其施以强制措施，使其承担法律后果。

（二）侵犯软件著作权的民事责任是一种法律补偿

民事法律关系是平等主体之间的关系，民事主体的地位平等。一方当事人不履行义务而侵犯另一方合法权益时，需对另一方当事人承担责任，以恢复其受到侵犯的平等地位，弥补其受到的损失。因此，民事责任是一方当事人对另一方当事人承担的责任，一般不具有惩罚性，而以补偿性为其特点。

---

① 沈宗灵. 法理学 ［M］. 北京：北京大学出版社，2000：527 - 528.
② 刘稚. 著作权法实务与案例评析 ［M］. 北京：中国工商出版社，2003：244.

补偿性是民事责任区别于其他法律责任的主要标志①。

侵犯软件著作权的民事责任作为一种法律补偿，是法律强制力为受害的合法权益提供的保护性措施。这种保护的方式一般是：软件著作权人在其权利受到侵害以后，有权请求加害人恢复其权利，加害人在法律的强制力下有义务向软件著作权人履行财产给付（如赔偿损失、返还财物）和其他行为义务（如赔礼道歉、消除影响等），从而使软件著作权人就其所受的损害，获得物质上和精神上的填补，并使其侵害的权利回复到法律上的完好状态。

需要注意的是，软件著作权侵权中，同一项侵权责任，通常既包含补偿又包含制裁。补偿是对软件著作权人而言的，具有填补损失、恢复权利的意义；制裁是对加害人而言的，具有惩戒不法行为、恢复秩序的意义。同时，补偿通过制裁实现，制裁寓于补偿之中，也就是说，权利的恢复以义务性强制为途径，权利的恢复同时也是秩序的恢复。对不法行为的惩戒，也通过补偿的方式而得以实现。这种补偿性，使软件著作权人可以依据民事责任制度赋予他的请求权直接提起诉讼，也可以寻求其他更为简便灵活的权利恢复方式。这样，就使软件著作权侵权民事责任成为人民群众广泛而经常运用的既保护自己合法权益又保护社会公共秩序的有力武器。

二、侵犯计算机软件著作权民事责任的构成要件

侵权行为构成要件，是指行为人的具体行为依法律规定构成侵权行为并承担相应民事责任的必备条件。侵权责任的构成要件在侵权法中占有重要地位，是归责原则的具体适用。运用构成要件判断法，通过对具体行为的分析，就可以确定某一特定的致损事实是否构成了侵权，亦即行为人是否应当承担民事责任。② 所谓侵犯软件著作权民事责任的构成要件，是指在一般情况下，构成侵犯软件著作权行为民事责任所必须具备的条件。符合侵犯软件著作权民事责任的构成要件，是承担民事责任的前提。关于侵权责任的构成要件，目前国内主要存在"三要件说"和"四要件说"。根据"三要件说"，侵权责任的构成要件包括过失、损害结果、行为与损害结果间的因果关系。

---

① 刘金霞，温慧卿. 新编民法原理与实务［M］. 北京：北京理工大学出版社，2017：91.
② 寇广萍. 侵权责任法［M］. 北京：中国政法大学出版社，2017：36 – 37.

这种学说认为违法行为不足以作为侵权行为责任的构成要件。而"四要件说"则认为，侵权责任的构成要件包括行为的违法性、损害结果、损害行为与损害结果间的因果关系以及行为人的过错①。对于侵犯软件著作权民事责任的构成要件，一般采用"四要件说"。具体而言，包括损害事实、行为违法性、因果关系、过错等四项，这是构成承担民事责任的四个要件，四者缺一不可。

（一）损害事实的存在

侵权民事责任主要是一种财产责任。它主要是以财产赔偿的方式制裁致害人，从而补偿受害人所受到的财产损失。既然是对损害进行赔偿，当然要有损害事实存在，只有发生了损害事实，才有可能发生赔偿的问题。所谓损害事实是指行为人因自己的行为及自己所控制的物件致他人人身或财产上的不利益。这种不利益，包括一切受法律承认和保护的权利和利益所遭受的不良后果和不良状态。如财产的减少、利益的丧失以及名誉的毁损、精神痛苦或疼痛、生命的丧失、身体健康自由的损害等。

作为侵犯软件著作权民事责任构成要件之一的损害事实，必须符合以下特点：一是损害必须有实际的损害结果，损害是指软件著作权人因他人的加害行为而遭受人身和财产权益的不利后果。二是损害的确定性，意味着对软件著作权人权利的损害事实是一个确定的事实，而不是臆想的、虚构的、尚未发生的现象。三是损害的可补救性，这是指对软件著作权人权利的损害已发生，且必须达到一定程度，在法律上是可补救的。

（二）加害行为的违法性

加害行为的违法性是侵犯软件著作权民事责任的另一构成要件。民法中的行为，既包括积极的作为，也包括消极的不作为。不管是作为还是不作为，都构成民事意义上的"行为"。侵犯软件著作权民事责任构成要件中造成损害事实的行为，必须具有违法性质，行为人才负有赔偿责任。否则，即使有损害事实，也不能使行为人承担赔偿责任。通常情况下，违法行为有两种表现形式，即作为的违法行为和不作为的违法行为。所谓作为的违法行为，是指行为人做了《计算机软件保护条例》等法律法规所不允许的行为。所谓不作为的违法行为，是指法律要求行为人做而行为人没有做的行为。判

---

① 孔祥俊，杨丽．侵权责任要件研究：上［J］．政法论坛，1993（1）．

断行为人有无不作为的违法行为，最主要的是看两点：一是行为人在法律上是否有作为的义务；二是负有一定义务的人在当时是否具备履行的条件。行为人只有在法律上负有义务，并且具备履行条件而不履行，才能认定其有不作为的违法行为。

需要注意的是，对于加害行为违法性中"法"的内容的理解，既包括国家实体法律中的规定，也包括公序良俗等，乃至按照职务上的要求所应承担的义务，这是因为其特征就是要在客观上与法律规定的精神、基本原则相一致①。我国《著作权法》《计算机软件保护条例》等法律法规均对计算机软件著作权人享有的权利进行了规定，违反相关知识产权法律法规侵害软件著作权人的行为均属于违法行为。

（三）违法行为与损害结果之间有因果关系

侵权的因果关系，是指违法行为和损害事实之间的因果关系，即若不存在这种违法行为，损害就不会发生，则该行为是损害结果发生的原因；反之，即使不存在该行为，损害也会发生，则该行为就不是损害发生的原因。因果关系是侵权行为成立的基础，不论是大陆法系还是英美法系都把因果关系作为侵权责任的基本构成要件，也是判断责任大小的重要标准②。

侵犯软件著作权纠纷中，因果关系的认定目的是判断造成损害的后果是否是侵权人所为。在对因果关系进行认定时，我们不但要根据软件著作权人所举的证据判断是否成立因果关系，还要全面分析软件著作权人提供的证据是否必然导致损害结果的发生。如认定侵权人的行为与软件著作权人所受损害存在事实因果关系，则认定二者之间因果关系成立；如客观事实上侵权人的行为并非软件著作权人所受损失的原因，则二者之间不存在因果关系。

（四）行为人主观上有过错

过错是侵权责任构成中的重要因素，它不仅是责任的构成要件，而且是责任的最终构成要件。具体而言，过错是加害人在实施行为时主观上对其行为后果具有故意或过失的一种可归责的心理状态，包括故意和过失两种形式。行为人预见到自己行为的后果，并希望其发生或者放任其到来的，称为

---

① 江平. 民法学［M］. 北京：中国政法大学出版社，2007：542.

② 寇广萍. 侵权责任法［M］. 北京：中国政法大学出版社，2017：45.

故意。行为人对其行为的结果应当预见到或者能够预见到但没有预见到，或者虽然预见到但轻信其不会发生，以致造成损害结果的，称为过失。

侵犯软件著作权纠纷中，行为人的行为是故意或者过失，或者过失程度大小如何，一般情况下对于确定其民事责任并无实际意义。这是因为，确定侵犯软件著作权民事责任的范围，通常取决于损害的有无或大小，并不因为行为人的故意或者过失而有所不同。

三、侵犯计算机软件著作权民事责任的承担方式

民事责任的承担方式，是指对软件著作权侵权人追究民事责任的具体处置形式。随着现代社会的发展，民事侵权呈现多样化、复杂化，新的民事责任形式不断增加，独立的民事责任制度逐步建立并日渐完善。一个国家的侵权责任法规定哪些侵权责任方式，取决于该国的民事立法政策和法律文化传统等因素。我国《侵权责任法》第十五条规定了停止侵害、排除妨碍、消除危险、返还财产、恢复原状、赔偿损失、赔礼道歉、消除影响、恢复名誉等具体的民事责任方式，且这些民事责任方式在具体案件中可以单独适用，也可以合并适用①。上述侵权责任方式可以分为两大类，即填补损害类型的侵权责任承担方式与预防类型的侵权责任承担方式。前者包括返还财产、恢复原状、赔偿损失、赔礼道歉、消除影响、恢复名誉，后者包括停止侵害、排除妨碍、消除危险②。为正确适用法律，准确适用不同的民事责任形式，法律需要对不同的民事责任形式的适用条件作出规定，从而根据各种责任形式适用于各类不同的侵权行为，通过这些责任方式的承担达到预防、制裁侵权行为的要求。根据《计算机软件保护条例》第二十三条、第二十四条的规定，实施侵犯软件著作权侵权行为的，应当根据情况，承担停止侵害、消除影响、赔礼道歉、赔偿损失等民事责任。根据《侵权责任法》的规定，停止侵害、消除影响、赔礼道歉、赔偿损失等民事责任，可以单独适用，也可以

① 《侵权责任法》第十五条规定："承担侵权责任的方式主要有：（一）停止侵害；（二）排除妨碍；（三）消除危险；（四）返还财产；（五）恢复原状；（六）赔偿损失；（七）赔礼道歉；（八）消除影响、恢复名誉。以上承担侵权责任的方式，可以单独适用，也可以合并适用。"

② 张钢成．侵权责任案件裁判方法与规范［M］．上海：上海译文出版社，2015：25.

几项合并适用。除上述民事责任外，根据侵犯软件著作权的实际情况，还可以要求侵权人承担其他民事责任。

（一）停止侵害

停止侵害，即责令侵权人停止正在进行的侵权行为。停止侵害的责任方式可以适用于各种侵权行为。其适用条件为侵权行为正在进行中或仍在延续，对尚未发生或已经终止的行为不适用。无论侵权人主观上是否有侵权的动机，都必须立即停止侵权行为，防止损害后果的扩大，使被害人的利益免受进一步的损失。如责令销售盗版软件的侵权人立即停止销售行为，对于已经销售的盗版软件，能够追回的应当追回。

根据《计算机软件保护条例》第二十六条的规定，软件著作权人有证据证明他人正在实施或者即将实施侵犯其权利的行为，如不及时制止，将会使其合法权益受到难以弥补的损害的，可以依照《中华人民共和国著作权法》第五十条①的规定，在提起诉讼前向人民法院申请采取责令停止有关行为的措施，法院可以针对加害行为的具体情况裁定是否先予执行。此外，根据《侵权责任法》第十五条的规定，停止侵害责任方式可以单独适用，也可以与其他责任方式合并适用。可见，停止侵害责任方式是属于软件著作权人根据案件具体情况可供选择的侵权责任方式之一。

（二）消除影响

在对侵害软件著作权的救济中，"停止侵害"制止了正在进行中的侵害行为，同时也对行为人将来的行为进行了一定程度的约束。这种责任承担方式，使得侵权导致的后果不再继续发生或扩大。而对于侵权行为已经产生的损害后果而言，法律还应该予以相应的救济和补偿。消除影响即责令侵权人以适当方式消除因侵权行为给权利人造成的不利影响，这种民事责任主要适用于侵害软件著作权中的人身权，是恢复受害人名誉的一种方式，是侵害著

---

① 《著作权法》第五十条规定："著作权人或者与著作权有关的权利人有证据证明他人正在实施或者即将实施侵犯其权利的行为，如不及时制止将会使其合法权益受到难以弥补的损害的，可以在起诉前向人民法院申请采取责令停止有关行为和财产保全的措施。人民法院处理前款申请，适用《中华人民共和国民事诉讼法》第九十三条（现行《民事诉讼法》第一百零一条）至第九十六条（现行《民事诉讼法》第一百零五条）和第九十九条（现行《民事诉讼法》第一百零八条）的规定。"

作人格权行为的一种重要的"非金钱赔偿"民事责任方式①，其主要目的是消除侵权人的侵权行为对受侵害人著作人格权造成的不良影响，使权利人遭受的人格毁损恢复如初。

软件著作权侵权中，一般消除影响的范围应当与造成损害的范围相符，如侵权人在某期刊上发表了侵权作品，就应在此期刊上公开声明，以恢复权利人的名誉。如武汉蓝星科技股份有限公司、李正著作权权属、侵权纠纷、商业贿赂不正当竞争纠纷案中，蓝星公司依法享有无懈科技手机互联开发工具软件V1.0著作权，无懈公司和亿维特公司共同侵犯了蓝星公司计算机软件的著作权，且其复制、发行蓝星公司无懈科技手机互联开发工具软件 V1.0 的侵权规模较大，无懈公司、亿维特公司的侵权行为给蓝星公司造成了不良影响，上述两公司应就侵犯蓝星公司复制权、发行权的行为在新浪网、搜狐网、《湖北日报》上刊登声明，消除其侵权行为对蓝星公司造成的不良影响②。

（三）赔礼道歉

赔礼道歉是一种具有中国文化底蕴的责任形式，深具中国特色。赔礼道

---

① 周晓冰. 著作人格权的保护［M］. 北京：知识产权出版社，2015：202.

② 该案具体案情为：2012 年 1 月 20 日，蓝星公司（甲方）与无懈公司（乙方）签订《ScreenLink 定制开发合同书》及其附件，双方约定，基于蓝星公司的 IVI 产品，按照甲方的需求定制开发系统及运行在其上的软件，产品名称为 ScreenLink 系统。合同 3.4 条约定，甲方主要负责设计 UI 流程和部分界面逻辑；乙方主要负责底层系统支持、中间件、空间封装以及部分重要界面开发工作；4.3 条约定本项目开发费用共计人民币 8 万元整，其中 4 万元分摊到 4K 套产品中，该条还按照软件数量分别约定了授权费用；8.1 条约定，甲方销售或使用乙方独立开发的 ScreenLink 产品时，均需向乙方支付授权费用，甲方未经乙方书面同意，不得转让 ScreenLink 产品的知识产权，在保证乙方权益的情况下，乙方不得拒绝甲方转让给第三方；8.2 条约定，在 8.1 条的基础上，乙方同意因履行本协议所产生的研究开发成果及其知识产权归甲方所有，产品的生产、经营、销售权归甲方所有。无懈公司在 2012 年 6 月 1 日完成了无懈科技手机互联开发工具软件的 V1.0 版本，并提交国家版权局进行登记，登记号：2013SR050640，登记日为 2013 年 5 月 28 日，软件环境为 Linux 系统，编程语言为 C99，主要功能为本系统构建于 Linux 操作系统之上，实现了电脑与智能手机之间的互联功能。亿维特公司与无懈公司 2014 年 4 月 17 日、2014 年 7 月 29 日、2014 年 8 月 26 日、2014 年 10 月 20 日、2014 年 11 月 20 日签订的五份《采购合同》载明，亿维特公司向无懈公司采购了品名为"无懈科技手机互联开发工具软件（简称"手机互联开发工具"）V1.0"的软件，合同金额合计为 232382 元。参见《武汉蓝星科技股份有限公司、李正著作权权属、侵权纠纷、商业贿赂不正当竞争纠纷案》，湖北省高级人民法院（2017）鄂民终 244 号民事判决书。

歉不但体现了对侵权人侵权行为的否定性评价，也使受害人不同程度地平复了其精神创伤，具有类似于精神损害赔偿的作用①。赔礼道歉作为民事责任方式，具有民事责任方式所具有的预防、惩罚功能。但是，它不同于其他责任方式，它是集话语性、强制性、人身性、惩罚性于一体的责任方式，其前提必须是道歉者的"自愿加真诚"。因为，道歉是行为人的内疚感和良心发现，是自向性行为，它不考虑受害人的感受。所以，道歉不能被强制。此外，赔礼道歉不是"用精神补救办法解决精神损失的有效方式"②，也不能作为减轻民事赔偿的手段。

赔礼道歉，即责令侵权人在侵权行为影响所及的范围内公开承认错误，向受害人赔礼道歉。这种责任方式在一般侵权中适用范围最广，有时与消除影响的责任方式结合在一起适用，也可以与其他民事责任方式并用。赔礼道歉的具体方式如登报致歉、在公开场合声明或者借助其他媒介表明歉意等。诉讼中如果当事人双方相互间已经达成了谅解，法院可以不必在判决书中写明公开赔礼道歉这种责任方式。

在软件著作权侵权中，赔礼道歉作为一种民事责任承担方式，一方面，对外可以达到公示是非曲直，消除公众因侵害软件著作人格权行为产生的对于软件和作者的错误认识、不良社会评价的目的；另一方面，对内可以抚慰和减轻作者因软件著作人格权被侵害所产生的精神痛苦。需要注意的是，由于软件的实用性等特征，软件著作权侵权中赔礼道歉的适用并不常用。如上述武汉蓝星科技股份有限公司、李正著作权权属、侵权纠纷、商业贿赂不正当竞争纠纷案中，湖北省高级人民法院认为，无懈公司、亿维特公司侵犯的是蓝星公司的著作财产权而不是著作人身权，故对于蓝星公司判令上述两公司赔礼道歉的诉讼请求，不予支持③。又如欧特克公司与西安思坦仪器股份有限公司侵害计算机软件著作权纠纷案中，陕西省西安市中级人民法院认为，原告主张被告应在《人民日报》刊登声明，公开向原告赔礼道歉，因原

---

① 崔建远. 债法总则与中国民法典的制定：兼论赔礼道歉、恢复名誉、消除影响的定位 [J]. 清华大学学报（哲社版），2003（4）.

② 江平，巫昌祯. 民法词典 [M]. 北京：北京出版社，1988：244.

③ 参见《武汉蓝星科技股份有限公司、李正著作权权属、侵权纠纷、商业贿赂不正当竞争纠纷案》，湖北省高级人民法院（2017）鄂民终 244 号民事判决书。

告未提供证据证明被告的侵权行为使原告的商誉等受到了损害，故对原告的此项诉讼请求不予支持①。

（四）赔偿损失

现代侵权责任法不仅具有传统侵权责任法消极补偿被侵权人损害的功能，而且还有积极预防和减轻损害的功能。多种侵权民事责任方式的适用对被侵权人提供了更多的救济方式，也能够更充分地发挥侵权责任法的多重功能②。在诸多责任方式中，赔偿损失无疑是其中最为重要的方式。

赔偿损失是指侵权人的侵权行为致使被侵权人的软件著作权的财产权利和人身权利受到损害而不能用其他方式弥补时，侵权人有义务用自己的财产补偿被侵害人所遭受的损失。赔偿损失是侵犯软件著作权所应承担民事责任中的一种最常用的方式，无论是侵害软件著作权中的财产权还是侵害软件著作权中的人身权，受害人都可以要求侵权人赔偿损失。

对于赔偿损失中赔偿数额的确定，我国《计算机软件保护条例》第二十五条做出了明确规定，即依照《著作权法》第四十九条的规定确定。《著作权法》第四十九条规定："侵犯著作权或者与著作权有关的权利的，侵权人应当按照权利人的实际损失给予赔偿；实际损失难以计算的，可以按照侵权人的违法所得给予赔偿。赔偿数额还应当包括权利人为制止侵权行为所支付的合理开支。权利人的实际损失或者侵权人的违法所得不能确定的，由人民法院根据侵权行为的情节，判决给予五十万元以下的赔偿。"关于侵犯软件著作权赔偿数额的确定，本书将在下一章进行专门探讨。

四、侵犯计算机软件著作权民事责任的表现形式

依照《计算机软件保护条例》第二十三条的规定，因侵犯软件著作权而应当承担民事责任的侵权行为主要表现为以下几种形式。

（一）未经软件著作权人许可，发表或者登记其软件

未经软件著作权人许可，发表或者登记其软件，就侵犯了软件著作权人

---

① 参见《欧特克公司与西安思坦仪器股份有限公司侵害计算机软件著作权纠纷案》，陕西省西安市中级人民法院（2016）陕01民初1494号民事判决书。

② 王利明. 民法学［M］. 2版. 上海：复旦大学出版社，2015：667.

的发表权。这是因为，决定软件是否公之于众是软件著作权人的权利，应当由软件著作权人自己来决定，他人未经软件著作权人同意而将其软件发表或者登记，就是侵权行为。因侵权行为致使软件著作权人人身和财产损失，行为人应当承担民事责任。发表权中还包括软件著作权人有权以某种形式首次发表其软件，如果未按软件著作权人决定的形式发表其软件，也是侵犯其发表权的行为，也应当承担相应的民事责任。

（二）将他人软件作为自己的软件发表或者登记

将他人软件作为自己的软件发表或者登记，不仅侵犯了软件著作权人的发表权，而且侵犯了软件著作权人的署名权和其他财产权利，行为人应当承担相应的民事责任。

上述武汉蓝星科技股份有限公司、李正著作权权属、侵权纠纷、商业贿赂不正当竞争纠纷案中，无懈科技手机互联开发工具软件 V1.0 系蓝星公司与无懈公司签订的定制合同的开发成果，依合同约定，该软件的著作权应归属于蓝星公司。无懈公司将蓝星公司享有著作权的无懈科技手机互联开发工具软件 V1.0 登记在自己名下，即属于将他人软件作为自己的软件登记的侵权行为①。

---

① 法院的具体理由为：其一，无懈科技手机互联开发工具软件 V1.0 著作权登记的开发完成日期是 2012 年 6 月 1 日，在 2012 年 1 月合同签订与 2012 年 12 月软件测试验收之间，其申请时间显然是在 2012 年 1 月合同约定的技术成果研发期间之内。其二，无懈科技手机互联开发工具软件 V1.0 的源代码中，出现了大量的 ScreenLink 字样，而 ScreenLink 正是 2012 年 1 月合同约定的软件名称。其三，从 2012 年 1 月合同的合同目的来看，双方签订该合同是为了实现合同附件《ScreenLink 需求规约》要求的"实现手机到车机屏幕的同步"以及"双屏互动启动手机屏幕到车机屏幕的映射和操作"的技术目标，而无懈科技手机互联开发工具软件 V1.0 著作权登记资料记载，该软件的主要功能为构建于 Linux 操作系统之上，实现了电脑与智能手机之间的互联功能。由此可见，无懈科技手机互联开发工具软件 V1.0 的主要功能与 2012 年 1 月合同约定 ScreenLink 软件的研发目的具有一致性。其四，本案一审中，蓝星公司和无懈公司均认可，蓝星公司主张权利的无懈科技手机互联开发工具软件 V1.0 与无懈公司交付的 ScreenLink 软件具有对应关系，且无懈公司二审并未提交相反证据证明，无懈科技手机互联开发工具软件 V1.0 与 ScreenLink 软件不具有同一性。基于上述事实，本案可以认定，无懈科技手机互联开发工具软件 V1.0 是双方 2012 年 1 月合同约定的研发成果。根据双方 2012 年 1 月合同关于研究开发成果的知识产权归属蓝星公司所有的约定，无懈科技手机互联开发工具软件 V1.0 的著作权应当归蓝星公司所有。参见《武汉蓝星科技股份有限公司、李正著作权权属、侵权纠纷、商业贿赂不正当竞争纠纷案》，湖北省高级人民法院（2017）鄂民终 244 号民事判决书。

（三）未经合作者许可，将与他人合作开发的软件作为自己单独完成的软件发表或者登记

合作开发的软件是两个或者两个以上的自然人、法人共同创作完成的软件，合作范围包括软件的代码编写、调试、测试等开发工作。现实软件开发中，合作开发软件分为分工合作开发和以一方为主的合作开发。分工合作开发，即根据合作协议，合作各方坚持勤勉努力、诚实信用原则，在考虑各方软件兼容和接合的基础上，按照软件编程工作的正常分工进行各方分别负责的软件的编程工作，任何一方不得随意更改软件的重大功能和事项，以免对其余各方造成履约困难。如部分合作人发生特殊技术困难，其余合作方有义务为其提供合理适当的技术帮助。以一方为主的合作开发，即双方采取由乙方向甲方提供符合合同约定的软件开发专业技术人员，由甲方进行统一软件开发管理并支付乙方合作费用的合作模式。此种合作模式下，甲方应当提供专人与乙方联络并对乙方的开发进度及质量进行监督，应当提供软件开发所需要的所有数据交给乙方，并保证数据的正确性，应当及时支付软件合作开发费用，保证软件合作开发费用及时到位。乙方应当制定软件开发研究计划，经甲方确认后，按照软件开发研究计划的约定及时、正确地完成系统的开发，乙方交付产品时需要向甲方提交完成甲方功能要求的可执行软件、软件的开发计划文件、软件的设计文件、软件的模拟环境、软件的质量保证计划、软件的确认测试计划、软件的源代码、软件的使用说明书、软件开发过程中产生的其他文档等材料。

合作开发软件凝结了合作者共同的创造性劳动，其著作权应当由合作者共同享有，合作者中的任何一个自然人或者法人都无权单独行使合作开发软件的著作权。未经合作者许可，将与他人合作开发的软件作为自己单独完成的软件发表或者登记，不仅侵犯了合作者的发表权，而且等于窃取了他人的创造成果，侵犯了合作者的署名权和其他财产权利，行为人应当承担相应的民事责任。在实践中，这种侵权行为大体分两种情况：一是合作开发的软件完成后，合作作者之一或者一部分人抢先以自己的名义单独予以发表，或者单独以自己的名义登记，侵犯其他合作作者的发表权、署名权；二是将已经发表的合作开发的软件经过改编、加工，形成一个新的改编的软件后，未经原合作开发者的许可就以自己的名义发表或者登记，从而侵犯其他合作开发

者的改编权①。

（四）在他人软件上署名或者更改他人软件上的署名

依照《计算机软件保护条例》的有关规定，署名权属于软件著作权人。软件著作权人有权在其开发的软件上表明自己的身份，即署上自己的名字，也有权署笔名或者不署名。未参加软件开发的人为谋取个人名利，无论采取何种方式在他人软件上署名或者更改他人软件上的署名，都是侵犯软件著作权人署名权的行为。软件著作权人有权禁止未参加开发的人在其软件上署名，也有权禁止他人更改其软件上的署名，侵权人应对其侵权行为承担相应的民事责任。

（五）未经软件著作权人许可，修改、翻译其软件

依照《计算机软件保护条例》的有关规定，修改、翻译其软件是软件著作权人享有的专有权利。未经软件著作权人许可，修改、翻译其软件，就侵犯了软件著作权人的修改权、翻译权，侵权人应对其侵权行为承担相应的民事责任。

（六）其他侵犯软件著作权的行为

兜底条款，也叫堵截条款、堵漏条款、概括条款和口袋条款，它作为一项立法技术，被广泛运用于各领域、各层级的法律、法规、规章等法律文件中。兜底条款将所有其他条款没有包括的，或者难以包括的，或者目前预测不到的都包括进来。兜底条款是法律文本中常见的法律表述，主要是为了防止法律的不周严性，以及社会情势的变迁性。因为法律一旦制定出来，其稳定性就必然带来相对的滞后性。况且法律制定者受主观认识、能力等方面的限制，无法准确预知法律所要规范的所有可能出现的情形，所以有必要通过兜底条款来尽量减少人类主观认识能力不足所带来的法律缺陷，以保持法律的相对稳定性。据此执法者可以依据法律的精神和原则，适应社会情势的客观需要，将一些新情况通过兜底条款这种立法技术的适用进行解决，从而保证法律无须修改也能保持适当的张力。

我国知识产权立法的指导思想是，尽量为司法实践提供具体行动的指南。因此，在很多情况下，对权利内容、侵权行为等采取的是列举主义立法

---

① 徐玉麟．计算机软件保护条例释义［M］．北京：中国法制出版社，2002：102.

模式。然而，列举主义不免挂一漏万，为解决这一矛盾，立法者采用了"列举主义＋兜底条款"的立法体例①。侵犯软件著作权的行为比较复杂，上述列举的内容只是侵权行为中较为常见的，还有一些侵权行为，在上述五项中并没有包括，例如，使用他人的软件而未向其支付报酬的。本项作为兜底性的规定，将其他侵犯软件著作权人权益的侵权行为包括进来，能够更好地保护软件著作权人的合法权益。需要注意的是，兜底条款的适用应当有适用的合理性基础，且应当在穷尽有名权利仍不能对被诉行为进行规制的前提下适用②。

需要注意的是，《计算机软件保护条例》第二十三条有一个但书，即"除《中华人民共和国著作权法》或者本条例另有规定外"。在通常情况下，造成他人损害的行为都是违法的，但有些行为表面上似乎是侵害了他人的权益，而行为本身却是合法的，因而不能追究行为人的民事责任。具体而言，我国《著作权法》规定了合理使用③、

① 李雨峰. 中国著作权法：原理与材料 ［M］. 武汉：华中科技大学出版社，2014：94.

② 张俊发. 论著作权权项设置中兜底条款的适用 ［J］. 知识产权，2018（12）.

③ 《著作权法》第二十二条规定："在下列情况下使用作品，可以不经著作权人许可，不向其支付报酬，但应当指明作者姓名、作品名称，并且不得侵犯著作权人依照本法享有的其他权利：（一）为个人学习、研究或者欣赏，使用他人已经发表的作品；（二）为介绍、评论某一作品或者说明某一问题，在作品中适当引用他人已经发表的作品；（三）为报道时事新闻，在报纸、期刊、广播电台、电视台等媒体中不可避免地再现或者引用已经发表的作品；（四）报纸、期刊、广播电台、电视台等媒体刊登或者播放其他报纸、期刊、广播电台、电视台等媒体已经发表的关于政治、经济、宗教问题的时事性文章，但作者声明不许刊登、播放的除外；（五）报纸、期刊、广播电台、电视台等媒体刊登或者播放在公众集会上发表的讲话，但作者声明不许刊登、播放的除外；（六）为学校课堂教学或者科学研究，翻译或者少量复制已经发表的作品，供教学或者科研人员使用，但不得出版发行；（七）国家机关为执行公务在合理范围内使用已经发表的作品；（八）图书馆、档案馆、纪念馆、博物馆、美术馆等为陈列或者保存版本的需要，复制本馆收藏的作品；（九）免费表演已经发表的作品，该表演未向公众收取费用，也未向表演者支付报酬；（十）对设置或者陈列在室外公共场所的艺术作品进行临摹、绘画、摄影、录像；（十一）将中国公民、法人或者其他组织已经发表的以汉语言文字创作的作品翻译成少数民族语言文字作品在国内出版发行；（十二）将已经发表的作品改成盲文出版。前款规定适用于对出版者、表演者、录音录像制作者、广播电台、电视台的权利的限制。"

法定许可①等情形，《计算机软件保护条例》也规定了合理使用②、善意使用③、表达方式竞合④等情形。这些情况下使用软件著作权人的软件，都会给权利人造成一定的损失，但都不构成侵权，因而也无须承担民事责任。

《计算机软件保护条例》第二十四条规定，除《中华人民共和国著作权法》、本条例或者其他法律、行政法规另有规定外，未经软件著作权人许可，有下列侵权行为的，应当根据情况，承担停止侵害、消除影响、赔礼道歉、赔偿损失等民事责任；同时损害社会公共利益的，由著作权行政管理部门责令停止侵权行为，没收违法所得，没收、销毁侵权复制品，可以并处罚款；情节严重的，著作权行政管理部门并可以没收主要用于制作侵权复制品的材料、工具、设备等；触犯刑律的，依照刑法关于侵犯著作权罪、销售侵权复制品罪的规定，依法追究刑事责任：（一）复制或者部分复制著作权人的软件的；（二）向公众发行、出租、通过信息网络传播著作权人的软件的；（三）故意避开或者破坏著作权人为保护其软件著作权而采取的技术措施的；

---

① 《著作权法》第三十三条第二款规定："作品刊登后，除著作权人声明不得转载、摘编的外，其他报刊可以转载或者作为文摘、资料刊登，但应当按照规定向著作权人支付报酬。"《著作权法》第四十条第三款规定："录音制作者使用他人已经合法录制为录音制品的音乐作品制作录音制品，可以不经著作权人许可，但应当按照规定支付报酬；著作权人声明不许使用的不得使用。"《著作权法》第四十三条第二款规定："广播电台、电视台播放他人已发表的作品，可以不经著作权人许可，但应当支付报酬。"《著作权法》第二十三条规定："为实施九年制义务教育和国家教育规划而编写出版教科书，除作者事先声明不许使用的外，可以不经著作权人许可，在教科书中汇编已经发表的作品片段或者短小的文字作品、音乐作品或者单幅的美术作品、摄影作品，但应当按照规定支付报酬，指明作者姓名、作品名称，并且不得侵犯著作权人依照本法享有的其他权利。前款规定适用于对出版者、表演者、录音录像制作者、广播电台、电视台的权利的限制。"
② 《计算机软件保护条例》第十七条规定："为了学习和研究软件内含的设计思想和原理，通过安装、显示、传输或者存储软件等方式使用软件的，可以不经软件著作权人许可，不向其支付报酬。"
③ 《计算机软件保护条例》第三十条规定："软件的复制品持有人不知道也没有合理理由应当知道该软件是侵权复制品的，不承担赔偿责任；但是，应当停止使用、销毁该侵权复制品。如果停止使用并销毁该侵权复制品将给复制品使用人造成重大损失的，复制品使用人可以在向软件著作权人支付合理费用后继续使用。"
④ 《计算机软件保护条例》第二十九条规定："软件开发者开发的软件，由于可供选用的表达方式有限而与已经存在的软件相似的，不构成对已经存在的软件的著作权的侵犯。"

（四）故意删除或者改变软件权利管理电子信息的；（五）转让或者许可他人行使著作权人的软件著作权的。有前款第一项或者第二项行为的，可以并处每件 100 元或者货值金额 1 倍以上 5 倍以下的罚款；有前款第三项、第四项或者第五项行为的，可以并处 20 万元以下的罚款。从性质和后果看，条例第二十四条规定的侵权行为与前一条规定的有些不同，第二十四条规定的侵权行为不仅侵害了软件著作权人的合法权益，同时，也扰乱了社会主义市场经济秩序，损害了社会公共利益。因此，本条除规定行为人应承担民事责任外，还规定可以由著作权行政管理部门给予行政处罚，触犯刑律的，还应当依照刑法关于侵犯著作权罪、销售侵权复制品罪的规定，依法追究刑事责任。关于第二十四条规定的五项侵权行为，本书在侵犯软件著作权的行政责任部分具体论述。

第二节　侵犯计算机软件著作权的行政责任

计算机软件作为我国《著作权法》中作品的一种，依照《计算机软件保护条例》第二十四条的规定，本条所列的侵权行为除承担停止侵害、消除影响、赔礼道歉、赔偿损失等民事责任形式外，同时损害社会公共利益的，应当承担行政责任，由著作权行政管理部门责令停止侵权行为，没收违法所得，没收、销毁侵权复制品，可以并处罚款；情节严重的，著作权行政管理部门可以没收主要用于制作侵权复制品的材料、工具、设备等。

一、侵犯计算机软件著作权承担行政责任的前提

（一）行政处罚以损害社会公共利益为前提

侵犯软件著作权行为性质不同，其危害程度和范围也有区别。有些侵权行为只损害了软件著作权人的合法权益，有些侵权行为不仅侵害了软件著作权人的权益，同时还欺骗了广大公众，破坏了社会正常的市场经济秩序。对这种行为，除了依法要承担民事责任以外，是否还要承担相应行政责任以及什么情况下需要承担行政责任，存在不同的观点。世界上绝大多数国家和地区在著作权法中只规定了民事责任和刑事责任，并没有行政责任。究其原因

主要是著作权是一种私有财产权，用行政权力解决民事主体之间的侵权纠纷，会使得本来处于平等地位的双方当事人的利益天平因行政干预而发生倾斜，导致社会的不公平。再加上行政资源的相对有限，在通过民事诉讼和刑事诉讼可以进行有效救济情形下，没有必要动用国家行政力量介入①。我国是从计划经济向市场经济转变而来的，我国社会各界对行政机关解决社会问题的高效率依然十分信奉，加之国民权利意识特别是尊重和保护知识产权意识还有待进一步提高，为了能有效地解决影响市场经济秩序的著作权侵权行为，我国著作权法规定，著作权侵权行为同时损害公共利益的，应当承担行政责任。当侵权行为不仅侵害了权利人利益，也损害市场经济秩序时，根据我国著作权法及其实施条例等相关规定，著作权人可以向著作权行政主管管理部门进行投诉并要求对侵权行为给予行政处罚，著作权行政主管部门也可以依职权主动进行行政查处②。著作权侵权行为的行政责任是我国《著作权》法所独有的制度。

《计算机软件保护条例》在修改过程中，对于侵犯软件著作权承担行政责任是否增加"同时损害社会公共利益的"，即行政处罚是否以损害社会公共利益为前提这一问题上出现过争论。有意见认为，软件行业侵犯软件著作权的情况比较多，而且越来越严重，许多企业对软件盗版深恶痛绝，强烈呼

---

① 潘灿君．著作权法［M］．杭州：浙江大学出版社，2013：201．
② 《著作权法》第四十八条规定："有下列侵权行为的，应当根据情况，承担停止侵害、消除影响、赔礼道歉、赔偿损失等民事责任；同时损害公共利益的，可以由著作权行政管理部门责令停止侵权行为，没收违法所得，没收、销毁侵权复制品，并可处以罚款；情节严重的，著作权行政管理部门还可以没收主要用于制作侵权复制品的材料、工具、设备等；构成犯罪的，依法追究刑事责任：（一）未经著作权人许可，复制、发行、表演、放映、广播、汇编、通过信息网络向公众传播其作品的，本法另有规定的除外；（二）出版他人享有专有出版权的图书的；（三）未经表演者许可，复制、发行录有其表演的录音录像制品，或者通过信息网络向公众传播其表演的，本法另有规定的除外；（四）未经录音录像制作者许可，复制、发行、通过信息网络向公众传播其制作的录音录像制品的，本法另有规定的除外；（五）未经许可，播放或者复制广播、电视的，本法另有规定的除外；（六）未经著作权人或者与著作权有关的权利人许可，故意避开或者破坏权利人为其作品、录音录像制品等采取的保护著作权或者与著作权有关的权利的技术措施的，法律、行政法规另有规定的除外；（七）未经著作权人或者与著作权有关的权利人许可，故意删除或者改变作品、录音录像制品等的权利管理电子信息的，法律、行政法规另有规定的除外；（八）制作、出售假冒他人署名的作品的。"

吁国家加大对制作、贩卖盗版软件的打击力度。因而没有必要人为地设置一个障碍，进而束缚行政机关的手脚。还有意见认为，软件著作权是一种民事权利，侵权后的救济应主要采用司法救济方式，但这并不是说行政机关对侵权行为可以坐视不管，相反地，对于同时损害社会公共利益，扰乱市场经济秩序的侵权行为，著作权行政管理部门可以主动查处，对于情节严重的侵权行为，著作权行政管理部门甚至可以给予严厉的行政处罚。

《计算机软件保护条例》采纳了后一种意见，规定了行政处罚以损害社会公共利益为前提，即著作权行政执法的介入前提是软件著作权侵权行为同时损害社会公共利益。行政处罚可以最大限度地保护软件著作权的合法权益，面对大规模的软件侵权盗版、网络侵权行为，仅仅依靠民事诉讼难以有效保护权利人的合法权益。当民事活动扰乱社会经济秩序，并损害社会公共利益，应当而且必须通过设立行政处罚予以规制。依靠政府部门的行政监管介入，可以最大限度地保护权利人的合法权益，有效规范著作权传播市场秩序。而行政处罚以损害社会公共利益为前提，一是可以有效遏制行政权力的滥用，这就要求软件著作权行政执法应针对破坏公共秩序、不正当竞争，损害公共利益的违法行为予以行政处罚。公权力应适度介入著作权侵权的私权纠纷，过度介入会导致公权力对私权利的干涉。二是防止软件著作权侵权民事诉讼的行政化。由于权利人投诉行政执法部门成本低，效率高，会形成"事事找政府、件件靠执法"的怪象，给行政执法部门造成巨大压力，不堪重负，因而要以损害社会公共利益为前提①。

（二）著作权法中公共利益的界定

著作权法是立足于保护著作权人专有权的法律，在本质上属于私法范畴。但是，由于著作权的保护客体智力作品作为一种信息，具有私人产品和公共产品的双重性质，著作权法具有重要的公共利益目标。政府为促进整体文明进步而确定的著作权公共政策的基本目标，主要包括鼓励作者的文学艺术创作力和言论自由，鼓励相关企业对作品的传播进行投资，以及为公众提

---

① 杨勇．著作权法中损害公共利益的认定研究［J］．中国版权，2016（5）．

供自由选择文化产品的机会①。我国《著作权法》的立法宗旨亦体现了这一目标②。

著作权法中的公共利益可从不同的认识视角加以理解。第一，从著作权增进民主目的的角度认识。著作权法具有增进民主的目的，著作权法服务于促进重要的公共利益，像学术争鸣、公众教育、表达的多样性等。著作权法公共利益目的的实现关注信息自由、教育利益和知识的扩散与效用等方面，而这些利益涉及自由与民主社会的本质问题。著作权立法和司法保护都不可能不对这些重要的公共利益问题予以重视。第二，从著作权法的激励理论角度认识。著作权激励理论主张著作权法的目的是通过激励创造性作品的创作和传播而促进知识和学习，而不是强调这些作品的价值。根据激励理论，著作权原理基于这样一个观念之上，即著作权法的重要目标是为了公众的利益而对知识的创造和传播的支持。第三，从效用理论角度认识。从著作权的效用理论看，著作权立法的最后目的是为了公共福利而促进学习和文化的增进，并且作者有时间限制的专有权赋予是实现这样一个目标的手段③。

（三）判定软件著作权侵权行为损害公共利益应考虑的因素

行政处罚的目的是为了维护政府法定授权对扰乱公共秩序，违反法律法规、规章，并损害公共利益行为的惩戒。在判定软件著作权侵权行为损害公共利益时，应考虑以下因素：首先，未经许可公开提供作品的数量、次数或持续时间，是判定侵权行为是否"损害公共利益"时最先需要考虑的因素。如民事侵权诉讼的屡次败诉，主观上表现为对遵守著作权关系法等法律的漠视，客观上已经扰乱了公共管理秩序，损害了公共利益；行政监管的屡次警示，客观上损害了行政部门对著作权传播的公共管理秩序，损害了公共利益；软件著作权利人根据相关法规、规章维护自身的合法权益，屡次通知侵权单位停止侵权，但仍然反复侵权，难以有效停止侵权的行为，既扰乱了公

---

① 袁咏．数字版权［C］//郑成思．知识产权文丛：第 2 卷．北京：中国政法大学出版社，1999. 17.

② 《著作权法》第一条规定："为保护文学、艺术和科学作品作者的著作权，以及与著作权有关的权益，鼓励有益于社会主义精神文明、物质文明建设的作品的创作和传播，促进社会主义文化和科学事业的发展与繁荣，根据宪法制定本法。"

③ 冯晓青．论著作权法与公共利益［J］．法学论坛，2004（3）．

共秩序，也违反了公共社会道德。其次，实施著作权侵权行为的违法所得，也是判定侵权行为是否"损害公共利益"时需要考虑的因素。如擅自复制和商业性使用计算机软件用于设计、制作公司产品并获得经济利益的行为等，既破坏了公共管理秩序，又违反了公平竞争原则，显然损害了公共利益。最后，判定侵权行为是否"损害公共利益"时，除考虑上述两点因素外，还应结合其他情况综合考虑。过错程度、侵权时间长短、侵权范围大小往往与侵权人的营利方法、商业模式相关，具有一定的经济特性。在认定侵权行为是否"损害公共利益"时，应该考虑这些经济因素。此外，作品的受欢迎程度也与侵权行为是否损害公共利益相关，同样属于判定侵权行为是否"损害公共利益"时应考虑的因素①。

二、侵犯计算机软件著作权行政责任中的行政处罚

行政处罚指行政主体为达到对违法者予以惩戒，促使其以后不再犯，有效实施行政管理，维护公共利益和社会秩序，保护公民、法人或其他组织的合法权益的目的，依法对行政相对人违反行政法律规范尚未构成犯罪的行为，给予人身的、财产的、名誉的及其他形式的法律制裁的行政行为。《计算机软件保护条例》第二十四条规定了软件著作权侵权行为同时损害社会公共利益应当承担行政责任的，由著作权行政管理部门责令停止侵权行为，没收违法所得，没收、销毁侵权复制品，可以并处罚款；情节严重的，著作权行政管理部门可以没收主要用于制作侵权复制品的材料、工具、设备等。此处，"责令停止侵权行为"属于行政措施，是指著作权行政管理部门为了防止权利人的损失进一步扩大而强制侵权人立即停止侵权的一种行政措施。"没收违法所得，没收、销毁侵权复制品，罚款，没收主要用于制作侵权复制品的材料、工具、设备等"是行政处罚。

（一）没收违法所得

没收违法所得是《行政处罚法》规定的处罚种类之一，在行政执法实践中得到广泛适用。所谓没收违法所得，是指行政机关依法将违法行为人取得的违法所得财物，运用国家法律法规赋予的强制措施，对其违法所得财物的

---

① 陈绍玲. 著作权侵权行政执法"公共利益"研究 [J]. 中国版权，2011（5）.

所有权予以强制性剥夺的处罚方式。侵犯软件著作权行政责任中的没收违法所得，是指著作权行政管理部门将侵权人因侵害软件著作权而获得的收入全部收归国有的一种行政处罚。

（二）没收、销毁侵权复制品

侵犯软件著作权行政责任中的没收、销毁侵权复制品，是指著作权行政管理部门将侵权复制品全部予以没收、销毁的一种行政处罚。根据《计算机软件保护条例》第二十四条的规定，在软件领域中，侵权复制品包括复制或者部分复制著作权人的软件、向公众发行、出租、通过信息网络传播著作权人的软件两个方面的内容。

（三）罚款

罚款，是行政机关对行政违法行为人强制收取一定数量金钱，剥夺一定财产权利的制裁方法。罚款是行政处罚手段之一，它不需经人民法院判决，只要行政执法单位依据行政法规的规定，做出处罚决定即可执行。如违反《治安管理处罚法》的，由公安机关依《治安管理处罚法》规定的程序即可执行；违反工商管理相关规定的，由工商行政管理机关依据工商行政管理的具体规定程序作出决定即可执行。侵犯软件著作权行政责任中的罚款，是指著作权行政管理部门强迫侵权人缴纳一定数额的金钱的一种行政处罚。

根据《计算机软件保护条例》第二十四条的规定，侵犯软件著作权行政责任中的罚款是一种并处的行政处罚，不能单独使用，而是由著作权行政管理部门根据侵权行为的性质、情节和造成的后果等具体情况，在作出没收违法所得，没收、销毁侵权复制品处罚的同时，决定是否予以罚款。这种处罚可以处，也可以不处。关于罚款的数额问题，是执法中一个比较敏感的问题。为了方便著作权行政管理部门执法，同时防止执法过程中可能产生的执法不公现象，第二十四条第二款对罚款的数额做了明确规定：复制或者部分复制著作权人的软件的，或者向公众发行、出租、通过信息网络传播著作权人的软件的，可以并处每件 100 元或者货值金额 1 倍以上 5 倍以下的罚款；故意避开或者破坏著作权人为保护其软件著作权而采取的技术措施的，故意删除或者改变软件权利管理电子信息的，转让或者许可他人行使著作权人的软件著作权的，可以并处 20 万元以下的罚款。

（四）没收主要用于制作侵权复制品的材料、工具、设备等

侵犯软件著作权行政责任中的没收主要用于制作侵权复制品的材料、工具、设备等，是指著作权行政管理部门对情节严重的侵权行为给予的一种更为严厉的行政处罚，属于《行政处罚法》规定的行政处罚种类中的没收非法财物。非法财物，指的是被处罚人直接用于违法行为，且属于本人所有的物品。如为制造软件侵权复制品而准备的材料或者购置的工具、设备等就是非法财物。非法财物必须是直接用于违法活动的物品，间接用于违法活动的不包括在其中，且非法财物必须是属于违法行为人自己的物品，属于善意第三人和受害人的财产不能被没收，最多只能做证据登记。

根据《计算机软件保护条例》第二十四条的规定，有些侵犯软件著作权行为不仅要承担民事赔偿法律责任，还要承担没收侵权复制品或违法财物、罚款等行政法律责任。如果侵权人财产不足以承担民事责任和行政责任，则会在对侵权人财产处置上产生冲突。当侵犯软件著作权行为产生民事责任和行政责任冲突时，应坚持民事责任优先原则，即优先补偿软件著作权人的利益。因为侵权行为首先是侵犯了软件著作权人的合法权益，坚持软件著作权人利益补偿优先原则才能切实保障著作权人的合法利益，达到协调软件著作权人与著作权行政管理部门利益平衡的最佳社会效果[1]。

三、侵犯计算机软件著作权承担行政责任的表现形式

《计算机软件保护条例》第二十四条采取列举的方式规定了侵犯软件著作权应承担行政责任的五种表现形式，即复制或者部分复制著作权人的软件，向公众发行、出租、通过信息网络传播著作权人的软件，故意避开或者破坏著作权人为保护其软件著作权而采取的技术措施，故意删除或者改变软件权利管理电子信息，转让或者许可他人行使著作权人的软件著作权。需要注意的是，这五种侵权行为同时损害社会公共利益的，应承担行政责任。除了行政责任外，还要根据侵权行为的性质、后果等情况，承担相应的民事责任和刑事责任。

---

[1] 潘灿君. 著作权法［M］. 杭州：浙江大学出版社，2013：205.

（一）复制或者部分复制著作权人的软件

复制权是软件著作权人享有的专有权利，任何人未经软件著作权人许可，复制或者部分复制软件著作权人的软件，就构成对软件著作权人合法权益的侵犯，同时损害社会公共利益的，应根据侵权行为的性质、后果等情况，承担相应的行政责任。

（二）向公众发行、出租、通过信息网络传播著作权人的软件

发行权、出租权、信息网络传播权是软件著作权人享有的专有权利，任何人未经软件著作权人许可，向公众发行、出租、通过信息网络传播软件著作权人的软件，就构成对软件著作权人合法权益的侵犯，同时损害社会公共利益的，应根据侵权行为的性质、后果等情况，承担相应的行政责任。

（三）故意避开或者破坏著作权人为保护其软件著作权而采取的技术措施

为了保护其软件著作权，软件著作权人经常会在其软件中采取一些技术措施，任何人未经软件著作权人许可，故意避开或者破坏软件著作权人为保护其软件著作权而采取的技术措施，就构成对软件著作权人合法权益的侵犯，同时损害社会公共利益的，应根据侵权行为的性质、后果等情况，承担相应的行政责任。

（四）故意删除或者改变软件权利管理电子信息

在网络环境下，为了保护其软件著作权不受侵犯，软件著作权人经常使用一些权利管理电子信息，任何人未经软件著作权人许可，故意删除或者改变软件权利管理电子信息，就构成对软件著作权人合法权益的侵犯，同时损害社会公共利益的，应根据侵权行为的性质、后果等情况，承担相应的行政责任。

（五）转让或者许可他人行使著作权人的软件著作权

软件著作权人享有发表权、署名权、复制权、发行权、出租权、信息网络传播权、翻译权等多种权利。软件著作权人可以许可他人行使其软件著作权，并有权获得报酬。软件著作权人可以全部或者部分转让其软件著作权，并有权获得报酬。换言之，转让或者许可他人行使其软件著作权，是软件著作权人的专有权利，任何人未经软件著作权人同意，转让或者许可他人行使软件著作权人的软件著作权，就构成对软件著作权人合法权益的侵犯，同时

损害社会公共利益的，应根据侵权行为的性质、后果等情况，承担相应的行政责任。

第三节　侵犯计算机软件著作权的刑事责任

著作权是私有民事权利，对侵犯著作权的行为多数情况下是通过追究侵权者的民事责任方式进行救济。但是，对于严重侵犯著作权行为，其不仅对权利人利益造成了损害，也对市场经济秩序造成了损害，可以追究侵权人的刑事责任。对严重的著作权侵权者适用刑事制裁，是打击著作权侵权行为的最严厉措施。世界各国的著作权法或者与著作权有关的刑事法律都规定了著作权严重侵权行为的刑事制裁。在我国，1979 年 7 月 1 日第五届全国人民代表大会第二次会议通过的《刑法》中没有规定著作权的刑事责任。我国最初制定《著作权法》时，对于是否规定侵犯著作权的刑事责任，曾有分歧意见，1990 年 9 月 7 日第七届全国人民代表大会常务委员会第十五次会议通过的《著作权法》并没有规定侵犯著作权的刑事责任。当时，全国人大法律委员会在对著作权法草案的审议报告中说，刑事处罚"可以另作决定或者在修改刑法时增加规定"。按照上述设想，1994 年 7 月 5 日第八届全国人民代表大会常务委员会第八次会议通过了《关于惩治侵犯著作权的犯罪的决定》，规定了几种著作权侵权的刑事责任。1997 年 3 月 14 日第八届全国人民代表大会第五次会议修订刑法时将该决定中有关著作权刑事责任的内容收录刑法中。我国现行刑法关于著作权犯罪和相应的刑事制裁措施，分别规定于第二百一十七条、第二百一十八条和第二百二十条三个条文中。《计算机软件保护条例》作为著作权法的配套法规，在第二十四条也规定了侵犯软件著作权的刑事责任，即"触犯刑律的，依照刑法关于侵犯著作权罪、销售侵权复制品罪的规定，依法追究刑事责任"。显然，刑法规定的侵犯软件著作权的犯罪有两种：一是侵犯著作权罪；二是销售侵权复制品罪。

一、侵犯著作权罪

根据《刑法》第二百一十七条第（一）项的规定①，以营利为目的，未经软件著作权人许可，复制发行其计算机软件的，违法所得数额较大或者有其他严重情节的，就构成侵犯著作权罪。侵犯著作权罪，违法所得数额较大或者有其他严重情节的，处三年以下有期徒刑或者拘役，并处或者单处罚金；违法所得数额巨大或者有其他特别严重情节的，处三年以上七年以下有期徒刑，并处罚金。根据《刑法》第二百二十条的规定②，单位犯侵犯著作权罪的，对单位判处罚金，并对其直接负责的主管人员和其他直接负责人员，依侵犯著作权罪的规定及相应个人犯罪的定罪量刑标准定罪处罚③。

（一）侵犯软件著作权犯罪中"以营利为目的"的认定

刑法上的营利分为直接营利和间接营利，侵犯计算机软件著作权犯罪中的"以营利为目的"，在直接营利和间接营利模式中表现出不同的特点，尤其是网络环境下的计算机软件侵权行为，由于其营利模式的隐蔽性、复杂性、技术性，使得对行为人是否"以营利为目的"的认定十分困难④。

在侵犯计算机软件著作权犯罪中，间接营利模式越来越多样化，由于我国刑法未对间接营利的情况进行明确的规定，因而在司法实践中认定行为人是否具有营利的目的出现了越来越多的难题。为依法惩治侵犯知识产权犯罪活动，维护社会主义市场经济秩序，最高人民法院、最高人民检察院颁行的

---

① 《刑法》第二百一十七条规定："以营利为目的，有下列侵犯著作权情形之一，违法所得数额较大或者有其他严重情节的，处三年以下有期徒刑或者拘役，并处或者单处罚金；违法所得数额巨大或者有其他特别严重情节的，处三年以上七年以下有期徒刑，并处罚金：（一）未经著作权人许可，复制发行其文字作品、音乐、电影、电视、录像作品、计算机软件及其他作品的；（二）出版他人享有专有出版权的图书的；（三）未经录音录像制作者许可，复制发行其制作的录音录像的；（四）制作、出售假冒他人署名的美术作品的。"

② 《刑法》第二百二十条规定："单位犯本节第二百一十三条至第二百一十九条规定之罪的，对单位判处罚金，并对其直接负责的主管人员和其他直接责任人员，依照本节各该条的规定处罚。"

③ 参见《最高人民法院 最高人民检察院关于办理侵犯知识产权刑事案件具体应用法律若干问题的解释（二）》第六条。

④ 鲁力，潘永涓. 论侵犯计算机软件著作权犯罪中的"以营利为目的"［J］. 湖南社会科学，2010（6）.

《关于侵犯知识产权刑事案件具体应用法律若干问题的解释》① 第十一条第一款规定，以刊登收费广告等方式直接或者间接收取费用的情形，属于我国《刑法》第二百一十七条规定的"以营利为目的"，对侵犯知识产权犯罪领域的间接营利作出了明确的规定。为解决公安机关、人民检察院、人民法院在办理侵犯知识产权刑事案件中遇到的新情况、新问题，最高人民法院、最高人民检察院、公安部2011年1月发布了《关于办理侵犯知识产权刑事案件适用法律若干问题的意见》②，意见第十条对侵犯著作权犯罪案件"以营利为目的"的认定问题作出了更为详细的规定，即除销售外，具有下列情形之一的，可以认定为"以营利为目的"：一是以在他人作品中刊登收费广告、捆绑第三方作品等方式直接或者间接收取费用的；二是通过信息网络传播他人作品，或者利用他人上传的侵权作品，在网站或者网页上提供刊登收费广告服务，直接或者间接收取费用的；三是以会员制方式通过信息网络传播他人作品，收取会员注册费或者其他费用的；四是其他利用他人作品牟利的情形。

（二）侵犯软件著作权犯罪中"未经著作权人许可"的认定

"未经著作权人许可"是认定侵犯著作权罪的核心要件，直接关系到侵犯著作权罪的司法适用。首先，认定侵犯软件著作权犯罪中"未经著作权人许可"的相关作品应具有合法性，属于著作权法所保护的对象，具有合法的著作权人。如果作品反法律、危害国家安全、公众利益或破坏社会善良风俗，因而被禁止出版传播的，则被定义为非法出版物，自然不存在未经著作权人许可的问题③。"未经著作权人许可"，是指没有得到著作权人授权或者

---

① 《最高人民法院 最高人民检察院关于办理侵犯知识产权刑事案件具体应用法律若干问题的解释》（法释〔2004〕第19号），2004年11月2日由最高人民法院审判委员会第1331次会议、2004年11月11日由最高人民检察院第十届检察委员会第二十八次会议通过，自2004年12月22日起施行。

② 《最高人民法院 最高人民检察院 公安部关于办理侵犯知识产权刑事案件适用法律若干问题的意见》（法发〔2011〕3号），2011年1月10日发布。

③ 刘广三、李晓．论侵犯著作权罪的司法认定：以"未经著作权人许可"的司法证明问题为主线［J］．刑法论丛，2017（1）．

伪造、涂改著作权人授权许可文件或者超出授权许可范围的情形①。"未经著作权人许可"一般应当依据著作权人或者其授权的代理人、著作权集体管理组织、国家著作权行政管理部门指定的著作权认证机构出具的涉案作品版权认证文书，或者证明出版者、复制发行者伪造、涂改授权许可文件或者超出授权许可范围的证据，结合其他证据综合予以认定。在涉案作品种类众多且权利人分散的案件中，上述证据确实难以一一取得，但有证据证明涉案复制品系非法出版、复制发行的，且出版者、复制发行者不能提供获得著作权人许可的相关证明材料的，可以认定为"未经著作权人许可"。但是，有证据证明权利人放弃权利、涉案作品的著作权不受我国著作权法保护，或者著作权保护期限已经届满的除外②。

（三）侵犯软件著作权犯罪中违法所得数额和其他情节的认定

侵犯软件著作权犯罪中，违法所得数额和其他情节在区分罪与非罪及犯罪的量刑中具有重要的作用。违法所得数额的大小和其他情节的轻重既影响本罪的成立，也影响对本罪的量刑。准确认定侵犯软件著作权犯罪中违法所得数额和其他情节，有利于准确打击犯罪、及时保障被害人权益及依法判处罚金、追缴违法所得③。需注意的是，违法所得数额和其他情节是选择性要件，只要符合其中之一即可，无须同时具备。

1. 违法所得数额较大或者具有其他严重情节的认定

违法所得数额较大或者具有其他严重情节是区分侵犯著作权罪与一般违法行为的主要标准。以营利为目的，未经软件著作权人许可，复制发行其计算机软件的，违法所得数额在三万元以上的，属于"违法所得数额较大"；非法经营数额在五万元以上的，属于"有其他严重情节"④；以营利为目的，未经著作权人许可，复制发行其计算机软件，复制品数量合计在五百张

---

① 参见《最高人民法院 最高人民检察院关于办理侵犯知识产权刑事案件具体应用法律若干问题的解释》第十一条第二款。

② 参见《最高人民法院 最高人民检察院 公安部关于办理侵犯知识产权刑事案件适用法律若干问题的意见》第十一条。

③ 刘丽娜. 侵犯知识产权犯罪"违法所得数额"的认定［J］. 中国刑事法杂志，2015（2）.

④ 参见《最高人民法院 最高人民检察院关于办理侵犯知识产权刑事案件具体应用法律若干问题的解释》第五条第一款。

（份）以上的，属于"有其他严重情节"①；以营利为目的，未经著作权人许可，通过信息网络向公众传播他人计算机软件，具有下列情形之一的，属于"有其他严重情节"：（一）非法经营数额在五万元以上的；（二）传播他人作品的数量合计在五百件（部）以上的；（三）传播他人作品的实际被点击数达到五万次以上的；（四）以会员制方式传播他人作品，注册会员达到一千人以上的；（五）数额或者数量虽未达到第（一）项至第（四）项规定标准，但分别达到其中两项以上标准一半以上的；（六）其他严重情节的情形②，应当以侵犯著作权罪判处三年以下有期徒刑或者拘役，并处或者单处罚金。

2. 违法所得数额巨大或者具有其他特别严重情节的认定

违法所得数额巨大或者具有其他特别严重情节是区分侵犯著作权罪量刑的主要标准。以营利为目的，未经软件著作权人许可，复制发行其计算机软件的，违法所得数额在十五万元以上的，属于"违法所得数额巨大"；非法经营数额在二十五万元以上的，属于"有其他特别严重情节"③；以营利为目的，未经著作权人许可，复制发行其计算机软件，复制品数量合计在二千五百张（份）以上的，属于"有其他特别严重情节"④；以营利为目的，未经著作权人许可，通过信息网络向公众传播他人计算机软件，实施下列行为之一，数额或者数量达到第（一）项至第（五）项规定标准五倍以上的，属于"有其他特别严重情节"：（一）非法经营数额在五万元以上的；（二）传播他人作品的数量合计在五百件（部）以上的；（三）传播他人作品的实际被点击数达到五万次以上的；（四）以会员制方式传播他人作品，注册会员达到一千人以上的；（五）数额或者数量虽未达到第（一）项至第（四）项

---

① 参见《最高人民法院 最高人民检察院关于办理侵犯知识产权刑事案件具体应用法律若干问题的解释（二）》第一条。
② 参见《最高人民法院 最高人民检察院 公安部关于办理侵犯知识产权刑事案件适用法律若干问题的意见》第十三条第一款。
③ 参见《最高人民法院　最高人民检察院关于办理侵犯知识产权刑事案件具体应用法律若干问题的解释》第五条第二款。
④ 参见《最高人民法院　最高人民检察院关于办理侵犯知识产权刑事案件具体应用法律若干问题的解释（二）》第一条。

规定标准，但分别达到其中两项以上标准一半以上的①；应当以侵犯著作权罪判处三年以上七年以下有期徒刑，并处罚金。

二、销售侵权复制品罪

根据《刑法》第二百一十八条的规定②，以营利为目的，销售明知是未经软件著作权人许可而复制发行的计算机软件侵权复制品，违法所得数额巨大的，就构成销售侵权复制品罪。销售侵权复制品罪，处三年以下有期徒刑或者拘役，并处或者单处罚金。根据《刑法》第二百二十条的规定③，单位犯销售侵权复制品罪的，对单位判处罚金，并对其直接负责的主管人员和其他直接负责人员，依销售侵权复制品罪的规定及相应个人犯罪的定罪量刑标准定罪处罚④。从《刑法》第二百一十七条和第二百一十八条的具体条文来看，销售侵权复制品罪具有明显的伴生性，是紧随侵犯著作权罪的下游犯罪。本罪名保护的法益是复杂法益，即著作权人和邻接权人享有的著作权和邻接权，以及国家对著作权管理的社会主义市场经济秩序。本罪是1997年《刑法》修订后新设置的，立法目的是打击当时日趋严重的销售盗版等侵权复制品的行为。

（一）销售侵权复制品罪"销售"行为的界定

在社会日常生活中，销售行为是一种极为常见的经济行为。销售侵权复制品罪中，本罪的行为方式是销售，所谓销售，是指采用批发、零售等方式，将侵权复制品卖给他人，以谋取利润的行为⑤。至于销售侵权复制品的具体内容，依据《刑法》第二百一十七条的规定，即未经著作权人许可复制

---

① 参见《最高人民法院 最高人民检察院 公安部关于办理侵犯知识产权刑事案件适用法律若干问题的意见》第十三条第二款。

② 《刑法》第二百一十八条规定："以营利为目的，销售明知是本法第二百一十七条规定的侵权复制品，违法所得数额巨大的，处三年以下有期徒刑或者拘役，并处或者单处罚金。"

③ 《刑法》第二百二十条规定："单位犯本节第二百一十三条至第二百一十九条规定之罪的，对单位判处罚金，并对其直接负责的主管人员和其他直接责任人员，依照本节各该条的规定处罚。"

④ 参见《最高人民法院 最高人民检察院关于办理侵犯知识产权刑事案件具体应用法律若干问题的解释（二）》第六条。

⑤ 王作富．刑法分则实务研究［M］．北京：中国方正出版社，2007：760.

发行其计算机软件。根据罪刑法定的原则，只有销售未经著作权人许可复制发行其计算机软件，才能构成销售侵权软件复制品的犯罪。

（二）销售侵权复制品罪违法所得数额巨大的认定

"违法所得数额巨大"是本罪客观方面的构成要件，是定罪量刑的重要依据。1997年我国《刑法》修订后，第二百一十八条规定销售侵权复制品的行为只有达到违法所得数额巨大的情形才能构成本罪。但是对于违法所得数额巨大的具体标准，刑法条文没有具体规定。1998年12月17日最高人民法院颁布的《关于审理非法出版物刑事案件具体应用法律若干问题的解释》①第四条规定，销售侵权复制品"违法所得数额巨大"的标准是指个人违法所得数额在十万元以上，单位违法所得数额在五十万以上。该司法解释颁布以后，学术界和实务界普遍认为，违法所得数额的标准过高，导致了对销售侵权复制品罪的刑事制裁门槛过高，不利于打击日益严重的侵犯著作权的犯罪行为②。尤其是对单位违法所得数额标准的规定，数额规定在五十万以上，导致单位犯罪的入罪门槛过高。2004年，最高人民法院和最高人民检察院联合颁布《关于办理侵犯知识产权刑事案件具体应用法律若干问题的解释》，个人违法所得数额巨大的标准仍为十万元以上③，单位按照相应个人犯罪的定罪量刑标准的三倍定罪量刑④，即单位违法所得数额三十万以上。2007年，《最高人民法院、最高人民检察院关于办理侵犯知识产权刑事案件具体应用法律若干问题的解释（二）》将单位违法所得数额巨大的标准进一步降低，即按照相应个人犯罪的定罪量刑标准定罪处罚⑤。

需要说明的是，《计算机软件保护条例》第二十四条有一个但书，即

---

① 《最高人民法院关于审理非法出版物刑事案件具体应用法律若干问题的解释》（法释〔1998〕30号），1998年12月11日由最高人民法院审判委员会第1032次会议通过，自1998年12月23日起施行。

② 赵秉志.侵犯著作权犯罪研究［M］.北京：中国人民大学出版社，2008：130.

③ 参见《最高人民法院最高人民检察院关于办理侵犯知识产权刑事案件具体应用法律若干问题的解释》第六条。

④ 参见《最高人民法院最高人民检察院关于办理侵犯知识产权刑事案件具体应用法律若干问题的解释》第十五条。

⑤ 参见《最高人民法院 最高人民检察院关于办理侵犯知识产权刑事案件具体应用法律若干问题的解释（二）》第六条。

"除《中华人民共和国著作权法》、本条例或者其他法律、行政法规另有规定外"。意思是说，在通常情况下，造成他人损害的行为都是违法的，但有些行为表面上似乎是侵害了他人的权益，而行为本身却是合法的，因而不能追究行为人的民事责任。具体而言，《中华人民共和国著作权法》规定了合理使用、法定许可等情形，本条例也规定了合理使用、善意使用、表达方式竞合等情形。这些情况下使用软件著作权人的软件，都会给权利人造成一定的损失，但都不构成侵权，因而也无须承担民事责任。这里的"其他法律、行政法规"，既包括已经颁布的法律、行政法规，如《全国人大常委会关于维护互联网安全的决定》《中华人民共和国计算机信息系统安全保护条例》《中华人民共和国计算机信息网络国际互联网管理暂行规定》《计算机信息网络国际互联网安全保护管理办法》等，也包括尚未颁布的法律、行政法规①。

---

①　徐玉麟. 计算机软件保护条例释义 [M]. 北京：中国法制出版社，2002：110.

第八章

计算机软件著作权侵权赔偿数额的确定

侵权行为认定是知识产权侵权案件审理的核心问题，损害赔偿责任则是对知识产权权利人最重要和最有效的救济方式。而赔偿数额的确定则是适用损害赔偿责任中最重要的实际问题，它不仅涉及对被侵权人所受损害的弥补，更是保障权利人知识产权权利的重要调控机制。虽然知识产权侵权损害赔偿遵循民法基本理论中的填平原则，但由于知识产权权利客体的无形性和可重复利用性，侵权行为的隐蔽性和复杂性等，使得侵权赔偿数额的确定不可能像套用数学公式那样简单快捷地计算出赔偿数额①。因此，侵权损害赔偿数额的确定一直是知识产权侵权案件审理中的重点和难点，计算机软件著作权侵权中亦然。我国有关计算机软件侵权赔偿制度比较薄弱，相关的配套规定也不完善，计算机软件侵权赔偿数额的规定更是如此，不仅阻碍计算机软件的发展，也不能更好地保护有关的合法权益。对计算机软件著作权侵权赔偿数额的确定进行研究，具有非常重要的实践意义与理论价值。

第一节　计算机软件著作权侵权赔偿数额的确定依据

计算机软件著作权侵权不仅会造成软件著作权人财产上的损失，同时可能会对相关权利人产生精神损害。如何充分、合理地计算侵权赔偿数额是软件著作权侵权赔偿问题中的重要问题。《计算机软件保护条例》第二十五条

---

① 周根才，高毅龙. 知识产权侵权救济中损害赔偿数额的确定［J］. 法律适用，2008（12）.

规定，侵犯软件著作权的赔偿数额，依照《中华人民共和国著作权法》第四十九条①的规定确定，此即计算机软件著作权侵权赔偿数额确定的法律依据。在我国，计算机软件著作权侵权赔偿数额的确定依据经历了一个不断发展的过程。

一、审理专利纠纷案件解答中确定专利侵权赔偿数额的规定

1990 年 9 月 7 日第七届全国人民代表大会常务委员会第十五次会议通过的《著作权法》中，并未对著作权侵权赔偿数额的确定作出规定。为解决知识产权特别是专利纠纷案件中出现的问题，1992 年 12 月 29 日，最高人民法院在总结司法实践经验和参照国外经验的基础上，发布了《关于审理专利纠纷案件若干问题的解答》②，对专利侵权的损害赔偿问题做了规定。专利侵权的损害赔偿，应当贯彻公正原则，使专利权人因侵权行为受到的实际损失能够得到合理的赔偿。专利侵权的损失赔偿额可按照专利权人因侵权行为受到的实际经济损失③、侵权人因侵权行为获得的全部利润④及不低于专利许可使用费的合理数额等三种方法予以确定。对于上述三种计算方法，人民法院可以根据案情的不同情况选择适用。当事人双方商定用其他计算方法计算损失赔偿额的，只要是公平合理的，人民法院可予准许。

《关于审理专利纠纷案件若干问题的解答》发布后的很长一段时间内，上述规定成为人民法院确定专利侵权赔偿数额的主要依据，并在后来成为知

---

① 《著作权法》第四十九条规定："侵犯著作权或者与著作权有关的权利的，侵权人应当按照权利人的实际损失给予赔偿；实际损失难以计算的，可以按照侵权人的违法所得给予赔偿。赔偿数额还应当包括权利人为制止侵权行为所支付的合理开支。权利人的实际损失或者侵权人的违法所得不能确定的，由人民法院根据侵权行为的情节，判决给予五十万元以下的赔偿。"

② 《最高人民法院关于审理专利纠纷案件若干问题的解答》（法发〔1992〕3 号），1992 年 12 月 29 日最高人民法院审判委员会第 561 次会议讨论通过。

③ 计算方法是：因侵权人的侵权产品（包括使用他人专利方法生产的产品）在市场上销售使专利权人的专利产品的销售量下降，其销售量减少的总数乘以每件专利产品的利润所得之积，即为专利权人的实际经济损失。参见《最高人民法院关于审理专利纠纷案件若干问题的解答》第四条。

④ 计算方法是：侵权人从每件侵权产品（包括使用他人专利方法生产的产品）获得的利润乘以在市场上销售的总数所得之积，即为侵权人所得的全部利润。参见《最高人民法院关于审理专利纠纷案件若干问题的解答》第四条。

识产权审判的一般指导原则①。

二、知识产权审判工作座谈会纪要中确定知识产权侵权赔偿数额的规定

司法实践中，《最高人民法院关于审理专利纠纷案件若干问题的解答》，对知识产权纠纷中损害赔偿数额的确定发挥了重要作用，但也存在一些问题，如由于知识产权的特殊性，很多案件中权利人的实际经济损失、侵权人因侵权行为获得的利润难以计算。为了总结交流经验，研究解决新情况和新问题，推动知识产权审判工作顺利进行，1997 年 11 月 14—18 日，最高人民法院在江苏省吴县市（今吴中区）召开了全国部分法院首次知识产权审判工作座谈会，并于 1998 年 7 月 20 日发布了《关于全国部分法院知识产权审判工作座谈会纪要》。

《关于全国部分法院知识产权审判工作座谈会纪要》认为，赔偿损失是侵权人承担民事责任的最广泛、最基本的方式之一。如果对权利人提出的赔偿损失问题解决不好，就会出现"赢了官司输了钱""损失大赔偿少""得不偿失"的情况，不能依法有效地保护知识产权。根据我国《民法通则》的规定，民事权利受到侵害的基本赔偿原则是赔偿实际损失。对于已查明被告构成侵权并造成原告损害，但原告损失额与被告获利额等均不能确认的案件，可以采用定额赔偿的办法来确定损害赔偿额。定额赔偿的幅度，可掌握在 5000 元至 30 万元之间，具体数额，由人民法院根据被侵害的知识产权的类型、评估价值、侵权持续的时间、权利人因侵权所受到的商誉损害等因素在定额赔偿幅度内确定。

三、2001 年《著作权法》中确定著作权侵权赔偿数额的规定

1990 年 9 月 7 日颁布、1991 年 6 月 1 日实施的《著作权法》，在建立中国的著作权制度，保护广大文学、艺术和科学作品作者的合法权益，鼓励优秀作品的创作和传播，促进中国著作权产业的发展，繁荣中国的科学、文化与教育事业等方面起到了十分重要的作用。在我国《著作权法》实施后，中国的政治、经济、文化和社会生活发生了巨大的变化，其中一个突出的特点

---

① 徐玉麟. 计算机软件保护条例释义［M］. 北京：中国法制出版社，2002：112.

是中国改革开放逐步深入，加入世界贸易组织（WTO）的进程不断加快，从而使得中国的整个知识产权制度置身于国际知识产权制度的大环境之下。就著作权制度而言，中国在颁布实施《著作权法》以后不久就参加了《保护文学艺术作品伯尔尼公约》《世界著作权公约》《保护录音制品制作者防止未经许可复制录音制品公约》等。中国已经成为国际著作权大家庭中的重要一员。随着著作权制度国际化趋势的增强，中国著作权立法越来越需要与国际接轨，加之为适应数字技术和网络传输技术发展需要、为适应中国社会主义市场经济发展需要，20世纪90年代，我国《著作权法》的修改和完善问题就被提上日程。1998年11月28日，国务院向全国人大常委会提交了《中华人民共和国著作权法修正案（草案）》议案，请求审议。2000年11月29日，国务院再次向全国人大常委会提交了新的《著作权法修正案（草案）》。2000年12月16日，九届全国人大常委会进行了初次审议，2001年4月27日，九届全国人大常委会第二十一次会议进行了二审。2001年10月27日，九届全国人大常委会第二十四次会议通过了《全国人民代表大会常务委员会关于修改〈中华人民共和国著作权法〉的决定》①。

在著作权法修改过程中，是否规定赔偿数额的计算方法以及如何规定，曾有过分歧。在是否规定赔偿数额的计算方法上，一种意见认为：著作权法可以不做规定，其主要理由为：一是著作权侵权是民事侵权的一种形式，处理著作权侵权案件可以沿用处理一般民事侵权案件的一些通常做法；二是最高人民法院已经发布了司法解释，人民法院已经适用了该司法解释审理专利侵权案件。另一种意见认为：著作权法应当作出明确规定，其主要理由是，虽然著作权侵权是民事侵权的一种形式，但由于著作权是一种无形财产，著作权被侵犯后，其损失往往难以计算；虽然目前已经有了最高人民法院的司法解释，但从严格意义上讲，其规定已超出了国家法律的规定，即新增了一种赔偿的形式，其法律效力还有待最高权力机关的确认。经过各方讨论，最后都倾向于在著作权法中作出明确规定。但在如何规定赔偿数额的计算方法上，却未能取得一致意见。有的意见认为，应当规定一个法定赔偿额，有的

---

① 冯晓青，杨利华. 我国《著作权法》与国际知识产权公约的接轨：《著作权法》第一次修改研究［J］. 河南省政法管理干部学院学报，2002（5）.

意见认为，规定一个法定赔偿额不可取，有的意见认为，按照 TRIPS 协议第
45 条的规定，赔偿数额还应包括权利人为制止侵权行为所支付的其他合理开
支，还有的意见认为，应当确定惩罚性赔偿的原则①。2001 年《著作权法》
的修改，标志着我国著作权保护水平从此迈进了一个新的阶段。它是一部符
合我国国情又与国际规则相衔接的法律，特别是符合我国加入 TRIPS 协议的
要求，突出地体现了其现代化和先进性的特色。关于著作权侵权赔偿数额的
确定，修改后的《著作权法》新增加了一条，即第四十八条，对著作权侵权
赔偿标准作了规定②。该条确立了以一般赔偿原则为主，以法定赔偿为辅的
赔偿原则，这是我国知识产权侵权赔偿制度新的发展，极大地增强了对著作
权保护的力度。

在实践中侵犯著作权的行为极为复杂，造成的损失，有的难以查证，有
的难以估算，给著作权侵权纠纷的解决带来极大的困难。例如，著作权人对
被盗版的作品的数量、出售的数量，以及对自己作品将来使用和收益造成多
大损害，难以查证。又如，未经著作权人许可，侵权行为人擅自将其作品输
入网站，供他人随意下载和使用，著作权人对其所受损失也难以估算等。针
对这种情况，目前在我国的司法实践中，损害赔偿的数额主要是根据一般损
害赔偿的原则来处理的。一般损害赔偿的原则是按照侵权行为人给权利人造
成的实际损失来计算。实际损失难以计算的，根据侵权行为人因侵权行为所
获得的违法所得给予赔偿。这种赔偿额的计算方法对某些情况是可行的，但
由于著作权和与著作权有关的权利的特殊性，在有些情况下，无论是权利人
的实际损失，还是侵权行为人的违法所得都难以计算，往往导致纠纷长期得
不到解决。由于查证难，实践中经常出现即使著作权人打赢了官司也得不到
多少赔偿的现象，有时得到的赔偿远不如为打官司所付出的代价，以致著作
权人不愿打官司，吃点亏也忍了；而侵权行为人即使败诉也损失不大，赚多

---

① 徐玉麟. 计算机软件保护条例释义［M］. 北京：中国法制出版社，2002：113.
② 2001 年《著作权法》第四十八条规定："侵犯著作权或者与著作权有关的权利的，
　侵权人应当按照权利人的实际损失给予赔偿；实际损失难以计算的，可以按照侵权
　人的违法所得给予赔偿。赔偿数额还应当包括权利人为制止侵权行为所支付的合理
　开支。权利人的实际损失或者侵权人的违法所得不能确定的，由人民法院根据侵权
　行为的情节，判决给予五十万元以下的赔偿。"

赔少，反而变本加厉地侵权。根据实践中存在的问题，2001年《著作权法》第四十八条在原有的一般处理原则上，明确规定了著作权侵权赔偿实际损失的原则，并且规定了赔偿数额还应当包括权利人为制止侵权行为所支付的合理开支。这从经济上维护著作权人为保护自己的权利所付出的代价，提高了著作权人保护自己权利的积极性。

法定赔偿制度是在被侵权人的实际损失和侵权人的违法所得都难以计算的情况下适用的著作权赔偿制度。为了给权利人以起码的保障，相当一部分国家著作权法都规定了这种制度。如我国台湾地区"著作权法"规定，著作权人在请求损害赔偿时，可以在实际损失、非法所得、法定赔偿额三者之间选择一种赔偿方式。如果选择法定赔偿，法庭可以根据侵权的情节，在新台币1万元以上50万元以下酌定赔偿额。如果行为属故意且情节重大的，赔偿额最高可达新台币100万元。再如，美国版权法规定，版权所有者在终局判决之前，可要求诉讼中涉及的任何一部作品版权侵权行为的法定赔偿。此项法定赔偿金额，每部作品至少不低于250美元，最多不超过1万美元，由法院酌情判决。吸取外国和地区的有益的经验，根据我国的实际情况，采取有条件的法定赔偿制度是可行的。2001年《著作权法》第四十八条第二款规定了法定赔偿制度，为权利人提供了另外一个权利保障。

四、《计算机软件保护条例》中确定软件著作权侵权赔偿数额的规定

依照《著作权法》第三条的规定，计算机软件作为作品形式之一，受著作权法保护①。但是，计算机软件作为工程技术作品，和著作权法保护的其他作品相比，有自己的特点。《著作权法》不可能作出具体规定，需要根据计算机软件的性质规定相应的保护办法。因而，《著作权法》第五十九条规

---

① 《著作权法》第三条规定："本法所称的作品，包括以下列形式创作的文学、艺术和自然科学、社会科学、工程技术等作品：（一）文字作品；（二）口述作品；（三）音乐、戏剧、曲艺、舞蹈、杂技艺术作品；（四）美术、建筑作品；（五）摄影作品；（六）电影作品和以类似摄制电影的方法创作的作品；（七）工程设计图、产品设计图、地图、示意图等图形作品和模型作品；（八）计算机软件；（九）法律、行政法规规定的其他作品。"

定，计算机软件的保护办法由国务院另行规定①。

　　计算机软件是和计算机硬件相对而言的，计算机硬件是指组成计算机的物理装置，包括主机及外部设备，即电子、电磁、机械、光、电等多种类型的元件或装置。计算机软件是指计算机运行所需的各种程序及其相关资料（包括各种使用手册、维护手册及程序说明书等文档）的总称。软件是运行在计算机硬件系统之上的，起着充分发挥和扩充计算机硬件系统功能的作用，是计算机不可缺少的组成部分。国际上从 20 世纪 60 年代后期才开始提出对计算机软件的法律保护问题。提出这一问题有 2 个先决条件：其一是计算机问世之初，计算机软件作为计算机硬件的配套产品一起出售，但到了 20 世纪 60 年代末，计算机软件脱离计算机硬件，开始批量生产并单独出售，社会上也出现以营利为目的擅自复制计算机软件的"盗窃"行为；其二是计算机的功能之一是储存信息并快速检索，但一开始使用于书目、法律、判决等重复使用量大而检索比较困难的项目，书目、法律、判决等不受著作权法的保护。以后计算机的使用范围不断扩大，许多文字、艺术、科学作品的保存和研究都离不开计算机，社会生活中越来越多的活动都在计算机化。这样，对计算机软件的法律保护问题才引起重视。世界各个国家中，对计算机软件实行著作权法保护的国家有美国、日本、法国、英国、德国、新加坡等。在上述国家中，对计算机软件的保护办法，有些不同于对一般作品的保护。比如一般文学艺术作品享有著作权在日本无须登记，但计算机程序受保护则需登记，并专门制定了《计算机程序登记法》。又如一般作品的著作权人享有复制权，不享有使用权，但有些国家规定对计算机程序的保护，不但不允许擅自复制，而且不允许擅自使用，即计算机程序的著作权人享有使用权。另外，在著作权的保护期问题上，计算机软件的保护期比一般作品的保护期要短一些。1978 年，世界知识产权组织公布的《计算机软件保护示范条款》规定，计算机软件的保护期自创作之日起不得超过 25 年。1990 年《著作权法》通过后，国务院根据著作权法的原则，于 1991 年 6 月 4 日发布了《计算机软

---

　　① 《著作权法》第五十九条规定："计算机软件、信息网络传播权的保护办法由国务院另行规定。"

件保护条例》①。

因 1990 年的《著作权法》中未对著作权侵权赔偿数额的确定作出规定,1991 年的《计算机软件保护条例》对软件著作权侵权赔偿数额的确定也未做规定。2001 年修改的《著作权法》新增加了著作权侵权赔偿标准的规定,《著作权法》修改后,《计算机软件保护条例》随后进行了修改,并于 2001 年 12 月 20 日发布②。修改后的《计算机软件保护条例》第二十五条是关于软件著作权侵权赔偿数额确定的规定,本条没有明确规定如何计算侵犯软件著作权的赔偿数额,只是原则规定适用 2001 年修订的《著作权法》第四十八条的规定。这主要是考虑到计算机软件是著作权法的一个保护客体,而《著作权法》③ 已在第四十八条明确规定了侵犯著作权赔偿数额的计算方法,《计算机软件保护条例》作为著作权法的配套法规,没有必要再将《著作权法》的有关规定重复一遍。

第二节 计算机软件著作权侵权赔偿数额的确定方法

知识产权侵权损害赔偿的准确计算是"一个充满高度的个案特性和事实特性的分析过程"④,软件著作权侵权赔偿数额的确定亦然。"损害赔偿之计算,兼具事实、法律二问题之性质。谓事实问题者,盖以损害事故所造成之损害如何,本质上为一种事实。谓法律问题者,盖以探讨该一事实,须借助法律方法。"⑤ 因此,科学的损害赔偿计算方法是软件著作权损害赔偿制度的重要构成内容,从而将复杂的侵权责任承担问题转换为一定的量化方式⑥,其对当事人利益影响极大,同时也是法院在确定损害赔偿数额时首先要明确的问题。根据《计算机软件保护条例》第二十五条的规定,计算机软件著作

---

① 《计算机软件保护条例》,1991 年 6 月 4 日国务院令 84 号发布。

② 《计算机软件保护条例》,2001 年 12 月 20 日国务院令 339 号发布。

③ 此处《著作权法》为 2001 年《著作权法》。

④ Mars Inc. v. Coin Acceptors Inc., 527E 3d at 1366~1377 (Fed. Cir. 2008).

⑤ 曾世雄. 损害赔偿法原理 [M]. 北京:中国政法大学出版社,2001:161.

⑥ 刘远山,余秀宝. 著作权侵权损害赔偿要论 [J]. 行政与法,2011(5).

权侵权赔偿数额的确定方法有按照权利人的实际损失确定、按照侵权人的违法所得确定及法定赔偿等三种方法。

一、按照权利人的实际损失确定

根据《著作权法》及《计算机软件保护条例》的规定，"权利人的实际损失"是软件著作权侵权中侵权人承担损害赔偿数额计算的第一序位标准。凡侵权人因其侵权行为，给软件著作权人造成某种损害，依法承担赔偿责任时，赔偿数额应为软件著作权人因侵权行为所受到的实际损失。

（一）权利人实际损失的确定

软件著作权侵权损害赔偿数额的确定，首先应考虑的是权利人所遭受的实际损失。这是软件著作权损害赔偿原则的要求，既体现了侵权行为法的机能，又体现了赔偿相当原则。以权利人所受实际损失为标准，可以通过权利人的举证，证明侵权行为的具体情节及后果，便于及时、妥当地处理软件著作权纠纷。

从侵权行为对软件著作权作用来看，可以将权利人的损失分为直接损失和间接损失。直接损失，即侵权行为造成软件著作权人现存财产的直接减少，比如含有软件著作权产品销售量的下降，利润降低，因侵权产品不得不降价出售的损失，因调查、制止侵权行为而支出的合理费用等。通常将侵权人实施侵权行为前后软件著作权人的财产状态相比较，其差额即为直接损失。

间接损失，主要是预期利益损失，是指由于侵权行为的发生导致权利人财产应增加利益的丧失①。软件著作权侵权中的间接损失即软件著作权人可得利益的减少，一般指软件著作权人在正常情况下本来可以得到的某种利益，由于侵权人实施了侵权行为而丧失了某项利益。间接损失本质上是期待利益，以是否存在依因果关系来确定。预期利益的确定，首先应以一般人的标准在通常情形下获得的可能性为判断依据，再依据软件著作权特殊性来衡量。比如甲许可乙使用其软件，并已与乙签订了许可使用合同，由于丙大量复制，致使乙不再使用，从而丙应赔偿甲的损失。此为一般人依通常情形都

---

① 张新宝. 侵权责任法原理［M］. 北京：法律出版社，2005：56.

可以得到的许可使用报酬。无论直接损失还是间接损失，既可表现为软件著作权人预计的在发生侵权行为的情况下本应获得的利润额，也可表现为软件著作权人预计的在正常发放许可证的情况下应得的使用费的数额。

（二）权利人实际损失的计算方法

侵权行为所造成的实际损失，是损害赔偿额计算的核心和首要依据。《最高人民法院关于审理著作权民事纠纷案件适用法律若干问题的解释》①第二十四条规定："权利人的实际损失，可以根据权利人因侵权所造成复制品发行减少量或者侵权复制品销售量与权利人发行该复制品单位利润乘积计算。发行减少量难以确定的，按照侵权复制品市场销售量确定。"从上述规定来看，在确定权利人损失方面，有三个因素需要证明：知识产权产品的单位利润、因侵权而减少的知识产权产品销售数量、侵权产品销售量。具体权利人受损的计算上，有两种方法：一种是权利人的实际损失等于因侵权而减少销售的软件复制品数量乘以软件复制品的单位合理利润，这种方法反映的是权利人损失的实际情况；另一种是侵权人的侵权产品销售量乘以软件复制品的单位销售利润，这种方法其实是一种推定，将侵权产品的销售量推定为权利人软件复制品的减少量。

二、按照侵权人的违法所得确定

根据《著作权法》及《计算机软件保护条例》的规定，"侵权人违法所得"在软件著作权侵权赔偿数额确定方法中是居于第二位的标准。依据规定，当处于第一顺位的"权利人因被侵权所受到的实际损失"难以确定时，法院才可能适用处于第二顺位的计算标准，用以确定侵权人应当承担的损害赔偿数额。

（一）侵权人违法所得即非法利润

软件著作权人的实际损失难以计算的，可以按照侵权人的违法所得给予赔偿。恰当适用"违法所得"的计算方式，既坚持了民事责任承担的基本原

---

① 《最高人民法院关于审理著作权民事纠纷案件适用法律若干问题的解释》（法释〔2002〕31 号），2002 年 10 月 12 日最高人民法院审判委员会第 1246 次会议通过。

则、符合 TRIPS 协议的宗旨①,与没收违法所得等责任承担方式协调适用也能达到补偿权利人损失、遏制侵权行为的司法政策目标②。

违法所得作为一个法律术语,经常出现在法律、法规、规章及司法解释等规范行为文件中,是一个跨多个部门法领域的涉物法律概念。软件著作权侵权中,关于违法所得是否包括侵权人所投入的成本,历来有两种观点。一种观点认为,违法所得应当包括侵权人所投入的成本,即违法所得指违法生产或者违法销售的产品的全部收入;另一种观点认为,违法所得不应当包括侵权人所投入的成本,即违法所得是指侵权人因侵权行为所得到的利益,即非法利润③。司法实务中,"违法所得数额"是否包括侵权人所投入的成本,监察机关和人民法院的意见也不统一。《人民检察院扣押、冻结涉案款物工作规定》④ 第二条第二款规定:"犯罪嫌疑人、被告人实施违法犯罪行为所取得的财物及其孳息属于违法所得",该司法解释将"违法所得"界定为"所取得的财物及其孳息",即包括所投入的成本。根据《最高人民法院关于适用〈全国人民代表大会常务委员会关于惩治侵犯著作权的犯罪的决定〉若

---

① TRIPS 协议第 45 条第一款规定:成员国应赋予司法机关相应权利,使其对已知或有充分理由应知自己从事之活动系侵权的侵权人,有权责令该侵权人向权利人支付足够弥补因侵犯知识产权而给权利人造成之损失的损害赔偿费。由此可以看出 TRIPS 协议所奉行的是足够弥补的原则。

② 2009 年 3 月,最高院下发的《关于贯彻实施国家知识产权战略若干问题的意见》提出:"综合运用知识产权司法救济手段,不断增强知识产权司法保护的有效性。特别是要突出发挥损害赔偿在制裁侵权和救济权利中的作用,坚持全面赔偿原则,依法加大赔偿力度,加重恶意侵权、重复侵权、规模化侵权等严重侵权行为的赔偿责任,努力确保权利人获得足够的充分的损害赔偿,切实保障当事人合法权益的实现。"2009 年 4 月《最高人民法院印发〈关于当前经济形势下知识产权审判服务大局若干问题的意见〉的通知》提出:"增强损害赔偿的补偿、惩罚和威慑效果,降低维权成本,提高侵权代价。"

③ 李希慧. 侵犯著作权犯罪中"违法所得"指全部所得 [N]. 检察日报,2007 - 03 - 30.

④ 《人民检察院扣押、冻结涉案款物工作规定》,2010 年 4 月 7 日最高人民检察院第十一届检察委员会第三十三次会议通过,2010 年 5 月 9 日发布。

干问题的解释》① 第二条，个人违法所得数额，即获利数额②。《最高人民法院关于审理非法出版物刑事案件具体应用法律若干问题的解释》③ 第十七条第二款规定，违法所得数额，是指获利数额。可见，最高人民法院这两个司法解释中是以侵权人所得非法获利作为违法所得。根据《最高人民法院关于审理涉及计算机网络著作权纠纷案件适用法律若干问题的解释》④ 第十条第一款的规定，只有在侵权人所付出的成本无法证明，也就是无法从全部收入中扣除的情况下，才将因侵权行为所得全部收入作为违法所得⑤。

　　笔者认为，违法所得不应当包括侵权人所投入的成本更合理些，这主要是因为，侵权人所投入的成本不应该成为受害人所受到的损失，而且，目前我国的司法实践中也是以侵权人所获得的非法利润作为违法所得的。按照侵权人的违法所得给予赔偿的计算方法实际上是在实际损失难以计算的情况下，推定侵权人因侵权行为所获利益为软件著作权人所受到的损失。

---

① 《最高人民法院关于适用〈全国人民代表大会常务委员会关于惩治侵犯著作权的犯罪的决定〉若干问题的解释》（法发〔1995〕1 号），最高人民法院 1995 年 1 月 16 日发布。

② 《最高人民法院关于适用〈全国人民代表大会常务委员会关于惩治侵犯著作权的犯罪的决定〉若干问题的解释》第二条规定："实施《决定》第一条所列侵犯著作权行为之一，个人违法所得数额（即获利数额，下同）在 2 万元以上，单位违法所得数额在 10 万元以上的，属于'违法所得数额较大'；具有下列情形之一的，属于'有其他严重情节'：（一）因侵犯著作权曾经两次以上被追究行政责任或者民事责任，又侵犯著作权的；（二）个人非法经营数额在 10 万元以上，单位非法经营数额在 50 万元以上的；（三）造成其他严重后果或者具有其他严重情节的。"

③ 《最高人民法院关于审理非法出版物刑事案件具体应用法律若干问题的解释》（法释〔1998〕30 号），1998 年 12 月 11 日最高人民法院审判委员会第 1032 次会议通过，1998 年 12 月 17 日公布，1998 年 12 月 23 日起施行。

④ 《最高人民法院关于审理涉及计算机网络著作权纠纷案件适用法律若干问题的解释》（法释〔2000〕48 号），2000 年 11 月 22 日最高人民法院审判委员会第 1144 次会议通过，2000 年 12 月 19 日公布，自 2000 年 12 月 21 日起施行。

⑤ 《最高人民法院关于审理涉及计算机网络著作权纠纷案件适用法律若干问题的解释》第十条第一款规定："人民法院在确定侵权赔偿数额时可以根据被侵权人的请求，按照其因侵权行为所受直接经济损失和所失预期应得利益计算赔偿数额；也可以按照侵权人因侵权行为所得利益计算赔偿数额。侵权人不能证明其成本或者必要费用的，其因侵权行为所得收入即为所得利益。"该条已被《最高人民法院关于修改〈审理涉及计算机网络著作权纠纷案件适用法律若干问题的解释〉的决定》（法释〔2004〕1 号）删除。

（二）非法利润的确定

在现代企业财务制度下，利润是最重要的常用概念之一，指总收益减去经济成本，其包括销售利润、营业利润和净利润等形式①。销售利润是指产品销售收入减去相应的销售成本（包括制造成本和销售费用）、产品销售税金及附加费用后的利润；营业利润是指产品销售利润减去管理、财务等费用后的利润；净利润是指营业利润减去增值税等税收后的利润。因此，一般情况下，三者系以下关系：销售利润＞营业利润＞净利润。按照法律规定，知识产权侵权人获利的计算标准为营业利润。司法实践中，许多权利人难以提供侵权获利的证据，法官因为获利计算较为麻烦，也不倾向于采用该计算方法，事实上，相对权利人损失，获利的证据表现形式则更多，具体来说，通过对以下证据的分析认定可能提炼出侵权获利数额。

1. 财务账册、会计凭证

财务账册，亦称会计账簿，是指记载和反映公司财产状况和营业状况的各种账簿、文书的总称。我国有关法律、法规明确规定，国家机关、社会团体、企业、事业单位和符合建账条件的个体工商户以及其他经济组织应当依法设置会计账册②。会计凭证是指记录经济业务发生或者完成情况的书面证明，是登记账簿的依据。每个企业都必须按一定的程序填制和审核会计凭证，根据审核无误的会计凭证进行账簿登记，如实反映企业的经济业务。《会计法》对会计凭证的种类、取得、审核、更正等内容进行了规定。财务账册、会计凭证是记载权利人获利的直接证据，如能有效利用，则可以大幅度提高侵权人获利的适用比例。在实践中，关于财务账册、会计凭证通常面临三个问题：一是如何获取；二是获取后真实性如何认定；三是如何根据其中记载的内容确定利润数额。对于第一个问题——如何获取，可以通过以下途径解决：一是，法官如果对权利人提供的初步侵权证据有可采性比较强的心证，可以在证据保全的同时对侵权人的财务账册、会计凭证予以保全。二

---

① 王文玉，沈琼. 微观经济学［M］. 2 版. 北京：清华大学出版社，2017：125.

② 《会计法》第三条规定："各单位必须依法设置会计账簿，并保证其真实、完整。"《会计基础工作规范》第三十六条规定："各单位应当按照《中华人民共和国会计法》和国家统一会计制度的规定建立会计账册，进行会计核算，及时提供合法、真实、准确、完整的会计信息。"

是，对于财务制度完善的上市公司、大公司或者明确有财务账册、会计凭证的被告，法院责令其提供财务账册、会计凭证，拒绝提供的，法院可以根据《证据规定》第七十五条，推定权利人的计算方法成立。对于第二个问题——获取后真实性如何认定，对于通过法院证据保全得到的财务账册、会计凭证，权利人一般不会否认其证据效力。即使权利人否认，法院一般也不予支持，真实性可予认定。对于侵权人提供的财务账册、会计凭证，权利人往往在对其有利时认可，对其不利时否认。对该类账册，法院仍不能轻易否认其效力，因为司法中提供造假证据面临的风险较大，一般情况下侵权人铤而走险的概率并不大，如果权利人有异议，其应提供反驳证据或合理性理由，否则，法院仍可认定该证据效力。对于第三个问题——如何根据其中记载的内容确定利润数额，如果双方无异议，自然不存在问题。如果有异议，则法院可以要求侵权人财务人员出庭说明，如果不能达成一致意见，则只能委托会计师事务所等中介机构评估。

2. 工商部门的年检资料及企业年度报告

工商部门的年检资料中有关于销售利润、营业利润、净利润的记载，该资料权利人较易获得，且计算非常方便。国家工商总局 2014 年 2 月 19 日发出通知，自 3 月 1 日起正式停止企业年度检验制度，要求各级工商机关抓紧做好企业年度报告公示制度等一系列新制度的实施准备工作。根据国务院出台的《注册资本登记制度改革方案》，企业年度报告公示制度正式取代企业年检制度。企业年度报告公示制度，简称"企业年报公示"，即企业按年度在规定的期限内，通过商事主体登记及信用信息公示平台，向登记机关提交年度报告并向社会公示，由企业自己对年度报告的真实性、合法性负责。

3. 纳税凭据

纳税凭据是纳税人向税务机关提交的有关凭证，既有企业自制用于成本、费用、损失和其他支出核算的会计原始凭证，也有企业发生经营活动和其他事项时，从其他单位、个人取得的用于证明其支出发生的凭证，包括但不限于发票（包括纸质发票和电子发票）、财政票据、完税凭证、收款凭证、分割单等。侵权人的纳税凭据往往存在于税务机关中，真实性、合法性没有问题。由于税务部门对纳税数额有审查义务，因此，纳税凭据中记载的应纳税额往往与企业收益关联性较强。但纳税凭证涉及较为复杂的税务专业知识，需要专家辅助人或中介机构的评估才能确定原告的利润。

4. 侵权人公开资料中载明的利润或销售额

侵权人为销售侵权产品或履行法定义务，也会公开部分和侵权利润有关的信息，这些信息的载体往往有：上市公司申报与年报中有关利润的记载；侵权人网站或宣传册、广告中有关利润的记载；侵权人向行业协会提供的资料中有关利润的记载；侵权人在进行商标认定，荣誉评定，其作为权利人的行政与司法案件中提供的有关其利润的信息。

对于上述侵权人自认的侵权利润，虽非系诉讼中的自认，一般可根据经验法则推定其具有效力，除非侵权人提供有力的反驳证据。

（三）合理开支的确定

赔偿数额还应当包括软件著作权人为制止侵权行为所支付的合理开支。这种合理开支包括软件著作权人为调查侵权行为收集证据所支付的费用，也包括适当的律师费。

1. 律师费

对于合理和必要的律师费的确定，应坚持以下原则：根据案件的专业和复杂程度，参照国家有关部门制定的律师收费标准，系为代理本案诉讼支付的律师费，被告侵权行为成立且承担经济赔偿责任的，参照判决确定的赔偿数额与诉讼请求数额比例确定，被告侵权行为成立但不承担经济赔偿责任的，合理开支中不应包含原告支付的律师费。

2. 公证费

公证费是最为常见的调查取证费用，一般应作为合理开支而予以支持。对于涉外、涉港澳台著作权人及邻接权人的权利证明、授权国内律师代理诉讼的授权委托书等产生的公证、认证费用，应审查该费用是否单独为本案支付。如该公证、认证书用于多个案件的，应酌情分担；如该公证、认证费用等在其他案件中已经获得赔偿的，本案中不再考虑。

3. 鉴定费、审计费、购买侵权产品费用

这些费用一般是为案件审理所需，应予以认定。当然，如果鉴定、申请系单方作出，法院不予认可，则不支持该鉴定、审计费用。

4. 差旅费

差旅费的支出是取证不可或缺的一部分，对于合理部分，比如汽车票、普通火车票应当予以支持；对于高铁票、飞机票，因取证方式较为奢侈，可不予支持或参照普通火车、汽车票予以支持。对于异地公证产生的差旅费用，因异地公证本就不是《公证法》所提倡和必需的公证方式，不应获得支持。

5. 诉讼费

在司法实践中，如果权利人的主张全部获得支持，则根据《诉讼费用缴纳办法》，诉讼费由败诉一方承担。在部分诉讼请求获得支持的情况下，为既保护权利人利益，又避免权利人漫天要价，可以采取以下办法：认定侵权成立，被告即应付50%的诉讼费，其余50%的诉讼费根据原告主张的赔偿数额获得法院支持的比例予以确定。该种诉讼费分担方式大部分情况下是公平的。但如果确有部分权利人试图以巨额诉讼费的方式拖垮无过错的侵权人，也可以调整诉讼费比例。

三、法定赔偿

法定赔偿只是一个学术用语，而非法律用语。我国知识产权侵权损害赔偿计算方法是基于填补损失原则构建起来的，"在补偿法则的指导下，因知识产权权利人未予事先同意或事后无法与侵权人达成合意，故国家为解决纠纷和保护权利，必须制定客观合理的补偿标准，以作为损害赔偿的基础"①。人民法院对侵权行为已查证属实，按权利人的实际损失或侵权人的违法所得这两种方法不能确定赔偿数额的，可以根据侵权行为的情节，判决给予50万元以下的赔偿。此即法定赔偿的规定。法定赔偿制度的确立，有效地保护了权利人的合法权益，提高了知识产权侵权诉讼的效率，实现了司法公正与司法效率的合理平衡。

（一）法定赔偿的发展历程

所谓法定赔偿，是指在权利人的实际损失或侵权人的违法所得难以确定，且不能通过其他方法确定侵权人的赔偿数额时，由人民法院根据当事人的请求或依职权在法定数额幅度或基数额度内确定具体赔偿额的一种赔偿制

---

① 唐力，谷佳杰．论知识产权诉讼中损害赔偿数额的确定［J］．法学评论，2014（2）．

度。法定赔偿是一种在权利人的实际损失确定方式和侵权人的侵权所得确定方式之外，由法律另行直接规定赔偿额的确定方式。

司法实践的现实需求是催生知识产权法定赔偿制度的主要缘由①。由于知识产权具有非物质性的特点，侵害知识产权的行为给权利人造成的损害往往很难查证和计算，但损害赔偿又是知识产权权利人提起诉讼的重要诉求，这就给司法实践带来了极大的困难。于是，有的法院开始在个别案件中探索根据案件的具体情节酌情确定损害赔偿数额。我国最早对法定赔偿制度作出规定的是北京市高级人民法院于1995年6月21日发布的《关于审理计算机软件著作权纠纷案件的几个问题的意见》。该意见在"赔偿的几种方法"中规定："在难以确定权利人的实际损害或侵权者的侵权获益时，侵权人应赔偿5000至30000元；如侵权人确有证据证明其不知道其行为已构成侵权并且侵权后果不严重的，可酌情将赔偿数额减少到5000元以下。"1997年2月26日上海市高级人民法院发布的《关于进一步加强知识产权审判工作若干问题的意见》中，也对法定赔偿制度做出了规定："在难以完全准确确认权利人的实际损失和侵权人的侵权获利的情况下，可以在下列规定范围内确定赔偿金额：侵犯发明专利权、著作权、计算机软件、商标专用权以及不正当竞争的侵权行为人，一般应赔偿被侵权人人民币1万元至30万元。对于拒不悔改、有侵权前科或造成严重后果的侵权行为人，其赔偿被侵权人的金额可至人民币50万元。"2000年11月22日，在总结地方法院司法实践经验的基础上，最高人民法院在《关于审理涉及计算机网络著作权纠纷案件适用法律问题的解释》中首次规定了法定赔偿的内容。即被侵权人损失额不能确定的，人民法院依被侵权人的请求，可以根据侵害情节在人民币500元以上30万元以下确定赔偿数额，最多不得超过人民币50万元②，这一司法解释在相当程度上发挥了"准立法"的作用。

在2001年《著作权法》修订时，国务院审查《著作权法修正案（草案）》期间，为了解决执法中存在的困难，曾经考虑一方面在《著作权法》

---

① 袁秀挺，凌宗亮. 我国知识产权法定赔偿适用之问题及破解［J］. 同济大学学报（社会科学版），2014（6）.
② 《最高人民法院关于审理涉及计算机网络著作权纠纷案件适用法律若干问题的解释》第十条第二款。

中明确侵权赔偿的原则；另一方面，在根据上述原则难以计算赔偿额的情况下，规定一个法定赔偿额。草案工作稿曾经规定："对侵犯著作权的行为，人民法院应当依权利人的要求，按照权利人的实际损失或者侵权人的非法所得确定赔偿额。""权利人的实际损失和侵权人的非法所得不能确定的，由人民法院根据侵权行为的社会影响、侵权手段和情节、侵权时间和范围、侵权人的主观过错程度确定 50 万元以下的赔偿。"这一规定主要是想为执法机关在不能适用一般原则的情况下，合理确定赔偿额提供一个法律依据。草案工作稿的规定引起了激烈的争论：肯定的意见认为，这样规定可以使执法机关在难以适用一般原则确定赔偿额时，有一个法律依据；反对的意见认为，这样规定使执法机关拥有太大的自由裁判权，同时，50 万元的上限也不合理，对于轻微侵权案件可能太多，对于重大侵权案件，尤其是发明专利的侵权案件，可能根本不够。在综合考虑各有关方面意见的基础上，国务院提请全国人大常委会审议的《著作权法修正案（草案）》规定："侵犯著作权或者与著作权有关的权利的，侵权人应当按照权利人的实际损失给予赔偿；实际损失难以计算的，可以按照侵权人的非法所得给予赔偿。赔偿数额还应当包括权利人为制止侵权行为所支付的合理开支。""权利人的实际损失或者侵权人的非法所得不能确定的，由人民法院根据侵权行为社会影响、侵权手段和情节、侵权时间和范围，判决给予 50 万元以下的赔偿。"[1]

规定一个法定赔偿额，当然是有利有弊："利"在于，可以迅速结案，权利人可以受到一定的补偿；"弊"在于，司法机关工作人员可能会滥用自由裁量权，被侵权人和侵权人都可能不积极举证而坐等法院的判决。经过反复研究、讨论，并权衡利弊，认为规定一个法定赔偿额，利大于弊。2001 年修订的《著作权法》将法定赔偿制度正式纳入法律之中，2001 年《著作权法》第四十八条首开先河，规定权利人的实际损失或者侵权人的违法所得不能确定的，由人民法院根据侵权行为的情节，可以判决 50 万元以下的赔偿。2001 年修改后的《计算机软件保护条例》规定的侵犯软件著作权的赔偿数额，依照《著作权法》的规定确定。自此，法定赔偿制度在我国《计算机软件保护条例》中得以确立。

---

[1]　徐玉麟. 计算机软件保护条例释义［M］. 北京：中国法制出版社，2002：115.

（二）法定赔偿应考虑的情节

根据《著作权法》的规定，法定赔偿由人民法院根据侵权行为的情节，在 50 万元以下确定赔偿数额。有关侵权行为的具体情节，相关法律并没有明确规定，实际上也因案而异。通识认为，侵权行为的性质、采用的手段、时间长短、造成的损害后果大小、为制止侵权而支出的合理费用等都应作为其他侵权情节加以考虑。

侵权行为涉及侵权行为方式、侵权行为持续时间、侵权行为的影响和侵权行为的组织化程度等内容。具体地说，侵权行为的方式可分为直接侵权行为与间接侵权行为、全面侵权行为与部分侵权行为。一般而言，直接侵权行为的危害大于间接侵权行为，全面侵权行为的危害大于部分侵权行为，侵权行为持续时间越长、侵权行为影响面越广，对权利人造成的损害也越大。

具体来说，在软件著作权侵权中，侵权行为的情节主要包括：过去曾经侵犯过软件著作权被追究过行政责任或者民事责任，又侵犯软件著作权的；既制作侵权复制品，又销售侵权复制品的；对软件著作权人有恐吓、威胁行为的；对软件著作权的权益造成损害的。例如，因侵权导致软件著作权人的市场受到严重影响甚至破产的。

为在软件著作权侵权案件中依法公平、合理地确定法定赔偿数额，统一执法标准，加强对知识产权的司法保护，人民法院适用法定赔偿方法确定赔偿数额，应当公平合理，根据案件具体情况在判决中分析和阐明权利价值、侵权情节、侵权恶意、侵权损害后果等方面具体情形与确定赔偿数额之间的联系，确保权利人损失获得充分赔偿。同时，适用法定赔偿方法确定的赔偿数额既要保持同类案件之间的赔偿尺度协调，又应考虑不同案件之间的案情差异。

需要说明的是，法定赔偿方法是法律赋予人民法院的自由裁判权，但这种自由裁判权实际上又是有限制的，主要体现：一是必须是对已查证属实的侵权行为，二是必须是在按前两种方法不能确定赔偿数额的情况下，三是必须充分考虑侵权行为的情节。对于难以证明权利人受损或者侵权人非法获利的具体数额，但有证据证明前述数额确已超过法定赔偿最高限额的，不应适用法定赔偿方法，而应综合全案的证据情况，在法定赔偿最高限额以上合理确定赔偿数额。

第三节 计算机软件著作权侵权赔偿数额确定的完善

《计算机软件保护条例》第二十五条规定了计算机软件著作权侵权赔偿数额的确定，该规定看似已有效解决了《著作权法》修改以前对软件著作权侵权赔偿数额规定不明确的问题。但该条的规定仍属于原则性规定，实际操作性不强。软件著作权侵权纠纷中，赔偿难、赔偿数额各方不满意仍是突出的问题，软件著作权侵权损害赔偿数额确定制度有进一步完善的空间和必要。

一、完善"实际损失"计算方法

实际损失作为我国规定的软件著作权侵权损害赔偿的首选方法，虽然最能体现知识产权损害赔偿的实质，但权利人损失的证明非常困难。在计算机软件市场不饱和的情况下，权利人的计算机软件销售量处于扩张趋势，即使部分侵权产品出现，计算机软件的销售量也不一定会减少，此时权利人损失表现为可得利益的损失，权利人很难证明。在计算机软件的市场较为饱和的情况下，一旦市场上出现侵权产品，权利人计算机软件的销售量就会减少，或者价格就会降低，权利人的实际损失就是侵权行为没有发生时所能获得的利润与出现侵权情况下实际所获利润之差。不管采用何种计算方法，计算机软件销售量的减少、计算机软件的单位利润、计算机软件降价数额的依据等很多都是由权利人单方面形成。我国许多企业的财务制度不完善，实践中一旦被告否认，权利人提供的会计账册、利润损失说明，银行制作的评估报告等基本上不会被认可。再者，如果侵权行为侵害的是未发表的计算机软件，即软件著作权人尚未行使其权利就遭到侵害，则不存在直接损失，间接损失的计算也比较困难。为促进按照权利人的实际损失确定赔偿数额这一赔偿方法的有效适用，应对其进行进一步的完善。

（一）准确界定相关"市场"或"可预期"范围

在实际损失的计算中，与计算机软件相关的"市场"或"可预期"范围的界定至关重要。除原告正在提供软件或提供软件著作权许可的情形可列入

"市场"或"可预期收益"范畴之外，尚未提供软件或软件著作权许可但却被被告实施的行为是否可以被"市场"涵盖或可以列入"可预期收益"范畴，存在不同的看法。笔者认为，"正在服务"的市场很容易去证明，而"即将服务"的市场中"即将"是主观性很强的判断，很容易被原告滥用从而任意扩大保护范围。在界定计算机软件市场时，应将原告"正在服务"的客户人群与软件创造时"可预见"的客户人群结合起来进行考虑，即原告正在使用的方式和所有作者在创作软件时已经预见到的软件使用都可以归入计算机软件的市场范围内，而那些不能被预料到且没有实际进行后续创新性开发利用的软件使用均不能被软件市场所涵盖。在"可预见"的判断上，应把时间点固定于软件创造时，可以证明的证据包括原告当时的商业规划、可行性研究报告、各种出版物等媒介中已提及的软件使用方式和使用范围、商业经营方式和经营范围等。在限定的潜在客户人群范围内，如果原告能证明被告行为与其可预期收益之间存在着合理可能性因果联系的话，原告的可预期收益都将被视为其所遭受的实际损失①。

（二）增加权利人损失的计算方法

除法律规定的因侵权而减少的知识产权产品数量乘以知识产权产品的单位合理利润这一计算方法外，应增加权利人损失的计算方法，根据情况使用大致推定方法。对于权利人销售量的减少，价格的降低与侵权行为的因果关系，权利人很难证明，对这种因果关系的举证不比有形财产那样具体、明确，法律应当允许对该因果关系采用推定方法予以判定，即只要权利人证明其销售量减少或价格降低，我们就推定该减少或降低的数额系因侵权行为所致，除非被告反证原告有非正常经营等导致原告损失异常的情形。对权利人的合理单位利润无法证明的，可以参照相同或近似行业的利润率予以确定。此外，应降低原告证明标准。证明原告损失的证据只要达到优势证明标准，即可以予以认定，对损失数额的计算不要求达到精确数字，只要具有合理性，就予以确认。一般来说，根据权利人受损得出的赔偿额总比依据法定赔偿得出的赔偿额要精确。要摒弃现在司法实践中对权利人损失一定要精确到

---

① 杨红军. 对我国版权侵权赔偿制度的结构性反思［J］. 河南大学学报（社会科学版），2018（1）.

元、角、分的观点，将尽可能多的案件适用权利人损失的计算方法。

在计算方法上，北京市高级人民法院关于"权利人的实际损失"计算方法的规定可供借鉴。《北京市高级人民法院关于确定著作权侵权损害赔偿责任的指导意见》第七条规定，"权利人的实际损失"可以依据以下方法计算：（一）被告侵权使原告利润减少的数额；（二）被告以报刊、图书出版或类似方式侵权的，可参照国家有关稿酬的规定；（三）原告合理的许可使用费；（四）原告复制品销量减少的数量乘以该复制品每件利润之积；（五）被告侵权复制品数量乘以原告每件复制品利润之积；（六）因被告侵权导致原告许可使用合同不能履行或难以正常履行产生的预期利润损失；（七）因被告侵权导致原告作品价值下降产生的损失；（八）其他确定权利人实际损失的方法。

二、合理适用"违法所得"方法

按照侵权人的违法所得给予赔偿的计算方法合理性在于充分考虑了侵权人的收益，但如果侵权人实施了侵权行为且给软件著作权人造成了一定损失，而侵权人自己并未由此获得任何收益或收益甚少时，赔偿额为零或极少，无异于侵权人没有承担赔偿责任，这显然不利于保护软件著作权人的合法权益。而在实践中，多数情况下违法所得计算方法都被否定，转而采用法定赔偿或实际损失的方法①。结合域外司法实践中适用"违法所得"方法计算版权侵权损害赔偿额的经验，我们可以从以下几个角度对"违法所得"方法的适用加以完善，以便在实践中更好地适用该方式来合理计算损害赔偿数额、维护权利人利益。

---

① 如在"南京因泰莱电器股份有限公司与西安市远征科技有限公司、西安远征智能软件有限公司、南京友成电力工程有限公司软件著作权侵权纠纷案"中，上诉人不服一审的判赔金额，上诉要求按照被上诉人侵权获利确定赔偿数额，并提供了相应的证据。法院认为"现有证据尚不足以支持因泰莱公司上述主张，一审判决综合考虑涉案软件系嵌入式软件的性质、被控侵权行为性质及后果等确定赔偿数额并无不当"。参见江苏省高级人民法院民事判决书（2008）苏民三终字第 0079 号。类似判决参见"吉林美术出版社与海南出版社有限公司、长春欧亚集团股份有限公司欧亚商都著作权侵权纠纷案"，最高人民法院民事裁定书（2012）民申字第 1150 号。

（一）明确举证责任的分配

举证责任的分配对于更好适用违法所得的方法至关重要。在我国，原告只需证明侵权人所获得的总收入，其举证义务即告完成。至于被告总收入中哪些项目不属于利润部分需要予以扣减，则由被告举证证明。然而，被告的销售记录和相关资料难以为原告所获取和掌握，况且经常存在被告销毁账簿资料的情形，这就导致原告举证上的困难。同时，被告销售总收入中的具体费用构成及其数额是否为或多少为其利润，往往也难以证明，即"难以确定侵权人的利益在多大程度上来自对原告权利的侵犯"①，为此有必要在举证责任分配机制上加以调整。侵权获利的量化所衍生出的诉讼程序上证明责任的分配问题也必须在当事人间清晰阐明②。

我国著作权法修改草案第三稿涉及了举证责任的分配问题，但仅是一种举证妨碍证据的引入③，仍未明晰如何分配举证责任的问题。我们可以进一步细化举证规则，在原告证明了侵权人因侵权行为存在违法所得之后，举证责任转移到侵权人，由其证明其违法所得的多少以及与侵权行为是否存在因果关系。

在侵害软件著作权的诉讼纠纷中，通过明确举证责任的分配确定损害赔偿数额应注意几个问题：首先，必须完成最基本的举证义务，坚持证明责任

---

① WIPO. The Enforcement of Intellectual Property Rights［R］. Geneva：World Intellectual Property Organization，2008：84.

② 杨涛. 完善我国著作权侵权损害赔偿的计算方法：基于比较法视野的研究启示［J］. 时代法学，2010（2）.

③ 《中华人民共和国著作权法》（修改草案第三稿）（国家版权局2012年10月）第七十四条规定："侵犯著作权或者相关权的，侵权人应当按照权利人的实际损失给予赔偿；实际损失难以计算的，可以按照侵权人的违法所得给予赔偿。权利人的实际损失或者侵权人的违法所得难以确定的，参照通常的权利交易费用的合理倍数确定。赔偿数额应当包括权利人为制止侵权行为所支付的合理开支。人民法院认定侵犯著作权或者相关权成立后，为确定赔偿数额，在权利人已经尽力举证，而与侵权行为相关的账簿、资料主要由侵权人掌握的情况下，可以责令侵权人提供与侵权行为相关的账簿、资料；侵权人不提供或者提供虚假的账簿、资料的，人民法院可以根据权利人提供的证据判定侵权赔偿数额。权利人的实际损失、侵权人的违法所得和通常的权利交易费用均难以确定的，由人民法院根据侵权行为的情节，判决给予100万元以下的赔偿。对于两次以上故意侵犯著作权或者相关权的，应当根据前三款计算的赔偿数额的二至三倍确定赔偿数额。"

分配的一般规则；其次，明确原告证明了侵权人因侵权行为存在违法所得后举证责任转移到侵权人，不能随意扩大适用。再次，在综合判断所有提供的证据后才可认定赔偿数额。举证责任转移是一种在事实真伪不明的情况下推定赔偿数额的办法，即使这种真伪不明是因侵权人拒绝提供所获利润造成的，权利人主张的赔偿数额最终能否得到证明，还需要经过质证以及结合案件的其他证据予以综合判断才可得出。

（二）引入专家证人制度，合理适用"违法所得"方法

专家证人制度在各个国家和地区尤其是英美法系国家证据法中是不可或缺的重要制度，对于解决技术事实争议具有重要价值①。专家证人方式在计算软件著作权侵权违法所得中，也是有效途径之一。我国《民事诉讼法》也规定了"鉴定＋专家辅助人"的模式，《民事诉讼法》第七十六条规定，当事人可以就查明事实的专门性问题向人民法院申请鉴定。当事人申请鉴定的，由双方当事人协商确定具备资格的鉴定人；协商不成的，由人民法院指定。当事人未申请鉴定，人民法院对专门性问题认为需要鉴定的，应当委托具备资格的鉴定人进行鉴定。第七十九条规定，当事人可以申请人民法院通知有专门知识的人出庭，就鉴定人作出的鉴定意见或者专业问题提出意见。《国家知识产权战略纲要》明确提出，要建立和完善专家证人诉讼制度。相关领域的专家对于相关技术问题的阐述和提供的意见对于计算被控侵权人的违法所得、确定损害赔偿额有一定的参考价值。

《北京市高级人民法院关于确定著作权侵权损害赔偿责任的指导意见》第八条规定，"侵权人的违法所得"包括产品销售利润、营业利润、净利润三种情况。一般情况下，应当以被告营业利润作为赔偿数额。被告侵权情节或者后果严重的，可以产品销售利润作为赔偿数额。侵权情节轻微，且诉讼期间已经主动停止侵权的，可以净利润作为赔偿数额。适用上述方法，应当由原告初步举证证明被告侵权所得，或者阐述合理理由后，由被告举证反驳；被告没有证据，或者证据不足以证明其事实主张的，可以支持原告的主张。在此基础上，我国法院可尝试引入专业评估机制和专业的会计专家，以

---

① 宋健.专家证人制度在知识产权诉讼中的运用及其完善［J］.知识产权，2013（4）.

便从市场价值的角度更好地核算侵权人的违法所得①。

三、健全"法定赔偿"制度

法定赔偿作为无法查清原告实际损失和被告非法获利而采用的一种替代方式，其本质就是赋予法官一定的自由裁量权，在符合利益平衡价值观的前提下尽量使法律事实接近客观事实。然而，在实践中，法定赔偿制度越来越受法官的青睐，有学者采集了2011—2016年的9057个知识产权判例样本，其中有8666件样本适用法定赔偿标准，占样本总数的95.68%。其中著作权样本共5361件，适用法定赔偿标准的样本5216件，占著作权判例样本数的97.3%②。就计算机软件著作权侵权损害赔偿而言，在92份案件样本中，法院依据权利人的实际损失确定赔偿额的3件，占3.3%；依据侵权人的违法所得确定赔偿额的2件，占2.2%；采取法定赔偿的82件，占89.1%③。司法实务中采用法定赔偿确定赔偿数额的普遍适用，使原本作为一种必要和有益的补充方式的法定赔偿却成了软件著作权侵权损害赔偿数额确定主要方式。法定赔偿的广泛运用并不代表其制度设计的科学、合理，其仍有诸多需要完善的地方。

（一）通过法律实施细则引导和规范法定赔偿的适用

大量案件没有经过合理计算，仅凭法官根据惯常做法和自由裁量权确定赔偿额，容易出现畸轻畸重、尺度不一、与权利人客观损失和侵权人客观获利差距较大的问题，裁判文书说服力不高，被告往往在赔偿数额上对法院判决持有异议。因而，我国有关法定赔偿适用的法律需要进一步细化，以保证法定赔偿在适用中的合理性。法定赔偿的适用条件既应具有限定性，又应不失灵活性。法定赔偿中具有较多的不确定因素，在适用时应持谨慎态度，为了防止法定赔偿适用的随意性，有必要对法定赔偿的适用范围作出限制。通常只有在权利人的实际损失和侵权人的违法所得难以确定的情况下，才能适应法定赔偿的计算方法。如何认定难以确定，可通过法律解释进行具体化的

---

① 尚广振. 论"违法所得"在著作权侵权损害赔偿计算中的适用 [J]. 电子知识产权，2014（4）.

② 曹新明. 我国知识产权侵权损害赔偿计算标准新设计 [J]. 现代法学，2019（1）.

③ 张广良. 计算机软件著作权侵权损害赔偿实证研究 [J]. 人民司法，2014（13）.

规定，以便明确当事人尽何种合理的举证努力仍无法得知实际损失时才可算得上"难以确定"。在适用法定赔偿时法院应依当事人请求而决定是否适用，不可主动适用。

法定赔偿在适用上除上述通常情况下的适用条件外，还要保持一定的灵活性，规定某些特殊情形下的法定赔偿适用条件即在双方当事人对适用法定赔偿达成合意或者以其他方式确定损害赔偿数额明显不公时，应适用法定赔偿。另外，为了遵循法律的严谨性，还应规定不可适用法定赔偿的条件，即当事人明确表示不适用法定赔偿时，不可适用法定赔偿。

（二）提高法定赔偿数额的上限

加强知识产权保护，塑造良好营商环境，是完善产权保护制度最重要的内容，也是提高中国经济竞争力最大的激励。2018 年 4 月 10 日，在博鳌亚洲论坛开幕式上，中国国家主席习近平发表重要讲话，特别强调"加强知识产权保护，加大执法力度，把违法成本显著提上去，把法律威慑作用充分发挥出来"。知识产权侵权损害赔偿数额过低，难以有效威慑侵权行为①。因而，实现"把违法成本显著提上去"的目标，可以通过降低维权成本方式，也可以通过提高侵权损害赔偿数额的方式，但后者效果也许会更好。

我们应该认识到，未来无论是国家、地区还是企业之间，知识产权都将是核心竞争力，知识产权的价值也将愈加重要，其对经济的贡献率亦将愈发突出。我国著作权侵权领域的法定赔偿额上限仅为 50 万元，但一些软件特别是专业性较强的软件廾发成本越来越大，收益越来越高，50 万元的赔偿限额已无法有效保护权利人利益。因此，大幅度提高软件著作权等知识产权法定赔偿额的上限就显得十分必要。鉴于法定赔偿额会随着经济的不断发展而发生变化，法律在规定软件著作权法定赔偿的具体数额时，应具有一定的前瞻性，以此维持其稳定性，并明确法定赔偿适用时可量化的参考因素。

此外，完善计算机软件著作权侵权赔偿数额确定，还应赋予权利人选择计算方法的权利。如前所述，软件著作权侵权损害赔偿计算方法存在适用的先后顺序问题。从理论上讲，当实际损失或者侵权获益能够确定时，就不能

---

① 李明德. 知识产权侵权屡禁不止原因之一是损害赔偿的数额过低［J］. 河南科技，
2016（8）.

参照法定赔偿额确定赔偿数额。当确定的侵权获益明显偏低,不能填补权利人的损失时,法律本身没有提供解决方案,如果放松各项计算方法适用顺序的限制,赋予权利人一定的选择权,该问题即可解决。权利人选择计算方法的权利在世界各国和地区中有成熟的立法例,如在美国版权侵权领域,如果版权人认为实际损失和侵权利润难以证明或不能证明时,或者认为根据实际损失和侵权利润计算赔偿额对自己不利时,可以选择法定赔偿。即便原告在诉讼开始时选择了实际损失或侵权获益,只要在法庭正式判决前,其可以作出变更,选择法定赔偿①。从理论上讲,赔偿数额属于事实问题,只要权利人能够举证证明,选择何种计算方法应属原告的权利。尽管应赋予软件著作权人选择计算方法的权利,但权利人的选择权若不受任何限制,任由权利人为之,将对诉讼带来极大的不稳定性,对案件审理和被告的诉讼预期都将造成很大影响。所以,在赋予权利人选择权时,需要对其选择权的行使作出适当限制。具体可从如下两方面予以限制。首先,在计算方法的适用顺序上,实际损失应优先适用。因为其余计算方法均系被侵权人的实际损害难以估算所衍生而来,以加强对被侵权人的保障。因此,填补损失的原则在知识产权侵权领域亦不应随意突破。只有根据法院查明的事实,侵权人的侵权获益超过权利人的实际损失时,超过部分应当返还给权利人,以防止侵权人获取不当得利。其次,权利人在除实际损失之计算方法外的其他计算方法中行使选择权时,该选择权应在一审法庭辩论终结前固定,且选择权"一次用尽",避免权利人反复选择带来的不可预见性②。事实上,将知识产权法关于损害赔偿计算方法的顺序性规定改为选择性,在新近的修法过程中也体现了出来③。

---

① 李明德. 美国知识产权法 [M]. 2版. 北京:法律出版社,2014:405.
② 余秀宝. 知识产权侵权损害赔偿计算方法的整体构建:民法典编纂背景下的思考 [J]. 法治研究,2018(3).
③ 《著作权法(修订草案送审稿)》第七十六条规定,侵犯著作权或者相关权的,在计算损害赔偿数额时,权利人可以选择实际损失、侵权人的违法所得、权利交易费用的合理倍数或者一百万元以下数额请求赔偿。

参考文献

［1］曹新明．关于著作权保护期限的探讨［J］．法学，1991（4）．

［2］曹新明．我国知识产权侵权损害赔偿计算标准新设计［J］．现代法学，2019（1）．

［3］曹新明．我国著作权归属模式的立法完善［J］．法学，2011（6）．

［4］曾世雄．损害赔偿法原理［M］．北京：中国政法大学出版社，2001．

［5］陈昌柏．国际知识产权贸易［M］．2版．南京：东南大学出版社，2008．

［6］陈芳跃．数理学科导论［M］．西安：电子科技大学出版社，2015．

［7］陈杰．论著作权的正当性［M］．北京：知识产权出版社，2016．

［8］陈廉芳．计算机软件著作权的归属及侵权行为分析［J］．江西图书馆学刊，2008（1）．

［9］陈绍玲．著作权侵权行政执法"公共利益"研究［J］．中国版权，2011（5）．

［10］陈卓然．大学计算机基础教程［M］．北京：国防工业出版社，2013．

［11］程松亮．著作权保护期延长的合理性探究［J］．湖北社会科学，2012（7）．

［12］崔广平．论合同的形式［J］．当代法学，2002（2）．

［13］崔建远．债法总则与中国民法典的制定：兼论赔礼道歉、恢复名誉、消除影响的定位［J］．清华大学学报（哲社版），2003（4）．

［14］方华．合同范本与实例大全［M］．北京：法律出版社，2004.

［15］方木云．软件工程［M］．北京：清华大学出版社，2016.

［16］冯晓青，杨利华．我国《著作权法》与国际知识产权公约的接轨：《著作权法》第一次修改研究［J］．河南省政法管理干部学院学报，2002（5）.

［17］冯晓青．论著作权法与公共利益［J］．法学论坛，2004（3）.

［18］冯晓青．知识产权法［M］．2版．武汉：武汉大学出版社，2014.

［19］冯晓青．著作权保护期限制之理论思考［J］．北京科技大学学报（社会科学版），2006（3）.

［20］冯晓青．著作权法中思想与表达二分法之合并原则及其实证分析［J］．法学论坛，2009（2）.

［21］冯晓青．著作权扩张及其缘由透视［J］．政法论坛，2006（6）.

［22］高志宏．知识产权理论·法条·案例［M］．南京：东南大学出版社，2016.

［23］何红峰．软件著作权的许可使用［J］．科技导报，1996（5）.

［24］何红锋，等．软件著作权的归属［J］．软件，1995（12）.

［25］何红锋等．软件著作权的转移［J］．软件，1996（6）.

［26］何越峰．美国计算机程序专利保护的历史演进［J］．专利法研究，2004（1）.

［27］胡康生．中华人民共和国著作权释义［M］．北京：法律出版社，2002.

［28］胡明玉，叶英萍．法定继承人范围和顺序的立法修正［J］．海南大学学报（人文社会科学版），2014（2）.

［29］黄勤南，尉晓珂．计算机软件的知识产权保护［M］．北京：专利文献出版社，1999.

［30］黄勤南．新编知识产权法教程［M］．北京：法律出版社，2003.

［31］江必新．最高人民法院指导性案例裁判规则理解与适用（合同卷四）［M］．北京：中国法制出版社，2015.

［32］江国华．立法：理想与变革［M］．济南：山东人民出版社，2007.

［33］江平，亚昌祯．民法词典［M］．北京：北京出版社，1988．

［34］江平．民法学［M］．北京：中国政法大学出版社，2007．

［35］蒋志培．知识产权法律适用与司法解释［M］．北京：中国法制出版社，2002．

［36］解亘．著作权共有人的权利行使：评齐良芷、齐良末等诉江苏文艺出版社侵犯著作权纠纷案［J］．交大法学，2015（2）．

［37］孔祥俊，杨丽．侵权责任要件研究：上［J］．政法论坛，1993（1）．

［38］寇广萍．侵权责任法［M］．北京：中国政法大学出版社，2017．

［39］赖晓铮．计算机组成原理［M］．北京：科学出版社，2013．

［40］李杰，于枫．大学计算机基础［M］．北京：中国水利水电出版社，2015．

［41］李金庆．信息时代期刊管理［M］．北京：光明日报出版社，2005．

［42］李明德．计算机软件保护法研究［J］．知识产权文丛，2005（12）．

［43］李明德．美国《版权法》对于计算机的保护［J］．科技与法律，2005（1）．

［44］李明德．美国知识产权法［M］．2版．北京：法律出版社，2014．

［45］李明德．知识产权侵权屡禁不止原因之一是损害赔偿的数额过低［J］．河南科技，2016（8）．

［46］李维．浅析新《计算机软件保护条例》中的权利主体［J］．知识产权，2002（2）．

［47］李希慧．侵犯著作权犯罪中"违法所得"指全部所得［N］．检察日报，2007－03－30．

［48］李颖怡．知识产权法［M］．4版．广州：中山大学出版社，2013．

［49］李雨峰．中国著作权法：原理与材料［M］．武汉：华中科技大学出版社，2014．

［50］李雨峰．著作权法［M］．厦门：厦门大学出版社，2006．

［51］梁慧星．民法学说判例与立法研究［M］．北京：中国政法大学出

版社，1993.

　　[52] 林良倩. 我国著作权法立法应引入二分法原则与合并原则 [J]. 政法学刊，2010（1）.

　　[53] 刘春田，刘波林. 论职务作品的界定及其权利归属 [J]. 中国人民大学学报，1990（6）.

　　[54] 刘广三，李晓. 论侵犯著作权罪的司法认定：以"未经著作权人许可"的司法证明问题为主线 [J]. 刑法论丛，2017（1）.

　　[55] 刘金霞，温慧卿. 新编民法原理与实务 [M]. 北京：北京理工大学出版社，2017.

　　[56] 刘丽娜. 侵犯知识产权犯罪"违法所得数额"的认定 [J]. 中国刑事法杂志，2015（2）.

　　[57] 刘万啸. 电子合同效力比较研究 [M]. 北京：知识产权出版社，2010.

　　[58] 刘旭明，王晋刚. 知识产权风险管理 [M]. 北京：知识产权出版社，2014.

　　[59] 刘银良. 著作权归属原则之修订：比较法视野下的化繁为简 [J]. 政治与法律，2013（11）.

　　[60] 刘远山，余秀宝. 著作权侵权损害赔偿要论 [J]. 行政与法，2011（5）.

　　[61] 刘稚. 著作权法实务与案例评析 [M]. 北京：中国工商出版社，2003.

　　[62] 卢海君. 论思想表达两分法的"成文"化 [J]. 中国出版，2010（21）.

　　[63] 卢海君. 论作品的原创性 [J]. 法制与社会发展，2010（2）.

　　[64] 卢海君. 原创性 vs. 创造性 [J]. 电子知识产权，2009（2）.

　　[65] 鲁力，潘永涓. 论侵犯计算机软件著作权犯罪中的"以营利为目的"[J]. 湖南社会科学，2010（6）.

　　[66] 马秋枫，等. 计算机信息网络的法律问题 [M]. 北京：人民邮电出版社，1998.

　　[67] 孟国碧. 国际贸易法实验案例教程 [M]. 北京：法制出版

社，2016.

[68] 宁立志．知识产权法［M］．武汉：武汉大学出版社，2006.

[69] 潘灿君．著作权法［M］．杭州：浙江大学出版社，2013.

[70] 彭馨弘．计算机辅助平面设计［M］．北京：机械工业出版社，2011.

[71] 尚广振．论"违法所得"在著作权侵权损害赔偿计算中的适用［J］．电子知识产权，2014（4）.

[72] 沈仁干．著作权实用大全［M］．南宁：广西人民出版社，1996.

[73] 沈宗灵．法理学［M］.4 版．北京：北京大学出版社，2014.

[74] 时巍，董毅．计算机应用技术项目教程［M］．北京：冶金工业出版社，2016.

[75] 寿步．合理保护知识产权是中国的必然选择［J］．上海交通大学学报（哲学社会科学版），2006（2）.

[76] 寿步．计算机软件著作权保护：理论阐述·案例分析·法规文件［M］．北京：清华大学出版社，1997.

[77] 寿步．软件著作权权利论［J］．科技与法律，1993（1）.

[78] 宋歌．计算机软件法律保护若干问题［J］．合作经济与科技，2005（24）.

[79] 宋健．专家证人制度在知识产权诉讼中的运用及其完善［J］．知识严权，2013（4）.

[80] 宋玉萍．计算机软件的知识产权保护［J］．河南省政法管理干部学院报，2013（3）.

[81] 苏力．制度是如何形成的［M］．广州：中山大学出版社，1999.

[82] 孙新强．有关著作权转让的若干问题［J］．山东大学学报（哲学社会科学版），2000（2）.

[83] 汤颖．委托创作合同中计算机软件著作权权利范围界定研究［J］．中国版权，2016（6）.

[84] 唐力，谷佳杰．论知识产权诉讼中损害赔偿数额的确定［J］．法学评论，2014（2）.

[85] 万欢．计算机软件合理使用的问题及完善对策［J］．求知导刊，

2015（24）.

[86] 王贵国. 中国知识产权法 [M]. 北京：法律出版社，1999.

[87] 王洪友. 知识产权理论与实务 [M]. 北京：知识产权出版社，2016.

[88] 王利明. 民法学 [M]. 2版. 上海：复旦大学出版社，2015.

[89] 王迁. 著作权法 [M]. 北京：中国人民大学出版社，2015.

[90] 王文玉，沈琼. 微观经济学 [M]. 2版. 北京：清华大学出版社，2017.

[91] 王小龙，谢江军. 合作开发计算机软件的著作权归属 [J]. 人民司法，2008（24）.

[92] 王玉清，赵承璧. 国际技术贸易 [M]. 北京：对外经济贸易大学出版社，2013.

[93] 王泽鉴. 民法总则（增订版）[M]. 北京：中国政法大学出版社，2001.

[94] 王作富. 刑法分则实务研究 [M]. 北京：中国方正出版社，2007.

[95] 吴汉东. 知识产权基本问题研究 [M]. 北京：中国人民大学出版社，2005.

[96] 夏露. 电子商务法规 [M]. 北京：清华大学出版社，2011.

[97] 肖声高. 以 SAS 案为例论计算机程序著作权的保护范围 [J]. 西安电子科技大学学报（社会科学版），2013（1）.

[98] 须建楚. 法律适用手册：知识产权法分册 [M]. 上海：上海社会科学院出版社，2009.

[99] 徐家力. 计算机软件知识产权保护所面临的挑战及对策 [J]. 信息网络安全，2006（2）.

[100] 徐玉麟. 计算机软件保护条例释义 [M]. 北京：中国法制出版社，2002.

[101] 薛虹. 数字技术的知识产权保护 [M]. 北京：知识产权出版社，2002.

[102] 杨红军. 对我国版权侵权赔偿制度的结构性反思 [J]. 河南大学

学报（社会科学版），2018（1）.

[103] 杨述兴. 论作品与载体的关系 [J]. 知识产权，2012（6）.

[104] 杨涛. 完善我国著作权侵权损害赔偿的计算方法：基于比较法视野的研究启示 [J]. 时代法学，2010（2）.

[105] 杨心明. 当代经济法学 [M]. 2版. 上海：同济大学出版社，2000.

[106] 杨勇. 著作权法中损害公共利益的认定研究 [J]. 中国版权，2016（5）.

[107] 应明，孙彦. 计算机软件的知识产权保护 [M]. 北京：知识产权出版社，2009.

[108] 应明. 计算机软件的版权保护问题 [J]. 电子知识产权，1991（10）.

[109] 于创新. 知识产权实务教程 [M]. 北京：知识产权出版社，2005.

[110] 余秀宝. 知识产权侵权损害赔偿计算方法的整体构建：民法典编纂背景下的思考 [J]. 法治研究，2018（3）.

[111] 袁世华，刘远山. 我国著作权许可使用报酬法律问题探析 [J]. 重庆科技学院学报（社会科学版），2013（11）.

[112] 袁秀挺，凌宗亮. 我国知识产权法定赔偿适用之问题及破解 [J]. 同济大学学报（社会科学版），2014（6）.

[113] 詹启智. 著作报酬权的演进方向与实现：《著作权法修订草案送审稿》第52条的修改建议 [J]. 出版发行研究，2014（8）.

[114] 张德成，时凤. 计算机应用基础教程 [M]. 合肥：安徽大学出版社，2015.

[115] 张冬，刘宇慧. 我国传统文化表达著作权主体保护问题探究 [J]. 大庆师范学院学报，2015（1）.

[116] 张钢成. 侵权责任案件裁判方法与规范 [M]. 上海：上海译文出版社，2015.

[117] 张广良. 计算机软件著作权侵权损害赔偿实证研究 [J]. 人民司法，2014（13）.

［118］张火春，薛玲．计算机软件著作权归属问题［J］．研究与发展管理，1995（1）．

［119］张俊发．论著作权权项设置中兜底条款的适用［J］．知识产权，2018（12）．

［120］张龙．善意使用在合理使用判断中的适用［J］．中国版权，2014（3）．

［121］张平．网络法律评论［M］．北京：法律出版社，2001.

［122］张茹．数字版权管理［M］．北京：北京邮电大学出版社，2008.

［123］张文德．知识产权运用［M］．北京：知识产权出版社，2015.

［124］张新宝．侵权责任法原理［M］．北京：法律出版社，2005.

［125］赵宾，李林启．知识产权法［M］．北京：清华大学出版社，2012.

［126］赵秉志．侵犯著作权犯罪研究［M］．北京：中国人民大学出版社，2008.

［127］郑成思．版权法［M］．北京：中国人民大学出版社，1990.

［128］郑成思．计算机、软件与数据的法律保护［M］．北京：法律出版社，1987.

［129］郑成思．试论我国版权法修订的必要性［J］．著作权．1994（3）．

［130］郑成思．知识产权与国际贸易［M］．北京：人民出版社，1995.

［131］郑国辉．著作权法学［M］．北京：中国法制出版社，2012：205.

［132］郑国辉．著作权法学［M］．北京：中国法制出版社，2012.

［133］周根才，高毅龙．知识产权侵权救济中损害赔偿数额的确定［J］．法律适用，2008（12）．

［134］周江洪．委托合同任意解除的损害赔偿［J］．法学研究，2017（3）．

［135］周玲玲．合理使用原则在我国立法中的实践应用及发展趋势［J］．科技与法律，2010（4）．

［136］周晓冰．著作人格权的保护［M］．北京：知识产权出版

社，2015.

[137] 朱和庆.知识产权司法保护理论与实务［M］.北京：知识产权出版社，2008.

[138] 朱晓娟，戴志强.人身权法［M］，北京：清华大学出版社，2006.

[139] 朱效亮.论计算机软件著作权使用许可合同［J］.科技与法律，1991（5）.

[140] 朱一青，曾婧.计算机软件著作权交易课税性质判定及其法律意义［J］.重庆大学学报（社会科学版），2015（6）.

[141] 邹忭，孙彦.案说计算机软件保护条例［M］.北京：知识产权出版社，2012.

[142] 邹忭.世界各国计算机软件版权保护概况［J］.电子知识产权，1992（10）.

[143] 卡尔·拉伦茨.法学方法论［M］.陈爱娥，译.北京：商务印书馆，2003.

[144] 考夫曼.法律哲学［M］.刘幸义，译.北京：法律出版社，2004.

[145] 亚里士多德.政治学［M］.北京：商务出版社，1997.

[146] E·博登海默.法理学：法律哲学与法律方法［M］.邓正来，译.北京：中国政法大学出版社，1999.

[147] 威廉·M.兰德斯，理查德·A.波斯纳.知识产权法的经济结构［M］.金海军，译.北京：北京大学出版社，2005.

[148] 谢尔登·W.哈尔彭.美国知识产权法原理［M］.3版.宋慧献，译.北京：商务印书馆，2013.

[149] 德利娅·利普希克.著作权与邻接权［M］.北京：中国对外翻译出版公司，2000.

附录

计算机软件保护相关法律

计算机软件保护条例

（2001 年 12 月 20 日中华人民共和国国务院令第 339 号公布 根据 2011 年 1 月 8 日《国务院关于废止和修改部分行政法规的决定》第一次修订 根据 2013 年 1 月 30 日《国务院关于修改〈计算机软件保护条例〉的决定》第二次修订）

第一章 总 则

第一条 为了保护计算机软件著作权人的权益，调整计算机软件在开发、传播和使用中发生的利益关系，鼓励计算机软件的开发与应用，促进软件产业和国民经济信息化的发展，根据《中华人民共和国著作权法》，制定本条例。

第二条 本条例所称计算机软件（以下简称软件），是指计算机程序及其有关文档。

第三条 本条例下列用语的含义。

（一）计算机程序，是指为了得到某种结果而可以由计算机等具有信息处理能力的装置执行的代码化指令序列，或者可以被自动转换成代码化指令序列的符号化指令序列或者符号化语句序列。同一计算机程序的源程序和目标程序为同一作品。

（二）文档，是指用来描述程序的内容、组成、设计、功能规格、开发情况、测试结果及使用方法的文字资料和图表等，如程序设计说明书、流程图、用户手册等。

（三）软件开发者，是指实际组织开发、直接进行开发，并对开发完成的软件承担责任的法人或者其他组织；或者依靠自己具有的条件独立完成软件开发，并对软件承担责任的自然人。

（四）软件著作权人，是指依照本条例的规定，对软件享有著作权的自然人、法人或者其他组织。

第四条　受本条例保护的软件必须由开发者独立开发，并已固定在某种有形物体上。

第五条　中国公民、法人或者其他组织对其所开发的软件，不论是否发表，依照本条例享有著作权。

外国人、无国籍人的软件首先在中国境内发行的，依照本条例享有著作权。

外国人、无国籍人的软件，依照其开发者所属国或者经常居住地国同中国签订的协议或者依照中国参加的国际条约享有的著作权，受本条例保护。

第六条　本条例对软件著作权的保护不延及开发软件所用的思想、处理过程、操作方法或者数学概念等。

第七条　软件著作权人可以向国务院著作权行政管理部门认定的软件登记机构办理登记。软件登记机构发放的登记证明文件是登记事项的初步证明。

办埋软件登记应当缴纳费用。软件登记的收费标准由国务院著作权行政管理部门会同国务院价格主管部门规定。

第二章　软件著作权

第八条　软件著作权人享有下列各项权利。

（一）发表权，即决定软件是否公之于众的权利；

（二）署名权，即表明开发者身份，在软件上署名的权利；

（三）修改权，即对软件进行增补、删节，或者改变指令、语句顺序的权利；

（四）复制权，即将软件制作一份或者多份的权利；

（五）发行权，即以出售或者赠与方式向公众提供软件的原件或者复制件的权利；

（六）出租权，即有偿许可他人临时使用软件的权利，但是软件不是出租的主要标的的除外；

（七）信息网络传播权，即以有线或者无线方式向公众提供软件，使公众可以在其个人选定的时间和地点获得软件的权利；

（八）翻译权，即将原软件从一种自然语言文字转换成另一种自然语言文字的权利；

（九）应当由软件著作权人享有的其他权利。

软件著作权人可以许可他人行使其软件著作权，并有权获得报酬。

软件著作权人可以全部或者部分转让其软件著作权，并有权获得报酬。

第九条　软件著作权属于软件开发者，本条例另有规定的除外。

如无相反证明，在软件上署名的自然人、法人或者其他组织为开发者。

第十条　由两个以上的自然人、法人或者其他组织合作开发的软件，其著作权的归属由合作开发者签订书面合同约定。无书面合同或者合同未作明确约定，合作开发的软件可以分割使用的，开发者对各自开发的部分可以单独享有著作权；但是，行使著作权时，不得扩展到合作开发的软件整体的著作权。合作开发的软件不能分割使用的，其著作权由各合作开发者共同享有，通过协商一致行使；不能协商一致，又无正当理由的，任何一方不得阻止他方行使除转让权以外的其他权利，但是所得收益应当合理分配给所有合作开发者。

第十一条　接受他人委托开发的软件，其著作权的归属由委托人与受托人签订书面合同约定；无书面合同或者合同未作明确约定的，其著作权由受托人享有。

第十二条　由国家机关下达任务开发的软件，著作权的归属与行使由项目任务书或者合同规定；项目任务书或者合同中未作明确规定的，软件著作权由接受任务的法人或者其他组织享有。

第十三条　自然人在法人或者其他组织中任职期间所开发的软件有下列情形之一的，该软件著作权由该法人或者其他组织享有，该法人或者其他组织可以对开发软件的自然人进行奖励：

（一）针对本职工作中明确指定的开发目标所开发的软件；

（二）开发的软件是从事本职工作活动所预见的结果或者自然的结果；

（三）主要使用了法人或者其他组织的资金、专用设备、未公开的专门信息等物质技术条件所开发并由法人或者其他组织承担责任的软件。

第十四条　软件著作权自软件开发完成之日起产生。

自然人的软件著作权，保护期为自然人终生及其死亡后 50 年，截止于自然人死亡后第 50 年的 12 月 31 日；软件是合作开发的，截止于最后死亡的自然人死亡后第 50 年的 12 月 31 日。

法人或者其他组织的软件著作权，保护期为 50 年，截止于软件首次发表后第 50 年的 12 月 31 日，但软件自开发完成之日起 50 年内未发表的，本条例不再保护。

第十五条　软件著作权属于自然人的，该自然人死亡后，在软件著作权的保护期内，软件著作权的继承人可以依照《中华人民共和国继承法》的有关规定，继承本条例第八条规定的除署名权以外的其他权利。

软件著作权属于法人或者其他组织的，法人或者其他组织变更、终止后，其著作权在本条例规定的保护期由承受其权利义务的法人或者其他组织享有；没有承受其权利义务的法人或者其他组织的，由国家享有。

第十六条　软件的合法复制品所有人享有下列权利：

（一）根据使用的需要把该软件装入计算机等具有信息处理能力的装置内；

（二）为了防止复制品损坏而制作备份复制品。这些备份复制品不得通过任何方式提供给他人使用，并在所有人丧失该合法复制品的所有权时，负责将备份复制品销毁；

（三）为了把该软件用于实际的计算机应用环境或者改进其功能、性能而进行必要的修改；但是，除合同另有约定外，未经该软件著作权人许可，不得向任何第三方提供修改后的软件。

第十七条　为了学习和研究软件内含的设计思想和原理，通过安装、显示、传输或者存储软件等方式使用软件的，可以不经软件著作权人许可，不向其支付报酬。

第三章　软件著作权的许可使用和转让

第十八条　许可他人行使软件著作权的，应当订立许可使用合同。

许可使用合同中软件著作权人未明确许可的权利，被许可人不得行使。

第十九条　许可他人专有行使软件著作权的，当事人应当订立书面合同。

没有订立书面合同或者合同中未明确约定为专有许可的，被许可行使的权利应当视为非专有权利。

第二十条　转让软件著作权的，当事人应当订立书面合同。

第二十一条　订立许可他人专有行使软件著作权的许可合同，或者订立转让软件著作权合同，可以向国务院著作权行政管理部门认定的软件登记机构登记。

第二十二条　中国公民、法人或者其他组织向外国人许可或者转让软件著作权的，应当遵守《中华人民共和国技术进出口管理条例》的有关规定。

第四章　法律责任

第二十三条　除《中华人民共和国著作权法》或者本条例另有规定外，有下列侵权行为的，应当根据情况，承担停止侵害、消除影响、赔礼道歉、赔偿损失等民事责任：

（一）未经软件著作权人许可，发表或者登记其软件的；

（二）将他人软件作为自己的软件发表或者登记的；

（三）未经合作者许可，将与他人合作开发的软件作为自己单独完成的软件发表或者登记的；

（四）在他人软件上署名或者更改他人软件上的署名的；

（五）未经软件著作权人许可，修改、翻译其软件的；

（六）其他侵犯软件著作权的行为。

第二十四条　除《中华人民共和国著作权法》、本条例或者其他法律、行政法规另有规定外，未经软件著作权人许可，有下列侵权行为的，应当根据情况，承担停止侵害、消除影响、赔礼道歉、赔偿损失等民事责任；同时损害社会公共利益的，由著作权行政管理部门责令停止侵权行为，没收违法所得，没收、销毁侵权复制品，可以并处罚款；情节严重的，著作权行政管理部门并可以没收主要用于制作侵权复制品的材料、工具、设备等；触犯刑律的，依照刑法关于侵犯著作权罪、销售侵权复制品罪的规定，依法追究刑事责任：

（一）复制或者部分复制著作权人的软件的；

（二）向公众发行、出租、通过信息网络传播著作权人的软件的；

（三）故意避开或者破坏著作权人为保护其软件著作权而采取的技术措施的；

（四）故意删除或者改变软件权利管理电子信息的；

（五）转让或者许可他人行使著作权人的软件著作权的。

有前款第一项或者第二项行为的，可以并处每件 100 元或者货值金额 1 倍以上 5 倍以下的罚款；有前款第三项、第四项或者第五项行为的，可以并处 20 万元以下的罚款。

第二十五条　侵犯软件著作权的赔偿数额，依照《中华人民共和国著作权法》第四十九条的规定确定。

第二十六条　软件著作权人有证据证明他人正在实施或者即将实施侵犯其权利的行为，如不及时制止，将会使其合法权益受到难以弥补的损害的，可以依照《中华人民共和国著作权法》第五十条的规定，在提起诉讼前向人民法院申请采取责令停止有关行为和财产保全的措施。

第二十七条　为了制止侵权行为，在证据可能灭失或者以后难以取得的情况下，软件著作权人可以依照《中华人民共和国著作权法》第五十一条的规定，在提起诉讼前向人民法院申请保全证据。

第二十八条　软件复制品的出版者、制作者不能证明其出版、制作有合法授权的，或者软件复制品的发行者、出租者不能证明其发行、出租的复制品有合法来源的，应当承担法律责任。

第二十九条　软件开发者开发的软件，由于可供选用的表达方式有限而与已经存在的软件相似的，不构成对已经存在的软件的著作权的侵犯。

第三十条　软件的复制品持有人不知道也没有合理理由应当知道该软件是侵权复制品的，不承担赔偿责任；但是，应当停止使用、销毁该侵权复制品。如果停止使用并销毁该侵权复制品将给复制品使用人造成重大损失的，复制品使用人可以在向软件著作权人支付合理费用后继续使用。

第三十一条　软件著作权侵权纠纷可以调解。

软件著作权合同纠纷可以依据合同中的仲裁条款或者事后达成的书面仲裁协议，向仲裁机构申请仲裁。

当事人没有在合同中订立仲裁条款，事后又没有书面仲裁协议的，可以直接向人民法院提起诉讼。

第五章　附　则

第三十二条　本条例施行前发生的侵权行为，依照侵权行为发生时的国家有关规定处理。

第三十三条　本条例自2002年1月1日起施行。1991年6月4日国务院发布的《计算机软件保护条例》同时废止。

中华人民共和国著作权法

（1990年9月7日第七届全国人民代表大会常务委员会第十五次会议通过 根据2001年10月27日第九届全国人民代表大会常务委员会第二十四次会议《关于修改〈中华人民共和国著作权法〉的决定》第一次修正 根据2010年2月26日第十一届全国人民代表大会常务委员会第十三次会议《关于修改〈中华人民共和国著作权法〉的决定》第二次修正）

第一章　总　则

第一条　为保护文学、艺术和科学作品作者的著作权，以及与著作权有关的权益，鼓励有益于社会主义精神文明、物质文明建设的作品的创作和传播，促进社会主义文化和科学事业的发展与繁荣，根据宪法制定本法。

第二条　中国公民、法人或者其他组织的作品，不论是否发表，依照本法享有著作权。

外国人、无国籍人的作品根据其作者所属国或者经常居住地国同中国签订的协议或者共同参加的国际条约享有的著作权，受本法保护。

外国人、无国籍人的作品首先在中国境内出版的，依照本法享有著作权。

未与中国签订协议或者共同参加国际条约的国家的作者以及无国籍人的作品首次在中国参加的国际条约的成员国出版的，或者在成员国和非成员国同时出版的，受本法保护。

第三条 本法所称的作品，包括以下列形式创作的文学、艺术和自然科学、社会科学、工程技术等作品：

（一）文字作品；

（二）口述作品；

（三）音乐、戏剧、曲艺、舞蹈、杂技艺术作品；

（四）美术、建筑作品；

（五）摄影作品；

（六）电影作品和以类似摄制电影的方法创作的作品；

（七）工程设计图、产品设计图、地图、示意图等图形作品和模型作品；

（八）计算机软件；

（九）法律、行政法规规定的其他作品。

第四条 著作权人行使著作权，不得违反宪法和法律，不得损害公共利益。国家对作品的出版、传播依法进行监督管理。

第五条 本法不适用于：

（一）法律、法规，国家机关的决议、决定、命令和其他具有立法、行政、司法性质的文件，及其官方正式译文；

（二）时事新闻；

（三）历法、通用数表、通用表格和公式。

第六条 民间文学艺术作品的著作权保护办法由国务院另行规定。

第七条 国务院著作权行政管理部门主管全国的著作权管理工作；各省、自治区、直辖市人民政府的著作权行政管理部门主管本行政区域的著作权管理工作。

第八条 著作权人和与著作权有关的权利人可以授权著作权集体管理组织行使著作权或者与著作权有关的权利。著作权集体管理组织被授权后，可以以自己的名义为著作权人和与著作权有关的权利人主张权利，并可以作为当事人进行涉及著作权或者与著作权有关的权利的诉讼、仲裁活动。

著作权集体管理组织是非营利性组织,其设立方式、权利义务、著作权许可使用费的收取和分配,以及对其监督和管理等由国务院另行规定。

第二章 著作权

第一节 著作权人及其权利

第九条 著作权人包括:

(一)作者;

(二)其他依照本法享有著作权的公民、法人或者其他组织。

第十条 著作权包括下列人身权和财产权:

(一)发表权,即决定作品是否公之于众的权利;

(二)署名权,即表明作者身份,在作品上署名的权利;

(三)修改权,即修改或者授权他人修改作品的权利;

(四)保护作品完整权,即保护作品不受歪曲、篡改的权利;

(五)复制权,即以印刷、复印、拓印、录音、录像、翻录、翻拍等方式将作品制作一份或者多份的权利;

(六)发行权,即以出售或者赠与方式向公众提供作品的原件或者复制件的权利;

(七)出租权,即有偿许可他人临时使用电影作品和以类似摄制电影的方法创作的作品、计算机软件的权利,计算机软件不是出租的主要标的的除外;

(八)展览权,即公开陈列美术作品、摄影作品的原件或者复制件的权利;

(九)表演权,即公开表演作品,以及用各种手段公开播送作品的表演的权利;

(十)放映权,即通过放映机、幻灯机等技术设备公开再现美术、摄影、电影和以类似摄制电影的方法创作的作品等的权利;

(十一)广播权,即以无线方式公开广播或者传播作品,以有线传播或者转播的方式向公众传播广播的作品,以及通过扩音器或者其他传送符号、声音、图像的类似工具向公众传播广播的作品的权利;

（十二）信息网络传播权，即以有线或者无线方式向公众提供作品，使公众可以在其个人选定的时间和地点获得作品的权利；

（十三）摄制权，即以摄制电影或者以类似摄制电影的方法将作品固定在载体上的权利；

（十四）改编权，即改变作品，创作出具有独创性的新作品的权利；

（十五）翻译权，即将作品从一种语言文字转换成另一种语言文字的权利；

（十六）汇编权，即将作品或者作品的片段通过选择或者编排，汇集成新作品的权利；

（十七）应当由著作权人享有的其他权利。

著作权人可以许可他人行使前款第（五）项至第（十七）项规定的权利，并依照约定或者本法有关规定获得报酬。

著作权人可以全部或者部分转让本条第一款第（五）项至第（十七）项规定的权利，并依照约定或者本法有关规定获得报酬。

第二节　著作权归属

第十一条　著作权属于作者，本法另有规定的除外。

创作作品的公民是作者。

由法人或者其他组织主持，代表法人或者其他组织意志创作，并由法人或者其他组织承担责任的作品，法人或者其他组织视为作者。

如无相反证明，在作品上署名的公民、法人或者其他组织为作者。

第十二条　改编、翻译、注释、整理已有作品而产生的作品，其著作权由改编、翻译、注释、整理人享有，但行使著作权时不得侵犯原作品的著作权。

第十三条　两人以上合作创作的作品，著作权由合作作者共同享有。没有参加创作的人，不能成为合作作者。

合作作品可以分割使用的，作者对各自创作的部分可以单独享有著作权，但行使著作权时不得侵犯合作作品整体的著作权。

第十四条　汇编若干作品、作品的片段或者不构成作品的数据或者其他材料，对其内容的选择或者编排体现独创性的作品，为汇编作品，其著作权由汇编人享有，但行使著作权时，不得侵犯原作品的著作权。

第十五条 电影作品和以类似摄制电影的方法创作的作品的著作权由制片者享有，但编剧、导演、摄影、作词、作曲等作者享有署名权，并有权按照与制片者签订的合同获得报酬。

电影作品和以类似摄制电影的方法创作的作品中的剧本、音乐等可以单独使用的作品的作者有权单独行使其著作权。

第十六条 公民为完成法人或者其他组织工作任务所创作的作品是职务作品，除本条第二款的规定以外，著作权由作者享有，但法人或者其他组织有权在其业务范围内优先使用。作品完成两年内，未经单位同意，作者不得许可第三人以与单位使用的相同方式使用该作品。

有下列情形之一的职务作品，作者享有署名权，著作权的其他权利由法人或者其他组织享有，法人或者其他组织可以给予作者奖励：

（一）主要是利用法人或者其他组织的物质技术条件创作，并由法人或者其他组织承担责任的工程设计图、产品设计图、地图、计算机软件等职务作品；

（二）法律、行政法规规定或者合同约定著作权由法人或者其他组织享有的职务作品。

第十七条 受委托创作的作品，著作权的归属由委托人和受托人通过合同约定。合同未作明确约定或者没有订立合同的，著作权属于受托人。

第十八条 美术等作品原件所有权的转移，不视为作品著作权的转移，但美术作品原件的展览权由原件所有人享有。

第十九条 著作权属于公民的，公民死亡后，其本法第十条第一款第（五）项至第（十七）项规定的权利在本法规定的保护期内，依照继承法的规定转移。

著作权属于法人或者其他组织的，法人或者其他组织变更、终止后，其本法第十条第一款第（五）项至第（十七）项规定的权利在本法规定的保护期内，由承受其权利义务的法人或者其他组织享有；没有承受其权利义务的法人或者其他组织的，由国家享有。

第三节 权利的保护期

第二十条 作者的署名权、修改权、保护作品完整权的保护期不受限制。

第二十一条 公民的作品，其发表权、本法第十条第一款第（五）项至第（十七）项规定的权利的保护期为作者终生及其死亡后五十年，截止于作者死亡后第五十年的 12 月 31 日；如果是合作作品，截止于最后死亡的作者死亡后第五十年的 12 月 31 日。

法人或者其他组织的作品、著作权（署名权除外）由法人或者其他组织享有的职务作品，其发表权、本法第十条第一款第（五）项至第（十七）项规定的权利的保护期为五十年，截止于作品首次发表后第五十年的 12 月 31 日，但作品自创作完成后五十年内未发表的，本法不再保护。

电影作品和以类似摄制电影的方法创作的作品、摄影作品，其发表权、本法第十条第一款第（五）项至第（十七）项规定的权利的保护期为五十年，截止于作品首次发表后第五十年的 12 月 31 日，但作品自创作完成后五十年内未发表的，本法不再保护。

第四节 权利的限制

第二十二条 在下列情况下使用作品，可以不经著作权人许可，不向其支付报酬，但应当指明作者姓名、作品名称，并且不得侵犯著作权人依照本法享有的其他权利：

（一）为个人学习、研究或者欣赏，使用他人已经发表的作品；

（二）为介绍、评论某一作品或者说明某一问题，在作品中适当引用他人已经发表的作品；

（三）为报道时事新闻，在报纸、期刊、广播电台、电视台等媒体中不可避免地再现或者引用已经发表的作品；

（四）报纸、期刊、广播电台、电视台等媒体刊登或者播放其他报纸、期刊、广播电台、电视台等媒体已经发表的关于政治、经济、宗教问题的时事性文章，但作者声明不许刊登、播放的除外；

（五）报纸、期刊、广播电台、电视台等媒体刊登或者播放在公众集会上发表的讲话，但作者声明不许刊登、播放的除外；

（六）为学校课堂教学或者科学研究，翻译或者少量复制已经发表的作品，供教学或者科研人员使用，但不得出版发行；

（七）国家机关为执行公务在合理范围内使用已经发表的作品；

（八）图书馆、档案馆、纪念馆、博物馆、美术馆等为陈列或者保存版本的需要，复制本馆收藏的作品；

（九）免费表演已经发表的作品，该表演未向公众收取费用，也未向表演者支付报酬；

（十）对设置或者陈列在室外公共场所的艺术作品进行临摹、绘画、摄影、录像；

（十一）将中国公民、法人或者其他组织已经发表的以汉语言文字创作的作品翻译成少数民族语言文字作品在国内出版发行；

（十二）将已经发表的作品改成盲文出版。

前款规定适用于对出版者、表演者、录音录像制作者、广播电台、电视台的权利的限制。

第二十三条　为实施九年制义务教育和国家教育规划而编写出版教科书，除作者事先声明不许使用的外，可以不经著作权人许可，在教科书中汇编已经发表的作品片段或者短小的文字作品、音乐作品或者单幅的美术作品、摄影作品，但应当按照规定支付报酬，指明作者姓名、作品名称，并且不得侵犯著作权人依照本法享有的其他权利。

前款规定适用于对出版者、表演者、录音录像制作者、广播电台、电视台的权利的限制。

第三章　著作权许可使用和转让合同

第二十四条　使用他人作品应当同著作权人订立许可使用合同，本法规定可以不经许可的除外。

许可使用合同包括下列主要内容：

（一）许可使用的权利种类；

（二）许可使用的权利是专有使用权或者非专有使用权；

（三）许可使用的地域范围、期间；

（四）付酬标准和办法；

（五）违约责任；

（六）双方认为需要约定的其他内容。

第二十五条　转让本法第十条第一款第（五）项至第（十七）项规定的权利，应当订立书面合同。

权利转让合同包括下列主要内容：

（一）作品的名称；

（二）转让的权利种类、地域范围；

（三）转让价金；

（四）交付转让价金的日期和方式；

（五）违约责任；

（六）双方认为需要约定的其他内容。

第二十六条　以著作权出质的，由出质人和质权人向国务院著作权行政管理部门办理出质登记。

第二十七条　许可使用合同和转让合同中著作权人未明确许可、转让的权利，未经著作权人同意，另一方当事人不得行使。

第二十八条　使用作品的付酬标准可以由当事人约定，也可以按照国务院著作权行政管理部门会同有关部门制定的付酬标准支付报酬。当事人约定不明确的，按照国务院著作权行政管理部门会同有关部门制定的付酬标准支付报酬。

第二十九条　出版者、表演者、录音录像制作者、广播电台、电视台等依照本法有关规定使用他人作品的，不得侵犯作者的署名权、修改权、保护作品完整权和获得报酬的权利。

第四章　出版、表演、录音录像、播放

第一节　图书、报刊的出版

第三十条　图书出版者出版图书应当和著作权人订立出版合同，并支付报酬。

第三十一条　图书出版者对著作权人交付出版的作品，按照合同约定享有的专有出版权受法律保护，他人不得出版该作品。

第三十二条　著作权人应当按照合同约定期限交付作品。图书出版者应当按照合同约定的出版质量、期限出版图书。

图书出版者不按照合同约定期限出版，应当依照本法第五十四条的规定承担民事责任。

图书出版者重印、再版作品的，应当通知著作权人，并支付报酬。图书

脱销后，图书出版者拒绝重印、再版的，著作权人有权终止合同。

第三十三条 著作权人向报社、期刊社投稿的，自稿件发出之日起十五日内未收到报社通知决定刊登的，或者自稿件发出之日起三十日内未收到期刊社通知决定刊登的，可以将同一作品向其他报社、期刊社投稿。双方另有约定的除外。

作品刊登后，除著作权人声明不得转载、摘编的外，其他报刊可以转载或者作为文摘、资料刊登，但应当按照规定向著作权人支付报酬。

第三十四条 图书出版者经作者许可，可以对作品修改、删节。

报社、期刊社可以对作品作文字性修改、删节。对内容的修改，应当经作者许可。

第三十五条 出版改编、翻译、注释、整理、汇编已有作品而产生的作品，应当取得改编、翻译、注释、整理、汇编作品的著作权人和原作品的著作权人许可，并支付报酬。

第三十六条 出版者有权许可或者禁止他人使用其出版的图书、期刊的版式设计。

前款规定的权利的保护期为十年，截止于使用该版式设计的图书、期刊首次出版后第十年的 12 月 31 日。

第二节 表 演

第三十七条 使用他人作品演出，表演者（演员、演出单位）应当取得著作权人许可，并支付报酬。演出组织者组织演出，由该组织者取得著作权人许可，并支付报酬。

使用改编、翻译、注释、整理已有作品而产生的作品进行演出，应当取得改编、翻译、注释、整理作品的著作权人和原作品的著作权人许可，并支付报酬。

第三十八条 表演者对其表演享有下列权利：

（一）表明表演者身份；

（二）保护表演形象不受歪曲；

（三）许可他人从现场直播和公开传送其现场表演，并获得报酬；

（四）许可他人录音录像，并获得报酬；

（五）许可他人复制、发行录有其表演的录音录像制品，并获得报酬；

（六）许可他人通过信息网络向公众传播其表演，并获得报酬。

被许可人以前款第（三）项至第（六）项规定的方式使用作品，还应当取得著作权人许可，并支付报酬。

第三十九条 本法第三十八条第一款第（一）项、第（二）项规定的权利的保护期不受限制。

本法第三十八条第一款第（三）项至第（六）项规定的权利的保护期为五十年，截止于该表演发生后第五十年的 12 月 31 日。

第三节 录音录像

第四十条 录音录像制作者使用他人作品制作录音录像制品，应当取得著作权人许可，并支付报酬。

录音录像制作者使用改编、翻译、注释、整理已有作品而产生的作品，应当取得改编、翻译、注释、整理作品的著作权人和原作品著作权人许可，并支付报酬。

录音制作者使用他人已经合法录制为录音制品的音乐作品制作录音制品，可以不经著作权人许可，但应当按照规定支付报酬；著作权人声明不许使用的不得使用。

第四十一条 录音录像制作者制作录音录像制品，应当同表演者订立合同，并支付报酬。

第四十二条 录音录像制作者对其制作的录音录像制品，享有许可他人复制、发行、出租、通过信息网络向公众传播并获得报酬的权利；权利的保护期为五十年，截止于该制品首次制作完成后第五十年的 12 月 31 日。

被许可人复制、发行、通过信息网络向公众传播录音录像制品，还应当取得著作权人、表演者许可，并支付报酬。

第四节 广播电台、电视台播放

第四十三条 广播电台、电视台播放他人未发表的作品，应当取得著作权人许可，并支付报酬。

广播电台、电视台播放他人已发表的作品，可以不经著作权人许可，但应当支付报酬。

第四十四条 广播电台、电视台播放已经出版的录音制品，可以不经著作权人许可，但应当支付报酬。当事人另有约定的除外。具体办法由国务院规定。

第四十五条 广播电台、电视台有权禁止未经其许可的下列行为：

（一）将其播放的广播、电视转播；

（二）将其播放的广播、电视录制在音像载体上以及复制音像载体。

前款规定的权利的保护期为五十年，截止于该广播、电视首次播放后第五十年的 12 月 31 日。

第四十六条 电视台播放他人的电影作品和以类似摄制电影的方法创作的作品、录像制品，应当取得制片者或者录像制作者许可，并支付报酬；播放他人的录像制品，还应当取得著作权人许可，并支付报酬。

第五章 法律责任和执法措施

第四十七条 有下列侵权行为的，应当根据情况，承担停止侵害、消除影响、赔礼道歉、赔偿损失等民事责任：

（一）未经著作权人许可，发表其作品的；

（二）未经合作者许可，将与他人合作创作的作品当作自己单独创作的作品发表的；

（三）没有参加创作，为谋取个人名利，在他人作品上署名的；

（四）歪曲、篡改他人作品的；

（五）剽窃他人作品的；

（六）未经著作权人许可，以展览、摄制电影和以类似摄制电影的方法使用作品，或者以改编、翻译、注释等方式使用作品的，本法另有规定的除外；

（七）使用他人作品，应当支付报酬而未支付的；

（八）未经电影作品和以类似摄制电影的方法创作的作品、计算机软件、录音录像制品的著作权人或者与著作权有关的权利人许可，出租其作品或者录音录像制品的，本法另有规定的除外；

（九）未经出版者许可，使用其出版的图书、期刊的版式设计的；

（十）未经表演者许可，从现场直播或者公开传送其现场表演，或者录制其表演的；

（十一）其他侵犯著作权以及与著作权有关的权益的行为。

第四十八条 有下列侵权行为的，应当根据情况，承担停止侵害、消除影响、赔礼道歉、赔偿损失等民事责任；同时损害公共利益的，可以由著作权行政管理部门责令停止侵权行为，没收违法所得，没收、销毁侵权复制品，并可处以罚款；情节严重的，著作权行政管理部门还可以没收主要用于制作侵权复制品的材料、工具、设备等；构成犯罪的，依法追究刑事责任：

（一）未经著作权人许可，复制、发行、表演、放映、广播、汇编、通过信息网络向公众传播其作品的，本法另有规定的除外；

（二）出版他人享有专有出版权的图书的；

（三）未经表演者许可，复制、发行录有其表演的录音录像制品，或者通过信息网络向公众传播其表演的，本法另有规定的除外；

（四）未经录音录像制作者许可，复制、发行、通过信息网络向公众传播其制作的录音录像制品的，本法另有规定的除外；

（五）未经许可，播放或者复制广播、电视的，本法另有规定的除外；

（六）未经著作权人或者与著作权有关的权利人许可，故意避开或者破坏权利人为其作品、录音录像制品等采取的保护著作权或者与著作权有关的权利的技术措施的，法律、行政法规另有规定的除外；

（七）未经著作权人或者与著作权有关的权利人许可，故意删除或者改变作品、录音录像制品等的权利管理电子信息的，法律、行政法规另有规定的除外；

（八）制作、出售假冒他人署名的作品的。

第四十九条 侵犯著作权或者与著作权有关的权利的，侵权人应当按照权利人的实际损失给予赔偿；实际损失难以计算的，可以按照侵权人的违法所得给予赔偿。赔偿数额还应当包括权利人为制止侵权行为所支付的合理开支。

权利人的实际损失或者侵权人的违法所得不能确定的，由人民法院根据侵权行为的情节，判决给予五十万元以下的赔偿。

第五十条 著作权人或者与著作权有关的权利人有证据证明他人正在实施或者即将实施侵犯其权利的行为，如不及时制止将会使其合法权益受到难以弥补的损害的，可以在起诉前向人民法院申请采取责令停止有关行为和财产保全的措施。

人民法院处理前款申请，适用《中华人民共和国民事诉讼法》第九十三条至第九十六条和第九十九条的规定。

第五十一条　为制止侵权行为，在证据可能灭失或者以后难以取得的情况下，著作权人或者与著作权有关的权利人可以在起诉前向人民法院申请保全证据。

人民法院接受申请后，必须在四十八小时内作出裁定；裁定采取保全措施的，应当立即开始执行。

人民法院可以责令申请人提供担保，申请人不提供担保的，驳回申请。

申请人在人民法院采取保全措施后十五日内不起诉的，人民法院应当解除保全措施。

第五十二条　人民法院审理案件，对于侵犯著作权或者与著作权有关的权利的，可以没收违法所得、侵权复制品以及进行违法活动的财物。

第五十三条　复制品的出版者、制作者不能证明其出版、制作有合法授权的，复制品的发行者或者电影作品或者以类似摄制电影的方法创作的作品、计算机软件、录音录像制品的复制品的出租者不能证明其发行、出租的复制品有合法来源的，应当承担法律责任。

第五十四条　当事人不履行合同义务或者履行合同义务不符合约定条件的，应当依照《中华人民共和国民法通则》《中华人民共和国合同法》等有关法律规定承担民事责任。

第五十五条　著作权纠纷可以调解，也可以根据当事人达成的书面仲裁协议或者著作权合同中的仲裁条款，向仲裁机构申请仲裁。

当事人没有书面仲裁协议，也没有在著作权合同中订立仲裁条款的，可以直接向人民法院起诉。

第五十六条　当事人对行政处罚不服的，可以自收到行政处罚决定书之日起三个月内向人民法院起诉，期满不起诉又不履行的，著作权行政管理部门可以申请人民法院执行。

第六章　附　则

第五十七条　本法所称的著作权即版权。

第五十八条　本法第二条所称的出版，指作品的复制、发行。

第五十九条　计算机软件、信息网络传播权的保护办法由国务院另行规定。

第六十条　本法规定的著作权人和出版者、表演者、录音录像制作者、广播电台、电视台的权利，在本法施行之日尚未超过本法规定的保护期的，依照本法予以保护。

本法施行前发生的侵权或者违约行为，依照侵权或者违约行为发生时的有关规定和政策处理。

第六十一条　本法自 1991 年 6 月 1 日起施行。

中华人民共和国著作权法实施条例

（2002 年 8 月 2 日中华人民共和国国务院令第 359 号公布 根据 2011 年 1 月 8 日《国务院关于废止和修改部分行政法规的决定》第一次修订 根据 2013 年 1 月 30 日《国务院关于修改〈中华人民共和国著作权法实施条例〉的决定》第二次修订）

第一条　根据《中华人民共和国著作权法》（以下简称著作权法），制定本条例。

第二条　著作权法所称作品，是指文学、艺术和科学领域内具有独创性并能以某种有形形式复制的智力成果。

第三条　著作权法所称创作，是指直接产生文学、艺术和科学作品的智力活动。

为他人创作进行组织工作，提供咨询意见、物质条件，或者进行其他辅助工作，均不视为创作。

第四条　著作权法和本条例中下列作品的含义：

（一）文字作品，是指小说、诗词、散文、论文等以文字形式表现的作品；

（二）口述作品，是指即兴的演说、授课、法庭辩论等以口头语言形式表现的作品；

（三）音乐作品，是指歌曲、交响乐等能够演唱或者演奏的带词或者不带词的作品；

（四）戏剧作品，是指话剧、歌剧、地方戏等供舞台演出的作品；

（五）曲艺作品，是指相声、快书、大鼓、评书等以说唱为主要形式表演的作品；

（六）舞蹈作品，是指通过连续的动作、姿势、表情等表现思想情感的作品；

（七）杂技艺术作品，是指杂技、魔术、马戏等通过形体动作和技巧表现的作品；

（八）美术作品，是指绘画、书法、雕塑等以线条、色彩或者其他方式构成的有审美意义的平面或者立体的造型艺术作品；

（九）建筑作品，是指以建筑物或者构筑物形式表现的有审美意义的作品；

（十）摄影作品，是指借助器械在感光材料或者其他介质上记录客观物体形象的艺术作品；

（十一）电影作品和以类似摄制电影的方法创作的作品，是指摄制在一定介质上，由一系列有伴音或者无伴音的画面组成，并且借助适当装置放映或者以其他方式传播的作品；

（十二）图形作品，是指为施工、生产绘制的工程设计图、产品设计图，以及反映地理现象、说明事物原理或者结构的地图、示意图等作品；

（十三）模型作品，是指为展示、试验或者观测等用途，根据物体的形状和结构，按照一定比例制成的立体作品。

第五条　著作权法和本条例中下列用语的含义：

（一）时事新闻，是指通过报纸、期刊、广播电台、电视台等媒体报道的单纯事实消息；

（二）录音制品，是指任何对表演的声音和其他声音的录制品；

（三）录像制品，是指电影作品和以类似摄制电影的方法创作的作品以外的任何有伴音或者无伴音的连续相关形象、图像的录制品；

（四）录音制作者，是指录音制品的首次制作人；

（五）录像制作者，是指录像制品的首次制作人；

（六）表演者，是指演员、演出单位或者其他表演文学、艺术作品的人。

第六条 著作权自作品创作完成之日起产生。

第七条 著作权法第二条第三款规定的首先在中国境内出版的外国人、无国籍人的作品，其著作权自首次出版之日起受保护。

第八条 外国人、无国籍人的作品在中国境外首先出版后，30 日内在中国境内出版的，视为该作品同时在中国境内出版。

第九条 合作作品不可以分割使用的，其著作权由各合作作者共同享有，通过协商一致行使；不能协商一致，又无正当理由的，任何一方不得阻止他方行使除转让以外的其他权利，但是所得收益应当合理分配给所有合作作者。

第十条 著作权人许可他人将其作品摄制成电影作品和以类似摄制电影的方法创作的作品的，视为已同意对其作品进行必要的改动，但是这种改动不得歪曲篡改原作品。

第十一条 著作权法第十六条第一款关于职务作品的规定中的"工作任务"，是指公民在该法人或者该组织中应当履行的职责。

著作权法第十六条第二款关于职务作品的规定中的"物质技术条件"，是指该法人或者该组织为公民完成创作专门提供的资金、设备或者资料。

第十二条 职务作品完成两年内，经单位同意，作者许可第三人以与单位使用的相同方式使用作品所获报酬，由作者与单位按约定的比例分配。

作品完成两年的期限，自作者向单位交付作品之日起计算。

第十三条 作者身份不明的作品，由作品原件的所有人行使除署名权以外的著作权。作者身份确定后，由作者或者其继承人行使著作权。

第十四条 合作作者之一死亡后，其对合作作品享有的著作权法第十条第一款第五项至第十七项规定的权利无人继承又无人受遗赠的，由其他合作作者享有。

第十五条 作者死亡后，其著作权中的署名权、修改权和保护作品完整权由作者的继承人或者受遗赠人保护。

著作权无人继承又无人受遗赠的，其署名权、修改权和保护作品完整权由著作权行政管理部门保护。

第十六条 国家享有著作权的作品的使用，由国务院著作权行政管理部门管理。

第十七条　作者生前未发表的作品，如果作者未明确表示不发表，作者死亡后50年内，其发表权可由继承人或者受遗赠人行使；没有继承人又无人受遗赠的，由作品原件的所有人行使。

第十八条　作者身份不明的作品，其著作权法第十条第一款第五项至第十七项规定的权利的保护期截止于作品首次发表后第50年的12月31日。作者身份确定后，适用著作权法第二十一条的规定。

第十九条　使用他人作品的，应当指明作者姓名、作品名称；但是，当事人另有约定或者由于作品使用方式的特性无法指明的除外。

第二十条　著作权法所称已经发表的作品，是指著作权人自行或者许可他人公之于众的作品。

第二十一条　依照著作权法有关规定，使用可以不经著作权人许可的已经发表的作品的，不得影响该作品的正常使用，也不得不合理地损害著作权人的合法利益。

第二十二条　依照著作权法第二十三条、第三十三条第二款、第四十条第三款的规定使用作品的付酬标准，由国务院著作权行政管理部门会同国务院价格主管部门制定、公布。

第二十三条　使用他人作品应当同著作权人订立许可使用合同，许可使用的权利是专有使用权的，应当采取书面形式，但是报社、期刊社刊登作品除外。

第二十四条　著作权法第二十四条规定的专有使用权的内容由合同约定，合同没有约定或者约定不明的，视为被许可人有权排除包括著作权人在内的任何人以同样的方式使用作品；除合同另有约定外，被许可人许可第三人行使同一权利，必须取得著作权人的许可。

第二十五条　与著作权人订立专有许可使用合同、转让合同的，可以向著作权行政管理部门备案。

第二十六条　著作权法和本条例所称与著作权有关的权益，是指出版者对其出版的图书和期刊的版式设计享有的权利，表演者对其表演享有的权利，录音录像制作者对其制作的录音录像制品享有的权利，广播电台、电视台对其播放的广播、电视节目享有的权利。

第二十七条　出版者、表演者、录音录像制作者、广播电台、电视台行使权利，不得损害被使用作品和原作品著作权人的权利。

第二十八条　图书出版合同中约定图书出版者享有专有出版权但没有明确其具体内容的，视为图书出版者享有在合同有效期限内和在合同约定的地域范围内以同种文字的原版、修订版出版图书的专有权利。

第二十九条　著作权人寄给图书出版者的两份订单在 6 个月内未能得到履行，视为著作权法第三十二条所称图书脱销。

第三十条　著作权人依照著作权法第三十三条第二款声明不得转载、摘编其作品的，应当在报纸、期刊刊登该作品时附带声明。

第三十一条　著作权人依照著作权法第四十条第三款声明不得对其作品制作录音制品的，应当在该作品合法录制为录音制品时声明。

第三十二条　依照著作权法第二十三条、第三十三条第二款、第四十条第三款的规定，使用他人作品的，应当自使用该作品之日起 2 个月内向著作权人支付报酬。

第三十三条　外国人、无国籍人在中国境内的表演，受著作权法保护。

外国人、无国籍人根据中国参加的国际条约对其表演享有的权利，受著作权法保护。

第三十四条　外国人、无国籍人在中国境内制作、发行的录音制品，受著作权法保护。

外国人、无国籍人根据中国参加的国际条约对其制作、发行的录音制品享有的权利，受著作权法保护。

第三十五条　外国的广播电台、电视台根据中国参加的国际条约对其播放的广播、电视节目享有的权利，受著作权法保护。

第三十六条　有著作权法第四十八条所列侵权行为，同时损害社会公共利益，非法经营额 5 万元以上的，著作权行政管理部门可处非法经营额 1 倍以上 5 倍以下的罚款；没有非法经营额或者非法经营额 5 万元以下的，著作权行政管理部门根据情节轻重，可处 25 万元以下的罚款。

第三十七条　有著作权法第四十八条所列侵权行为，同时损害社会公共利益的，由地方人民政府著作权行政管理部门负责查处。

国务院著作权行政管理部门可以查处在全国有重大影响的侵权行为。

第三十八条　本条例自 2002 年 9 月 15 日起施行。1991 年 5 月 24 日国务院批准、1991 年 5 月 30 日国家版权局发布的《中华人民共和国著作权法实施条例》同时废止。

计算机软件著作权登记办法

(2002 年 2 月 20 日中华人民共和国国家版权局令第 1 号发布)

第一章　总则

第一条　为贯彻《计算机软件保护条例》（以下简称《条例》）制定本办法。

第二条　为促进我国软件产业发展，增强我国信息产业的创新能力和竞争能力，国家著作权行政管理部门鼓励软件登记，并对登记的软件予以重点保护。

第三条　本办法适用于软件著作权登记、软件著作权专有许可合同和转让合同登记。

第四条　软件著作权登记申请人应当是该软件的著作权人以及通过继承、受让或者承受软件著作权的自然人、法人或者其他组织。

第二章　登记申请

第七条　申请登记的软件应是独立开发的，或者经原著作权人许可对原有软件修改后形成的在功能或者性能方面有重要改进的软件。

第八条　合作开发的软件进行著作权登记的，可以由全体著作权人协商确定一名著作权人作为代表办理。著作权人协商不一致的，任何著作权人均可在不损害其他著作权人利益的前提下申请登记，但应当注明其他著作权人。

第九条　申请软件著作权登记的，应当向中国版权保护中心提交以下材料：

（一）按要求填写的软件著作权登记申请表；

（二）软件的鉴别材料；

（三）相关的证明文件。

第十条 软件的鉴别材料包括程序和文档的鉴别材料。

程序和文档的鉴别材料应当由源程序和任何一种文档前、后各连续 30 页组成。整个程序和文档不到 60 页的，应当提交整个源程序和文档。除特定情况外，程序每页不少于 50 行，文档每页不少于 30 行。

第十一条 申请软件著作权登记的，应当提交以下主要证明文件：

（一）自然人、法人或者其他组织的身份证明；

（二）有著作权归属书面合同或者项目任务书的，应当提交合同或者项目任务书；

（三）经原软件著作权人许可，在原有软件上开发的软件，应当提交原著作权人的许可证明；

（四）权利继承人、受让人或者承受人，提交权利继承、受让或者承受的证明。

第十二条 申请软件著作权登记的，可以选择以下方式之一对鉴别材料作例外交存：

（一）源程序的前、后各连续的 30 页，其中的机密部分用黑色宽斜线覆盖，但覆盖部分不得超过交存源程序的 50%；

（二）源程序连续的前 10 页，加上源程序的任何部分的连续的 50 页；

（三）目标程序的前、后各连续的 30 页，加上源程序的任何部分的连续的 20 页。

文档作例外交存的，参照前款规定处理。

第十三条 软件著作权登记时，申请人可以申请将源程序、文档或者样品进行封存。除申请人或者司法机关外，任何人不得启封。

第十四条 软件著作权转让合同或者专有许可合同当事人可以向中国版权保护中心申请合同登记。申请合同登记时，应当提交以下材料：

（一）按要求填写的合同登记表；

（二）合同复印件；

（三）申请人身份证明。

第十五条 申请人在登记申请批准之前，可以随时请求撤回申请。

第十六条 软件著作权登记人或者合同登记人可以对已经登记的事项作

变更或者补充。申请登记变更或者补充时，申请人应当提交以下材料：

（一）按照要求填写的变更或者补充申请表；

（二）登记证书或者证明的复印件；

（三）有关变更或者补充的材料。

第十七条 登记申请应当使用中国版权保护中心制定的统一表格，并由申请人盖章（签名）。

申请表格应当使用中文填写。提交的各种证件和证明文件是外文的，应当附中文译本。

申请登记的文件应当使用国际标准 A4 型 297mm × 210mm （长 × 宽）纸张。

第十八条 申请文件可以直接递交或者挂号邮寄。申请人提交有关申请文件时，应当注明申请人、软件的名称，有受理号或登记号的，应当注明受理号或登记号。

第三章 审查和批准

第十九条 对于本办法第九条和第十四条所指的申请，以收到符合本办法第二章规定的材料之日为受理日，并书面通知申请人。

第二十条 中国版权保护中心应当自受理日起 60 日内审查完成所受理的申请，申请符合《条例》和本办法规定的，予以登记，发给相应的登记证书，并予以公告。

第二十一条 有下列情况之一的，不予登记并书面通知申请人：

（一）表格内容填写不完整、不规范，且未在指定期限内补正的；

（二）提交的鉴别材料不是《条例》规定的软件程序和文档的；

（三）申请文件中出现的软件名称、权利人署名不一致，且未提交证明文件的；

（四）申请登记的软件存在权属争议的。

第二十二条 中国版权保护中心要求申请人补正其他登记材料的，申请人应当在 30 日内补正，逾期未补正的，视为撤回申请。

第二十三条 国家版权局根据下列情况之一，可以撤销登记：

（一）最终的司法判决；

（二）著作权行政管理部门作出的行政处罚决定。

第二十四条 中国版权保护中心可以根据申请人的申请，撤销登记。

第二十五条 登记证书遗失或损坏的，可申请补发或换发。

第四章 软件登记公告

第二十六条 除本办法另有规定外，任何人均可查阅软件登记公告以及可公开的有关登记文件。

第二十七条 软件登记公告的内容如下：

（一）软件著作权的登记；

（二）软件著作权合同登记事项；

（三）软件登记的撤销；

（四）其他事项。

第五章 费用

第二十八条 申请软件登记或者办理其他事项，应当交纳下列费用：

（一）软件著作权登记费；

（二）软件著作权合同登记费；

（三）变更或补充登记费；

（四）登记证书费；

（五）封存保管费；

（六）例外交存费；

（七）查询费；

（八）撤销登记申请费；

（九）其他需交纳的费用。

具体收费标准由国家版权局会同国务院价格主管部门规定并公布。

第二十九条 申请人自动撤回申请或者登记机关不予登记的，所交费用不予退回。

第三十条 本办法第二十八条规定的各种费用，可以通过邮局或银行汇付，也可以直接向中国版权保护中心交纳。

第六章 附则

第三十一条 本办法规定的、中国版权保护中心指定的各种期限，第一日不计算在内。期限以年或者月计算的，以最后一个月的相应日为届满日；该月无相应日的，以该月的最后一日为届满日。届满日是法定节假日的，以节假日后的第一个工作日为届满日。

第三十二条 申请人向中国版权保护中心邮寄的各种文件，以寄出的邮戳日为递交日。信封上寄出的邮戳日不清晰的，除申请人提出证明外，以收到日为递交日。中国版权保护中心邮寄的各种文件，送达地是省会、自治区首府及直辖市的，自文件发出之日满十五日，其他地区满二十一日，推定为收件人收到文件之日。

第三十三条 申请人因不可抗力或其他正当理由，延误了本办法规定或者中国版权保护中心指定的期限，在障碍消除后三十日内，可以请求顺延期限。

第三十四条 本办法由国家版权局负责解释和补充修订。

第三十五条 本办法自发布之日起实施。

后 记

为提升我国知识产权创造、运用、保护和管理能力，建设创新型国家，实现全面建设小康社会目标，国务院制定并发布了《国家知识产权战略纲要》，纲要指出，"扶持新闻出版、广播影视、文学艺术、文化娱乐、广告设计、工艺美术、计算机软件、信息网络等版权相关产业发展，支持具有鲜明民族特色、时代特点作品的创作，扶持难以参与市场竞争的优秀文化作品的创作"。

传统著作权作品一般是供人们阅读和欣赏的，人们更在乎其表达的思想；而计算机软件是一种兼具作品和工具双重属性的新型技术知识体，属于累积性技术创新成果的功能性作品，其根本价值在于其内在的功能性，技术性、实用性是其重要的特征。随着信息产业的蓬勃发展，计算机软件技术在不断发展，同时，计算机软件侵权的方式和手段也在不断变化和发展之中，计算机软件知识产权保护问题日益突出。由于计算机软件自身技术性强，涉及的法律问题比较复杂，对计算机软件的保护在诸多方面与传统的著作权作品不同。如何最准确、全面地保护计算机软件，不仅是社会各界关注的问题，更是软件产业发展的关键，亦是知识产权理论研究者面临的重要课题。

在本书的写作过程中，我所带的研究生刘琨、刘明新、马佳佳、沈源源、张娜、郑雨等对本书的写作提出了诸多有益的建议，在资料收集整理、书稿校对等方面做了大量工作，对他们的辛勤付出表示衷心的感谢。光明日报出版社的编辑老师对本书的出版给予了大力支持，在此表示衷心感谢。本书的写作参阅了大量的文献资料，在此，对这些文献资料的作者们表示衷心的感谢。感谢我的家人，我今天能够取得一点成绩，离不开他们的鼓励与支持。

本书撰写分工如下（以本书章节先后为序）

李林启（河南师范大学法学院）：第一章，第二章，第五章第三节、第四节、第五节，第八章，附录

康东书（河南师范大学法学院）：第三章，第四章，第五章第一节、第二节

郭　玲（河南师范大学法学院）：第六章，第七章

因时间紧迫、能力所限，本书难免存在不足之处，恳请学界同仁、读者诸君批评指正。

李林启

2019 年 4 月 19 日于原阳·盛世佳苑